"十三五"江苏省高等学校重点教材（编号：2018-2-142）

SPSS 软件操作案例分析

主　编　史雪荣
副主编　王作雷
参　编　姜海波　张丽萍

江苏大学出版社
JIANGSU UNIVERSITY PRESS
镇　江

图书在版编目(CIP)数据

SPSS 软件操作案例分析 / 史雪荣主编. — 镇江 : 江苏大学出版社，2019.12(2024.1 重印)
ISBN 978-7-5684-1259-9

Ⅰ. ①S… Ⅱ. ①史… Ⅲ. ①统计分析—软件包 Ⅳ. ①C819

中国版本图书馆 CIP 数据核字(2019)第 292978 号

SPSS 软件操作案例分析
SPSS Ruanjian Caozuo Anli Fenxi

主　　编/史雪荣
责任编辑/吴昌兴
出版发行/江苏大学出版社
地　　址/江苏省镇江市京口区学府路 301 号(邮编：212013)
电　　话/0511-84446464(传真)
网　　址/http://press.ujs.edu.cn
排　　版/镇江市江东印刷有限责任公司
印　　刷/广东虎彩云印刷有限公司
开　　本/787 mm×1 092 mm　1/16
印　　张/13.25
字　　数/312 千字
版　　次/2019 年 12 月第 1 版
印　　次/2024 年 1 月第 2 次印刷
书　　号/ISBN 978-7-5684-1259-9
定　　价/39.00 元

如有印装质量问题请与本社营销部联系(电话:0511-84440882)

前　言

统计软件是社会科学研究者必备的工具。迄今为止，常用的统计分析软件有十多种，如SAS、SPSS、Excel、S－plus、Minitab、Statistica、Eviews、Stata、EPINFO、BMDP等，其中最重要的三大统计软件是SAS、SPSS和BMDP。作为公认的应用最为广泛的数据统计分析软件之一，SPSS主要针对经济、管理、医学、农学、教育、市场研究、社会调查等多个行业和领域，以功能丰富、效率高、操作简便而著称，是目前世界上功能最为齐全的数据分析工具之一。

目前，国内大多数统计教学主要侧重基本方法的介绍，忽视了统计实验的教学，从而使得有关教学显得枯燥无味。针对这种现象，本教材以实际案例为载体，侧重于SPSS中统计分析方法的实现及应用。

本书共分为11章，编写时先介绍各自的功能及操作流程，再结合具体案例进行操作，并对统计分析结果进行解释说明。

第1章主要介绍SPSS的功能和特点、使用基础，包括SPSS的启动和退出、SPSS的基本窗口及各窗口的功能、SPSS的运行方式、利用SPSS进行数据分析的基本步骤。

第2章主要介绍运用SPSS进行统计分析之前的数据准备工作，主要包括SPSS数据结构、SPSS数据文件的获取、SPSS数据的预处理。

第3章介绍SPSS的描述性统计分析的功能及操作过程，并结合具体的案例进行说明，主要包括频数分析、计算基本描述统计量、分组求均值、探索分析、交叉表分析等。

第4章介绍SPSS参数检验，主要包括单样本T检验、两独立样本T检验和配对样本T检验。

第5章介绍SPSS方差分析，主要包括单因素方差分析、多因素方差分析、协方差分析。

第6章介绍SPSS非参数检验，主要包括单样本的非参数检验、两独立样本的非参数检验、多个独立样本的非参数检验、两配对样本的非参数检验、多配对样本的非参数检验。

第7章介绍SPSS相关分析，主要包括简单相关分析、偏相关分析和距离分析。

第8章介绍SPSS回归分析，主要包括线性回归分析、曲线回归、非线性回归分析。

第9章介绍SPSS Logistic回归分析，主要包括二项Logistic回归分析、多项Logistic回归分析。

第10章介绍SPSS因子分析与对应分析，主要包括因子分析、对应分析。

第11章介绍SPSS聚类分析与判别分析，主要包括二阶段聚类分析、K平均值聚类分析、层次聚类分析、判别分析。

除了第 1 章和第 2 章介绍基础理论之外，第 3 章到第 11 章均以实际数据为例，有条理地全面介绍 SPSS 统计分析的实现过程、案例分析及结果解释，使学习、练习与动手操作相结合，具有较强的实用性。

本书主要由盐城师范学院数学与统计学院的史雪荣、王作雷编写，参与本书编写的还有姜海波、张丽萍等。

作者力图使本书的知识性和实用性相结合，但由于水平有限，书中难免存在问题和不足之处，欢迎广大读者和同仁批评斧正。

编　者

2019 年 9 月

目　录

第 1 章　SPSS 概述

1.1　SPSS 软件的发展

社会科学统计软件包（Statistical Package for the Social Science，SPSS）是世界著名的统计分析软件之一。SPSS 名为社会科学统计软件包，是为了强调其社会科学应用的一面（因为社会科学研究中的许多现象都是随机的，要使用统计学和概率论的知识来进行研究）。

经过 50 余年的发展，SPSS 在全球已拥有大量的用户，其发展历程如下：

- 1968 年，美国斯坦福大学三位研究生研制开发了最早的统计分析软件 SPSS。
- 1975 年，专门研发和经营 SPSS 软件的 SPSS 公司在芝加哥成立。此时的 SPSS 软件主要在中小型计算机上运行，称为 SPSSx 版，主要面向企事业单位用户。
- 20 世纪 80 年代初，随着微型计算机的出现，SPSS 公司推出了运行在 DOS 操作系统上的 SPSS 微机版第 1 版，随后又相继推出了第 2 版、第 3 版等，统称为 SPSS/PC + 版，确立了微机个人用户市场第一的地位。
- 20 世纪 90 年代，随着微机 Windows 图形化操作系统的出现和盛行，SPSS 公司又研制出了以 Windows 为运行平台的 SPSS 第 5 版、第 6 版。90 年代后期，为了适应用户在 Windows 95 操作系统环境下工作的习惯，并迎合 Internet 的广泛使用，SPSS 第 7 版至第 20 版相继诞生，统称为 SPSS for Windows 版。

目前，SPSS 可以使用 Windows 的窗口方式展示各种管理和分析数据的方法，可方便地用于特定的科研统计。

1.2　SPSS 功能和特点

SPSS 的基本功能包括数据管理、统计分析、图表分析、输出管理等，具体内容包括描述统计、列联表分析、方差分析、相关分析、回归分析、聚类分析、因子分析、判别分析、参数检验、非参数检验等多个大类，每个大类中涉及多个专项统计方法。

“易学易用易普及”是 SPSS 软件最大的竞争优势之一，也是广大数据分析人员对其偏爱有加的主要原因。大量成熟的统计分析方法、完善的数据定义操作管理、开放的数据接口，以及灵活的统计表格和统计图形，更是 SPSS 长盛不衰的重要法宝。SPSS 软件有以下几个特点：

- 操作简便。绝大多数操作是通过菜单、按钮、对话框完成的。
- 无须计算机编程，无须记忆大量命令和参数。
- 分析方法丰富，分析结果清晰、直观。
- 可以直接读取其他软件格式的数据文件，如 dbf、xls、sas 等。
- 最新版本采用分布式分析系统，适应互联网，支持动态收集、分析数据和 HTML 报告。

1.3 SPSS 使用基础

在使用 SPSS 之前，首先需要熟悉 SPSS 的启动、退出及基本操作环境。

1.3.1 SPSS 的启动

启动 SPSS 25，可以双击桌面上的 IBM SPSS Statistics 25 图标，也可以在“开始”菜单中依次选择“程序”—“IBM SPSS Statistics”—“IBM SPSS Statistics 25”命令。启动后会出现如图 1-1 所示的启动界面（含有 SPSS 的版本等信息）；然后会出现如图 1-2所示的界面，这表示 SPSS 25 已经成功启动（如果以后不想出现这个界面，可以选中界面左下方的“以后不再显示此对话框”选项）；点击“关闭”。

图 1-1　SPSS 25 启动界面

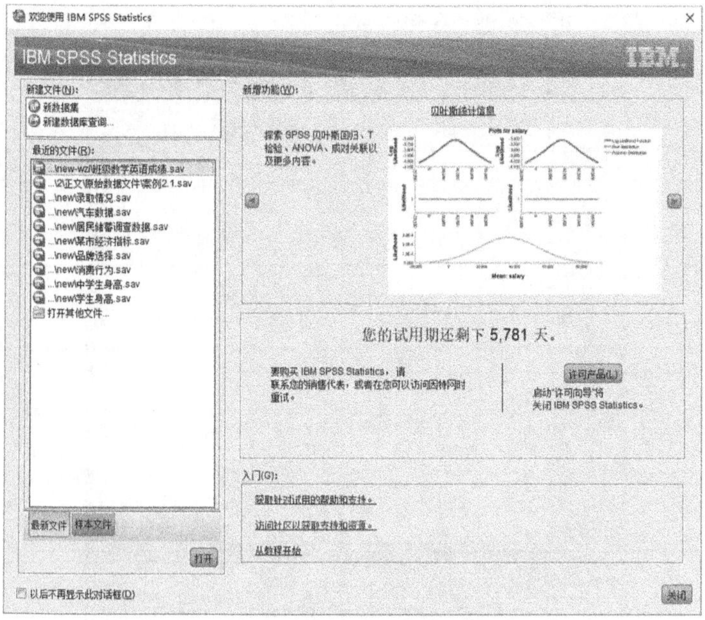

图 1-2　SPSS 25 启动后的选显信息

1.3.2　SPSS 的退出

退出 SPSS 的方法与退出一般软件的方法基本相同，只需要依次选择 SPSS 窗口菜单【文件→退出】即可。

需要注意的是，退出 SPSS 之前计算机一般会向用户提出以下两个问题：

➢　是否将数据编辑器窗口中的数据保存在磁盘上，文件扩展名为 . sav。

➢　是否将查看器窗口中的分析结果保存在磁盘上，文件扩展名为 . spv。

这时，用户应根据实际情况将 SPSS 数据文件或结果文件存放到相应磁盘上，并输入文件的用户名。

1.3.3　SPSS 的基本窗口

了解 SPSS 窗口是使用 SPSS 的基础，具体为 SPSS 的基本操作窗口、各窗口的功能和特点、各窗口之间的关系等。掌握了 SPSS 的基本窗口，用户就可以很快地理清软件使用的总体框架和脉络，快速进入 SPSS 的核心。

SPSS 软件是由多个窗口组成的，各个窗口有各自的作用。数据编辑器窗口和查看器窗口是两个基本窗口。只要熟悉了这两个基本窗口，就能够快速入门 SPSS 软件系统。

（1）数据编辑器窗口

成功启动 SPSS 软件之后，屏幕会显示数据编辑器窗口，如图 1-3 所示。

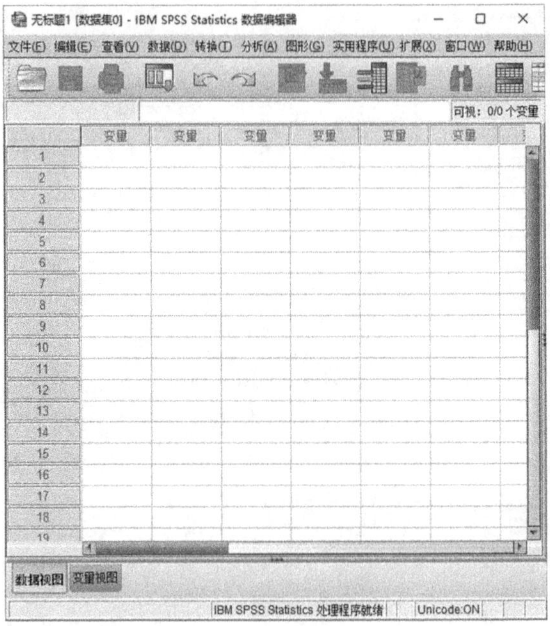

图 1-3　数据编辑器窗口

数据编辑器窗口是 SPSS 的主程序窗口，其主要功能是定义 SPSS 数据的结构、录入编辑和管理待分析的数据。界面左下方【数据视图】用于显示 SPSS 数据的内容，【变量视图】用于显示 SPSS 数据的结构。SPSS 可以同时打开多个数据编辑器窗口，各个窗口分别显示不同的数据集合（简称数据集）。按照打开的先后顺序，各数据集所在窗口依次自动命名为数据集 0、数据集 1、数据集 2 等，其中只有一个数据集为当前数据集，称为活动数据集。用户只能对某一时刻活动数据集中的数据进行分析。SPSS 的所有统计分析功能都是针对数据编辑器窗口中的数据的，这些数据通常以 SPSS 数据文件的形式保存在计算机磁盘上，其文件扩展名为 . sav。这种格式是 SPSS 独有的，一般无法通过其他软件打开。

数据编辑器窗口主要是由窗口主菜单、工具栏、数据编辑区和系统状态显示区组成（见图 1-4）。

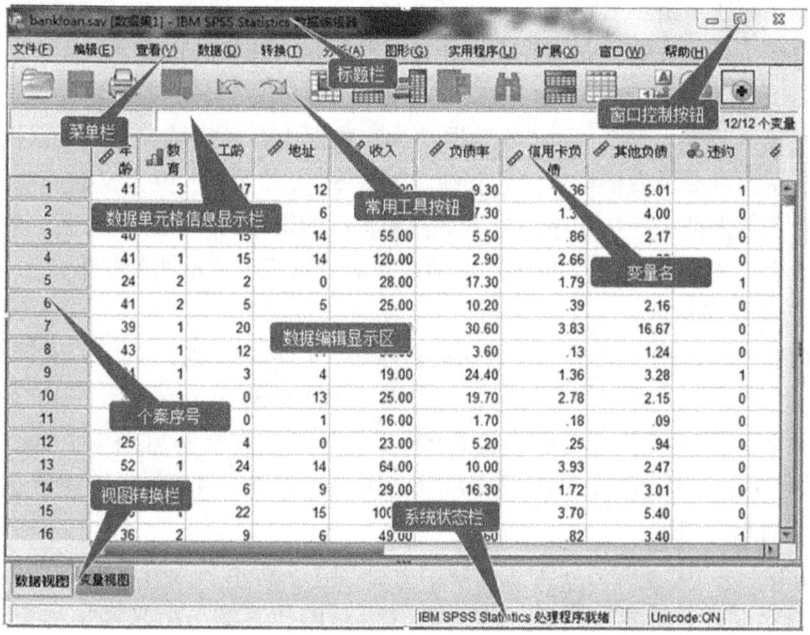

图 1-4　数据编辑窗口

① 窗口主菜单

窗口主菜单列出了 SPSS 常用的数据编辑、加工和分析的功能。用户可以通过点击菜单完成相应的操作。

【文件】的功能是“文件操作”，点击它可对 SPSS 相关文件进行基本管理（如文件的新建、打开、保存、打印等）；【编辑】的功能是“数据编辑”，点击它可对数据编辑器窗口中的数据进行基本编辑（如撤销/恢复、剪切、复制、粘贴），并实现数据查找、软件参数设置等功能；【查看】的功能是“窗口外观状态管理”，点击它可对 SPSS 窗口外观等进行设置（如状态栏、表格线、变量值标签是否显示、字体设置等）；【数据】的功能是“数据的操作和管理”，点击它可对数据编辑器窗口中的数据进行加工整理（如数据的排序、转置、抽样选取、分类汇总、加权等）；【转换】的功能是“数据基本处理”，点击它可对数据编辑器窗口中的数据进行基本处理（如生成新变量等）；【分析】的功能是“统计分析”，点击它可对数据编辑器窗口中的数据进行统计分析和建模（如基本统计分析、均值比较、相关分析、回归分析、非参数检验等）；【图形】的功能是“制作统计图形”，点击它可对数据编辑器窗口中的数据生成各种统计图形（如条形图、直方图、饼图、线图、散点图等）；【实用程序】的功能是实现 SPSS 的其他辅助管理（如显示变量信息、定义变量集、菜单编辑器等）；【扩展】的功能是调用其他软件的扩展包；【窗口】的功能是对 SPSS 的多个窗口进行管理（如窗口切换、最小化窗口等）；【帮助】的功能是实现 SPSS 的联机帮助（如语句检索、统计教练等）。

② 工具栏

同其他常用软件一样，SPSS 也将一些常用的功能以图形按钮的形式组织在工具栏中。用户可以直接点击工具栏上的某个按钮完成其相应的功能，使操作更加快捷方便。当鼠标停留在工具栏按钮上时，计算机会自动显示相应按钮的功能说明。

③ 数据编辑显示区

数据编辑区是显示和管理 SPSS 数据结构和数据内存的区域，包括数据视图和变量视图，分别用于以电子表格形式录入和编辑管理 SPSS 的数据，并定义和修改 SPSS 数据的结构。每条数据都有一个顺序编号显示在编辑区的最左列。数据编辑区中的表格线可以通过【查看】菜单下的【网格线】选项设置成显示或不显示两种状态。

④ 系统状态显示区

系统状态显示区用于显示系统当前运行状态，用户可以通过该区域了解 SPSS 当前的工作状态。当系统等待用户操作时，会出现“IBM SPSS Statistics Processor 处理程序就绪”的提示信息。该信息可以作为检查 SPSS 是否成功安装和启动的依据。可以通过【查看】菜单下的【状态栏】选项将系统状态区设置成显示或不显示两种状态。

（2）查看器窗口

查看器窗口是 SPSS 的另一个主要窗口，如图 1-5 所示。查看器窗口用于显示管理 SPSS 统计分析结果、报表及图形。SPSS 统计分析的所有输出结果都显示在该窗口中。输出结果通常以 SPSS 输出文件的形式保存在计算机磁盘上，其文件扩展名为 . spv。spv 文件格式也是 SPSS 独有的，和一般 sav 格式的文件一样，一般无法通过其他软件打开。

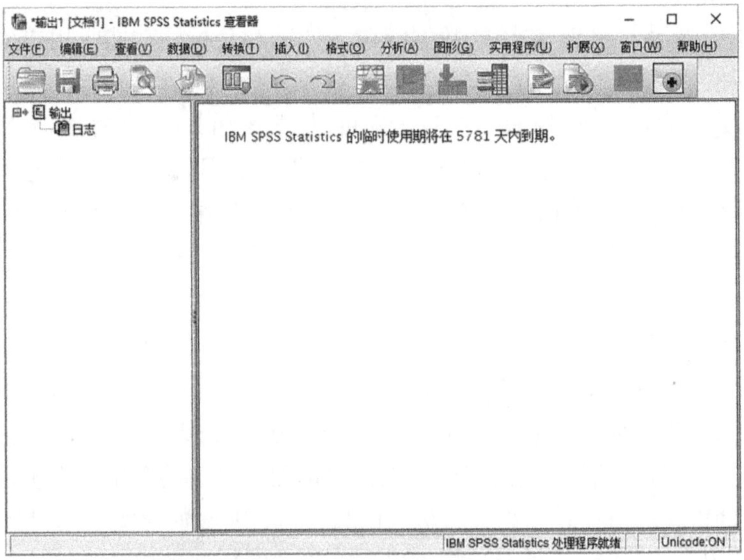

图 1-5　SPSS 查看器窗口

查看器窗口具有以下特点：

➢ 创建或打开窗口的时机。

查看器窗口通常在以下两种时机打开：第一，在启动软件时，由 SPSS 自动创建并打开；第二，在 SPSS 运行过程中由用户手工创建或打开，依次选择的菜单是【文件→新建/打开→输出】。

➢ 可以同时创建或打开多个查看器窗口。

SPSS 软件不仅可以同时创建或打开多个查看器窗口，而且可以利用主菜单中的【窗口】菜单实现各个查看器窗口之间的相互切换。多个查看器窗口中只有一个是目标查看器窗口（或称当前查看器窗口），它意味着以后的统计分析结果将输出到该查看器窗口中。设置多个查看器窗口的目的是允许用户将同一批数据的不同分析结果输出到不同的查看器窗口中，从而将它们以不同的文件名分别存放到磁盘上。

查看器窗口包括窗口主菜单、工具栏、分析结果显示区等部分。

① 窗口主菜单

查看器窗口主菜单中的菜单选项大致分为三大类。第一类是与数据编辑器窗口完全相同的菜单（包括子菜单）名称、功能、操作对象，分别是【分析】、【图形】、【实用程序】、【扩展】、【窗口】、【帮助】；第二类是一部分菜单（包括子菜单）名称、功能、操作对象与数据编辑器窗口相同，另一部分子菜单是附加的针对查看器窗口的，如【文件】、【编辑】、【查看】等，其中【编辑】菜单中的【大纲】子菜单、【查看】菜单中的【显示】、【隐藏】等都是专门针对查看器窗口的；第三类是查看器窗口独有的菜单，分别是【插入】、【格式】。

查看器窗口如此设置的目的是方便用户操作。初学者需要注意：虽然 SPSS 中有些窗口的主菜单名称是一样的，但是它们下面的子菜单却由于操作窗口不同而存在很大的差异。因此，在使用时要注意区分，避免发生操作上的混乱。

② 工具栏

查看器窗口的工具栏既保留了数据编辑器窗口中的一些功能按钮，又增加了一些特有的功能按钮，它们在查看器窗口主菜单中均有对应项。

③ 分析结果显示区

分析结果显示区是专门显示统计分析结果的区域，分成左右两块。左边是目录区，以树形形式显示已有的分析结果；右边是内容区，给出各分析结果的详细报告。目录区和内容区都有各自独立的纵向、横向窗口滚动按钮，一个区域中屏幕的滚动不会影响另一个区域。两个区域的大小也可以随意调整，只需要将鼠标移动到屏幕中间的分隔栏上，然后按住鼠标左右拖动即可。目录区和内容区各有一个红色的箭头，二者所指示的内容是对应的。用户也可以分别对两个区域中的内容进行增、删、改等编辑管理工作。

SPSS 的数据编辑器窗口专门负责输入和管理待分析数据，查看器窗口负责接受和管理统计分析的结果。与 Excel 等统计分析软件不同，数据的输入和结果的输出是在不同的窗口中进行的。

1.4　SPSS 运行方式

SPSS 提供了三种基本运行方式，即窗口菜单方式、程序运行方式和混合运行方式，分别适用于不同的用户和不同的应用分析需求。

1.4.1 窗口菜单方式

窗口菜单方式是指在使用 SPSS 过程中所有的分析操作都是通过菜单、按钮、输入对话框等方式进行的，用户无须学会编程。窗口菜单方式是经常使用的一种运行方式，其最大优点是简洁和直观。用户不需要任何计算机编程知识，只要熟悉 Windows 等操作系统的基本操作并懂得相应的统计知识，就能够方便地完成统计分析工作，适用于一般分析和 SPSS 的初学者。本书后续章节统计分析案例主要采用这种方式。

1.4.2 程序运行方式

程序运行方式是指在 SPSS 使用过程中，统计分析人员根据个人分析需要，将数据分析的步骤编写成 SPSS 命令程序，再将编写好的程序一次性提交计算机执行。SPSS 自动按照程序命令语句的先后顺序自动逐句执行相应的命令，并最终给出统计分析结果。这种运行方式适用于大规模的统计分析，可以按照程序自动进行多步骤的复杂数据分析。不管计算时间有多长，分析步骤有多少，都可以自动完成，不需要人工干涉。但是，使用该方式必须做两项工作：第一是编写 SPSS 程序；第二是将 SPSS 程序提交并运行。这两项工作是在 SPSS 语法编辑器窗口中完成的。

语法编辑器窗口是除了数据编辑器窗口和查看器窗口以外 SPSS 的另一个重要窗口，如图 1-6 所示。

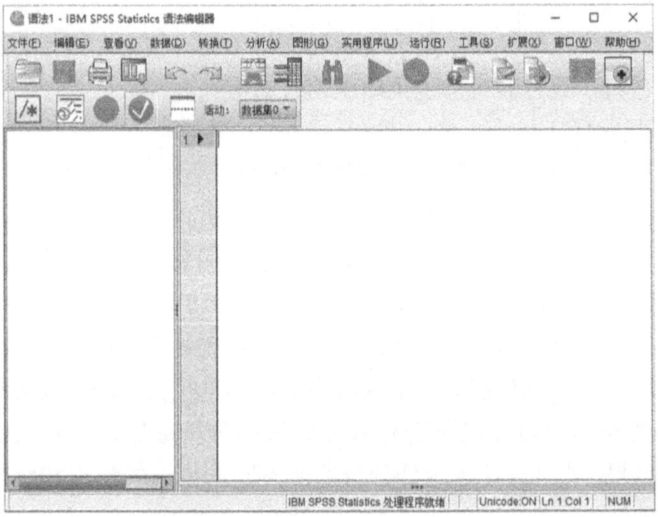

图 1-6　SPSS 语法编辑器窗口

语法编辑器窗口可以在 SPSS 运行过程中依次选择菜单【文件→新建/打开→语法】进行创建或打开。该窗口是专门供 SPSS 程序员编写和运行 SPSS 程序的窗口，也分为左右两个区域，左边区域显示 SPSS 程序目录，右边区域显示完整的程序代码。一条完整程序语句以英文句号结束。语法编辑器窗口中的程序所要分析和处理的数据需要事先存放于数据编辑器窗口中，语法编辑器窗口中的 SPSS 程序以 . sps 为文件扩展名存放在磁盘上。sps 文件同样不能被其他软件打开或编辑。

SPSS 可以同时创建或打开多个语法编辑器窗口，而且可以利用【窗口】菜单实现多个窗口之间的相互切换。多个语法编辑器窗口中只有一个是目标语法编辑器窗口（或称当前语法编辑器窗口），即某一时刻只能执行当前语法编辑器窗口中的 SPSS 程序。设置语法编辑器窗口的目的是允许用户同时编辑多个 SPSS 程序，可实现将同一批数据的不同分析步骤（程序）分别写在不同的窗口中，进而以不同的文件名分别存放在磁盘上。

SPSS 语法编辑窗由四部分组成：窗口主菜单、工具栏、SPSS 程序编辑区、状态栏。其中大部分含义和功能与数据编辑器窗口和查看器窗口类似。除此之外，增加了【运行】菜单和相应的图形按钮，用于执行 SPSS 程序。

SPSS 在【运行】菜单中提供了四种程序执行方式：

➢ 全部执行方式（【全部】）

依次执行当前语法编辑器窗口中所有 SPSS 命令程序。

➢ 选中执行方式（【选定项】）

仅执行当前语法编辑器窗口中当前已选中的 SPSS 命令程序。选中可以利用鼠标在相应语句行上拖动完成。

➢ 当前执行方式（【单步调试】）

仅执行当前语法编辑器窗口中当前光标所在行或第一行的 SPSS 命令程序。

➢ 至末尾行执行方式（【结尾】）

仅执行当前语法编辑器窗口中当前光标所在行至以后的所有 SPSS 命令程序。

这四种程序执行方式可以帮助程序员方便地调试和运行程序。

在语法编辑器窗口中编写 SPSS 程序必须按照一定的语法规则进行。该运行方式要求用户掌握 SPSS 语法规则、熟悉 SPSS 命令语句，因此，一般适用于 SPSS 的高级用户。

1.4.3 混合运行方式

混合运行方式是指在使用菜单的同时编辑 SPSS 程序，是窗口菜单方式和程序运行方式的综合。

为了实现混合运行方式，用户应首先利用窗口菜单运行方式，选择统计分析的菜单和选项，但是并不马上单击【确定】按钮提交执行，而是单击【粘贴】按钮。SPSS 自动把用户所选择的菜单和选项转换成 SPSS 的命令程序，并粘贴到当前语法编辑器窗口中。之后，用户可以按照程序运行的方式，对生成在语法编辑器窗口中的 SPSS 命令程序进行必要的编辑修改，最后再一次性提交给计算机执行。

混合运行方式弥补了窗口菜单方式中每步分析操作都要人工干预的不足，同时摆脱了程序运行方式中必须熟记 SPSS 命令和参数的制约，是一种较为灵活且实用的操作方式。对于熟练的 SPSS 程序员，可以借助该方式在程序中书写 SPSS 窗口菜单和选项中没有提供的参数。

总而言之，SPSS 的三种运行方式各有千秋，在实际中需要根据应用分析的需要和对 SPSS 掌握的程度进行合理的选择。

1.5 利用 SPSS 进行数据分析的基本步骤

由于 SPSS 是一种专业性较强的统计分析软件，因此，学习和应用 SPSS 软件必须要了解和掌握必要的统计学知识和数据分析的一般步骤和原则，避免滥用和误用，防止因引用偏差甚至错误的数据分析结论而作出错误的决策。

1.5.1 数据分析的一般步骤

数据分析包括收集数据、加工和整理数据、分析数据三个主要阶段，一般步骤如下：

（1）明确数据分析目标

明确数据分析目标是数据分析的出发点。明确数据分析目标就是要明确本次数据分析要研究的主要问题和预期的分析目标等。只有明确了数据分析的目标，才能够明确需要收集哪些数据，采用怎样的方式收集，正确地制订数据收集方案等，进而为数据分析做好准备。

（2）正确收集数据

正确收集数据是指从分析目标出发，排除干扰因素，正确收集服务于既定分析目标的数据。正确的数据对于实现数据分析目的起着关键性的作用。

排除数据中那些与目标不关联的干扰因素是数据收集的重要环节。数据分析并不仅仅是对数据进行数学建模，收集的数据是否真正迎合数据分析的目标，其中是否包含了其他因素的影响，影响程度如何，如何剔除这些影响等，这些都是数据分析过程中必须要注意的问题。

（3）数据的加工整理

在明确数据分析目标的基础上收集到的数据，往往还需要进行必要的加工整理才能真正用于分析建模。数据的加工整理主要包括数据的缺失值处理、数据的分组、基本描述统计量的计算、基本统计图形的描绘、数据的转换等。数据的加工整理能够帮助人们掌握数据的分布特征，是进一步深入分析和建模的基础。

（4）明确统计方法的含义和适用范围

数据加工整理完成后就可以进行进一步的数据分析了。进行数据分析时应避免滥用和误用统计分析方法。滥用和误用统计分析方法主要是对某一方法所要解决的问题、方法适用的前提、方法对数据的要求不清楚等原因造成的。此外，统计软件的不断普及和应用中的不求甚解也会加重这种现象。因此，数据分析过程中应避免盲目的“拿来主义”，否则，分析结论可能会偏差很大甚至错误。

（5）读懂分析结果，正确解读分析结果

数据分析的直接结果是统计量等相关指标。正确理解其统计含义是一切分析结论的基础。它不仅能够帮助人们有效避免毫无根据地随意引用统计数字的错误，而且也是证实分析结论正确性和可信性的依据，而这一切都取决于人们能否正确地把握统计分析方法的核心思想。

另外，将统计分析结果与实际问题相结合也是非常重要的。客观地说，统计方法仅仅是一种有用的数量分析工具，不是万能的。统计方法是否能够正确地解决各学科的具体问题，不仅取决于应用统计方法或工具的人能否正确地选择统计方法，还取决于他们是否具有深厚的应用背景。只有将各学科的专业知识与统计分析结果相结合，才能得出令人满意的分析结论。

1.5.2　利用 SPSS 进行数据分析的一般步骤

利用 SPSS 进行数据分析也要遵循数据分析的一般步骤，但涉及的方面主要集中在以下几个阶段：

（1）SPSS 数据的准备阶段

该阶段应按照 SPSS 的要求，利用 SPSS 提供的功能准备 SPSS 数据文件，如通过数据编辑器窗口定义 SPSS 数据的结构、录入和修改 SPSS 数据、导入 Excel 数据等。

（2）SPSSS 数据的加工整理阶段

该阶段主要是对数据编辑器窗口中的数据进行必要的预处理。

（3）SPSS 数据的分析阶段

选择正确的统计分析方法对数据编辑器窗口中的数据分析建模是该阶段的核心任务。由于 SPSS 能够自动完成建模过程中的数学计算并能自动给出计算结果，因而有效屏蔽了许多对一般应用者来说非常晦涩的数学公式。分析人员不需要记忆数学公式，为统计分析方法和 SPSS 的广泛应用铺平了道路。

（4）SPSS 分析结果的解读

该阶段的主要任务是读懂 SPSS 查看器中的分析结果，明确其统计含义，并结合应用背景知识作出切合实际的合理解释。

第 2 章　SPSS 数据准备

建立 SPSS 数据文件是运用 SPSS 软件对数据进行分析的基础，没有完整可靠的数据文件，就得不到可靠的统计分析结论。

◌ 2.1　SPSS 数据结构 ◌

建立 SPSS 数据文件，首先要了解 SPSS 数据文件的特点、数据组织的基本方式及相关概念，进而建立一个完整全面的数据环境，为后续的数据分析做好准备。

2.1.1　SPSS 数据文件的特点

SPSS 数据文件不同于其他文件，具有如下两个特点：第一，SPSS 数据文件的扩展名是 . sav；第二，SPSS 数据文件是由数据内容和结构两部分组成的一种有结构的数据文件。其中，数据内容是待分析的具体数据，而数据结构则记录了变量类型、变量值说明、数据缺失情况等必要信息。

2.1.2　SPSS 数据的组织形式

SPSS 数据在数据编辑器窗口中显示为平面二维表格的形式，主要表现为以下两种组织方式：

➢　原始数据的组织方式

在这种数据组织方式中，数据编辑器窗口内的一行称为一个个案（Case）或观测，一列称为一个变量。所有个案组成 SPSS 数据。每个变量都有一个名字，称为变量名，是访问和分析 SPSS 变量的唯一标识。

如果待分析数据是原始的调查问卷或一些基本的统计指标，那么这些数据就以原始数据的组织方式组织。

➢　频数数据的组织方式

该组织形式中，数据编辑器窗口中的一行为变量的一个分组（或多个变量交叉分组下的一个分组），所有行囊括了该变量的所有分组情况（或多个变量交叉下的所有分组情况）。数据编辑器窗口中的一列仍为一个变量，代表某个问题（或某个方面）及相应的频数。

如果待分析的数据不是原始的调查问卷数据，而是经过分组汇总后的汇总数据，那么这些数据就应该以频数数据的组织方式组织。

因此，究竟采取哪种数据组织方式，取决于收集到的数据及所要进行的分析。

2.1.3　SPSS 数据结构定义方式

SPSS 数据结构是对 SPSS 每列变量及其相关属性进行描述，主要包括变量的名称、类型、宽度、小数位数、标签、值、缺失值、计量尺度等信息。其中，有些内容是必须定义的，有些可为默认值。

（1）变量名

变量名是变量访问和分析的唯一标志，用于区分不同的变量，因此，在定义 SPSS 数据结构时应首先给出每列变量的变量名。其命名规则如下：

① 首字符应以英文字母或汉字开头，下划线、圆点不能作为变量名的最后一个字母，变量名中不能出现“?”“!”“-”“+”“=”“*”和空格。

② SPSS 有默认的变量名，以字母“VAR”开头，后面补足 5 位数字，如 VAR00001。

③ 变量名不能与 SPSS 内部具有特定含义的保留字同名，如 ALL、BY、AND、NOT、OR、WITH 等。

如果变量名不符合 SPSS 的命名规则，系统会自动给出错误提示信息。为方便记忆，在给变量命名时，变量名需与其代表的数据含义相对应。

（2）变量类型、宽度、列宽度

变量类型是指变量取值的类型，SPSS 中有三种基本变量类型：数值型、字符串型、日期型。每种类型都有默认的宽度、小数位、列宽度。宽度是存储变量值的最大字符位数，也称存储宽度。列宽度是数据编辑器窗口中每列的显示字符位数，也称显示宽度。如果显示宽度小于变量宽度，则相应列中的数据将显示为若干“*”。一般情况下，显示宽度和变量的宽度是一致的。

数值型是 SPSS 最常用的数据类型，通常由阿拉伯数字和其他特殊符号组成，具有 5 种不同的表示方法：数值（默认的最大宽度为 8，小数位为 2）、科学计数法（默认的最大宽度为 8 位）、逗号型（默认的最大宽度为 8，小数位为 2）、点型（默认的最大宽度为 8，小数位为 2）、美元型。

字符串型数据也是 SPSS 较常用的数据类型，由一个字符串组成，默认显示宽度为 8 个字符位。不能进行算术运算，并区分大小写。在 SPSS 命令处理过程中字符串型数据应加上双引号，但在输入数据时不能输入双引号，否则，双引号将会作为字符串数据内容的一部分。

日期型数据用来表示日期或时间，其显示格式有多种，如 dd - mmm - yyyy，mm/dd/yyyy。

上述变量类型可以通过图 2-1 所示的选择定义对话框进行设置。

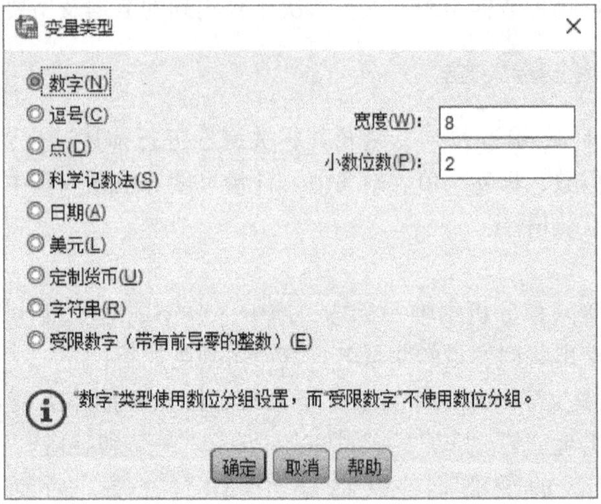

图 2-1　【变量类型】对话框

（3）标签

标签又称变量名标签，是对变量名含义的进一步解释说明，包含变量名标签和变量值标签，可增强变量名含义和统计分析结果的可读性。变量名标签的长度可达 120 个字符，也可以省略。

（4）值

值又称变量值标签，用于对变量取值含义的解释说明。它对于定类型和定序型变量尤为重要，不仅明确了数据的含义，也增强了最后统计分析结果的可读性。变量值标签可以省略，但是对于定类型和定序型变量最好给出。SPSS 中定义变量值标签可通过如图 2-2 所示的对话框进行。

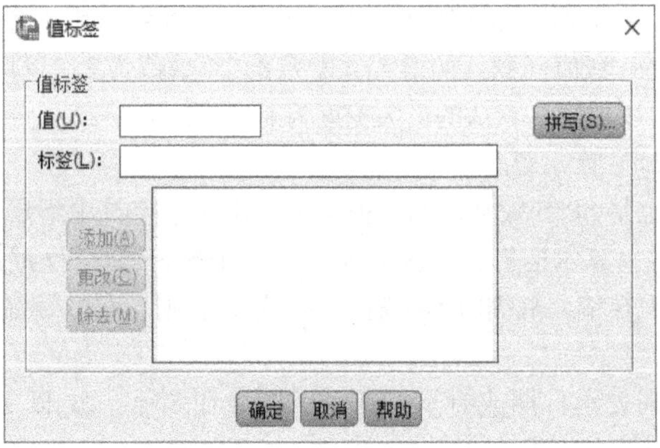

图 2-2　【值标签】对话框

在图 2-2 所示窗口中，在第一行中输入变量值，在第二行中输入相应的值标签。点击【添加】按钮是认可定义的变量值标签，并将其添加到窗口下方的文本框中；点击【更改】按钮是认可对某个变量值标签的修改；点击【删除】按钮用于删除某个错误或不再有用的变量值标签。

(5) 缺失值

缺失值的处理是数据分析准备过程中一个非常重要的环节。在统计分析过程中，收集来的数据可能会存在一些问题，如：存在明显错误或明显不合理的数据，存在漏填数据项等，这样的数据称为不完全数据或缺失值。如果数据中存在缺失值，分析时通常不能直接采纳，要进行说明。

待分析数据中大量缺失值的存在会对统计分析产生重大影响，使分析结果出现系统性偏差，统计计算精度大幅下降，从而限制了模型的应用。SPSS 中处理缺失值的基本方法是指定用户缺失值。首先，在漏填的数据处填入某个特定的标记数据；然后，指明这个特定的标记数据或那些明显的失真数据等为数据缺失值。在分析时，SPSS 就可以将这些用户缺失值与正常的数据区分开来，依照用户选择的处理策略对其进行处理或分析。

SPSS 用户对缺失值可以采用下面两种处理方式：对字符型或数值型变量，用户缺失值可以是 1 ~ 3 个特定的离散值；对一个数值型变量，用户缺失值可以在一个连续的闭区间内并同时再附加一个区间以外的离散值。其定义对话框如图 2-3 所示。

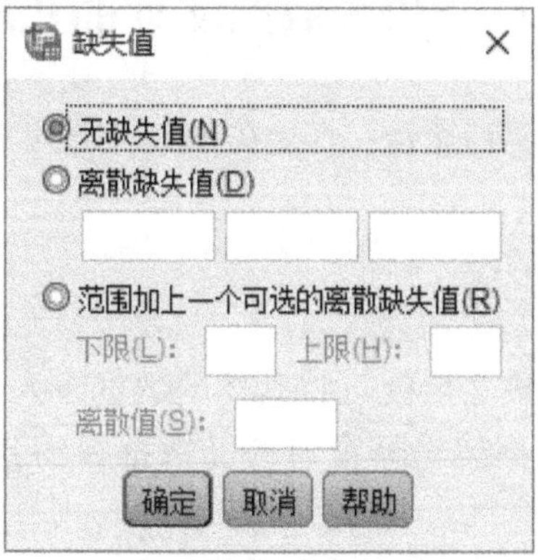

图 2-3 【缺失值】对话框

除了用户给出的缺失值以外，SPSS 还有一类默认的缺失值，称为系统缺失值。该缺失值用一个圆点表示，它不等于 0 或 .00，通常出现在数值型变量数据中。但是，字符型变量中的空格或空不是系统缺失值。

(6) 对齐

对齐控制着数据视图中数据值和/或值标签的显示。缺省对齐方式为数值变量在右边，字符串变量在左边。此设置只影响数据编辑器中的显示。

(7) 测量

测量级别可指定为名义、有序或标度（定距或者定比刻度上的数值数据）。名义数据和有序数据可以是字符串（字母数字）或数值。① 名义（nominal）。当变量值表示不具有内在等级的类别时，该变量可以作为名义变量，例如，雇员任职的公司部门。名义变量的示例包括地区、邮政编码和宗教信仰。② 有序（ordinal）。当变量值表示带有某种内在等级的类别时，该变量可以作为有序变量，例如，从十分不满意到十分满意的服务满意度水平。有序变量的示例包括表示满意度或可信度的态度分数和优先选择评分。③ 标度（scale）。当变量值表示带有有意义的度量的已排序类别时，该变量可以作为刻度（连续）变量对待当。

（8）角色

某些对话框支持可用于预先选择分析变量的预定义角色。当打开其中一个对话框时，满足角色要求的变量将自动显示在目标列表中。可用角色包括：输入，变量将用作输入（例如，预测变量、自变量）；目标，变量将用作输出或目标（例如，因变量）；两者，变量将同时用作输入和输出；无，变量没有角色分配；分区，变量将用于把数据划分为单独的训练、检验和验证样本；拆分，包括以便与 IBM® SPSS® Modeler 相互兼容，具有此角色的变量不会在 IBM SPSS Statistics 中用作拆分文件变量。缺省情况下，为所有变量分配输入角色。

一般而言，建立 SPSS 数据文件时，应首先定义 SPSS 数据的结构部分，再输入 SPSS 数据。但在实际应用中，一般是边录入、边分析、边修改。

2.2 SPSS 数据文件的获取

SPSS 数据的获取通常有两种途径：直接在 SPSS 数据编辑器窗口中进行录入，以及读取其他格式的数据文件。

2.2.1 SPSS 数据的录入

SPSS 数据的结构定义完成之后就可将具体的数据录入到 SPSS 中并最终形成 SPSS 数据文件。这一过程是在数据编辑器窗口的【数据视图】中实现的，其操作方法与 Excel 类似。

在数据录入过程中有时需要对数据进行编辑，如定位、增加、删除、修改、复制等操作，这些操作也是在数据编辑器窗口的【数据视图】中进行。

（1）SPSS 数据的定位

数据定位的目的是将当前数据单元定位到某个特定的单元中，主要有人工定位和自动定位两种方式。人工定位是指通过人工浏览数据，确定当前数据单元，适用于数据量较少的情况。自动定位是指 SPSS 按照用户给出的定位条件自动寻找满足条件的第一个数据单元，并设置其为当前数据单元，适用于数据量较大的情况。定位条件可以是一个个案的号码，也可以是某个变量的值，具体操作如下：

① 按个案号码自动定位

在数据编辑器窗口的数据视图中，首先，将当前单元定位在任何单元中；然后，选择菜单【编辑→转到个案】，出现如图 2-4 所示的按个案号码自动定位窗口；最后，在按个案号码自动定位窗口中输入要确定的个案号码。这样，SPSS 就会自动搜索该号码对应的个案并进行定位。图 2-4 也可以用于定位变量。

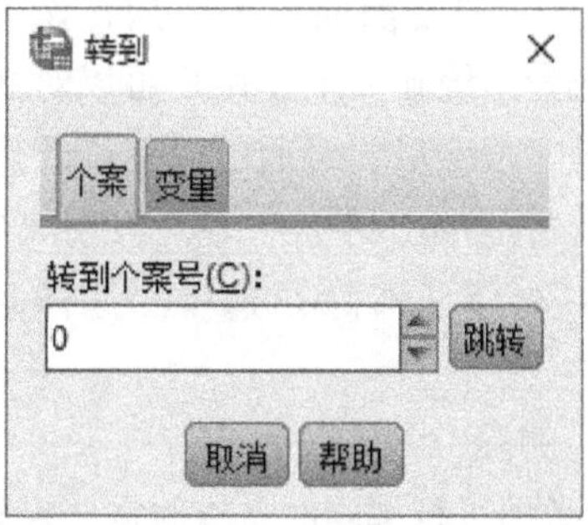

图 2-4 按个案号码自动定位对话框

② 按值自动定位

在数据编辑器窗口的数据视图中，首先，将当前单元定位在某变量列的任何一条个案上；其次，选择菜单【编辑→查找】，出现如图 2-5 所示的对话框；最后，在图 2-5 所示的窗口输入定位变量值或值标签并确认。这样，SPSS 就自动按照指定的变量进行搜索，并将当前单元变量定位到与定位值相等的第一条个案上。该窗口也可以用于查找和替换值。

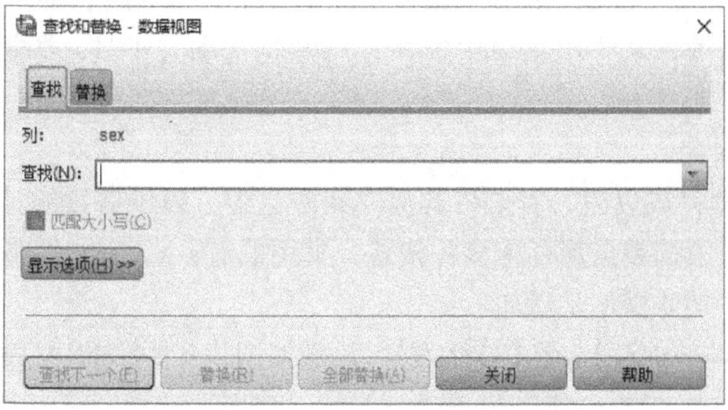

图 2-5 按变量值或值标签自动定位对话框

（2）插入或删除个案

在数据编辑器窗口中某个案前插入一条新个案，可通过以下步骤进行：

首先，将当前数据单元确定在一条个案上；其次，选择菜单【编辑→插入个案】。SPSS 就自动在当前数据单元所在行的前面插入一空行，此时，数值型变量的变量值自动为系统缺失值，用户可以对其进行修改。

在数据编辑器窗口中删除一条个案，可通过以下步骤进行：

首先，在要删除的个案号码上单击鼠标左键，待删除的个案数据呈反向显示；其次，单击鼠标右键，从弹出菜单中选择【清除】选项。这样，要删除的个案就被整条删除，下一行的个案自动上移。

（3）插入或删除变量

在数据编辑器窗口中某个变量前插入一个新变量，可通过以下步骤进行：

首先，将当前数据单元确定在某个变量上；其次，选择菜单【编辑→插入变量】。

SPSS 就自动在当前数据单元所在列之前插入一空列，该列的变量名默认为 Var00001，数据类型为数值型，变量值均为系统缺失值，用户可以对其进行修改。

在数据编辑器窗口中删除一个变量，可通过以下步骤进行：

首先，在要删除列的变量名上单击鼠标左键，待删除列的数据呈反向显示；其次，单击鼠标右键，从弹出菜单中选择【清除】选项。这样，要删除的列就被整列删除，其右边的变量列自动左移。

（4）数据的移动、复制、删除

在对数据编辑器窗口中的数据进行编辑时，有时需要对整块数据进行整体操作，如把从某行某列到某行某列围成的整块数据（也称源数据块）整体移动或复制到另一块数据单元（即目标单元中），或者将整块数据清除。实现这些功能可通过以下步骤进行操作：

① 定义源数据块。将鼠标移动到源数据块的左上角单元上，并拖动鼠标至源数据块的右下角单元，拖动过的单元呈反向显示，表明源数据块已定义。

② 单击鼠标右键。如果要清除整个数据块的内容，则选择弹出菜单中的【清除】选项；如果要复制整个数据块内容，则选择弹出菜单中的【复制】选项；如果要移动整个数据块内容，则选择弹出菜单中的【剪切】选项。

③ 指定目标单元。将鼠标移动到目标单元的左上角单元处，并指定它为当前单元；然后，单击鼠标右键，从弹出菜单中选择【粘贴】选项。于是，源数据块数据就被复制到目标单元中。

（5）数据的保存

SPSS 数据整理完成以后，需要将其保存到磁盘中，以供后续统计分析。SPSS 可以将数据编辑器窗口中的数据保存为多种格式，常用的有：SPSS 文件格式、Excel 文件格式、文本格式等，具体操作步骤如下：

① 选择【文件→保存】或【另存为】，出现如图 2-6 所示的对话框。

图 2-6　数据保存对话框

② 给出存放数据文件的目录路径和数据文件的用户名，并根据实际需要选择数据文件的保存格式。

2.2.2　SPSS 数据的导入

在实际应用过程中，待分析数据可能已经保存到其他软件。如果想用 SPSS 对这些数据进行统计分析，就需要将这些数据转换到 SPSS 中，建立 SPSS 数据文件。常用的数据读取方法主要是以下三种。

（1）直接读入其他格式的数据文件

SPSS 可以直接打开各种格式的数据文件，常见的有：SPSS 格式文件，扩展名为 .sav；Excel 格式文件，扩展名为 .xls 或 .xlsx；SAS 格式文件，扩展名为 .sas7bdat。具体操作步骤：

① 选择菜单【文件→打开→数据】；

② 选择数据文件的类型，并输入数据文件名。

（2）使用文本向导读入文本文件

文本格式的数据文件是一种最通用格式的数据文件。SPSS 提供了专门读取文本文件的功能，通过选择菜单【文件→打开文本数据】，指定文本数据文件后，即可将文本数据导入 SPSS 数据中。导入过程中要注意观察窗口中数据项间是如何分割的，确认 SPSS 是否已经正确地识别和分割了数据项。同时，也要注意数据文件的第一行是否有变量名。

（3）使用数据库向导读入数据

如果数据已经存储在数据库中，要将这些数据读到 SPSS 中进行分析，可利用 SPSS 提供的数据库向导实现数据的导入处理。通过选择【文件→导入数据→数据库→新建查询】，指定数据库文件后，即可将数据导入 SPSS 数据中。

2.3　SPSS 数据的预处理

数据文件建好后，通常还需要对待分析的数据进行必要的预处理，这是数据分析过程中必不可少的一个关键环节。同时，随着数据分析的不断深入，数据的加工处理会反复进行多次。

对数据进行预处理的目的是更好地进行数据分析和建模，主要体现在：缺失值和异常数据的处理、变量的变换处理及数据抽样等。SPSS 提供了一些专门的功能辅助用户实现数据的预处理工作。

2.3.1　数据排序

数据排序在数据分析过程中具有非常重要的作用。例如，数据排序便于用户对数据进行浏览，有助于了解数据的取值、缺失值数量的多少等情况；通过数据排序能够使用户快捷地找到数据的最大值和最小值，从而计算出数据的全距，初步把握数据的离散程度；通过数据排序可使用户快捷地发现数据中的可能异常值，为进一步明确它们是否对分析产生影响提供帮助。

SPSS 的数据排序是将数据编辑器窗口中的数据按照某个或多个指定变量的变量值升序或降序重新排列。这里的变量称为排序变量。排序变量只有一个的排序称为单值排序，排序变量有多个的排序称为多重排序。多重排序中，第一个指定的排序变量称为主排序变量，其他依次指定的变量分别称为第二排序变量、第三排序变量等。多重排序时，数据首先按主排序变量值的大小次序排序，然后对那些具有相同主排序变量值的数据，再按照第二排序变量值的次序排序，依次排序下去。

用户可按要求对数据管理器的数据进行排序，不仅可以对数据的各个变量进行排序，还可以对个案进行排序。下面以广告销售数据为例进行说明。

（1）变量排序

在打开的数据编辑器窗口中，选择菜单【数据→变量排序】（既可在数据视图窗口，也可在变量视图窗口中操作，后面的个案排序也是同样情况），弹出【变量排序】对话框（见图 2-7）；在变量视图列框中选取需要排序的属性变量，例如，在变量视图列框中选择“名称”，在下面排序列框中选择“降序”，点击确定，排序结果如图 2-8 所示。

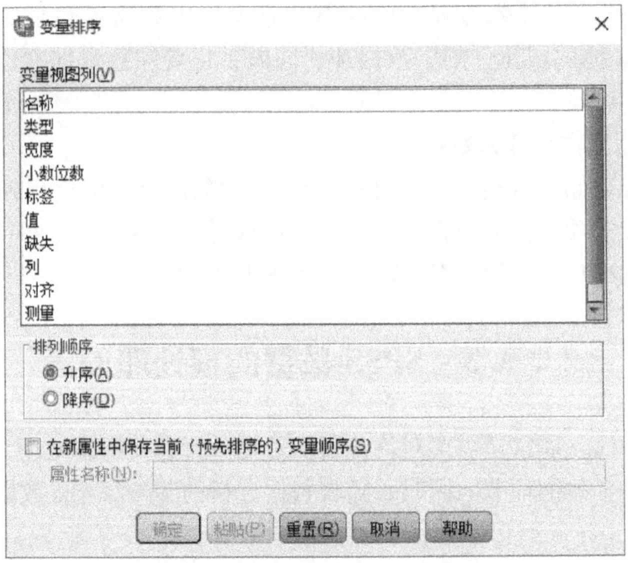

图 2-7 【变量排序】对话框

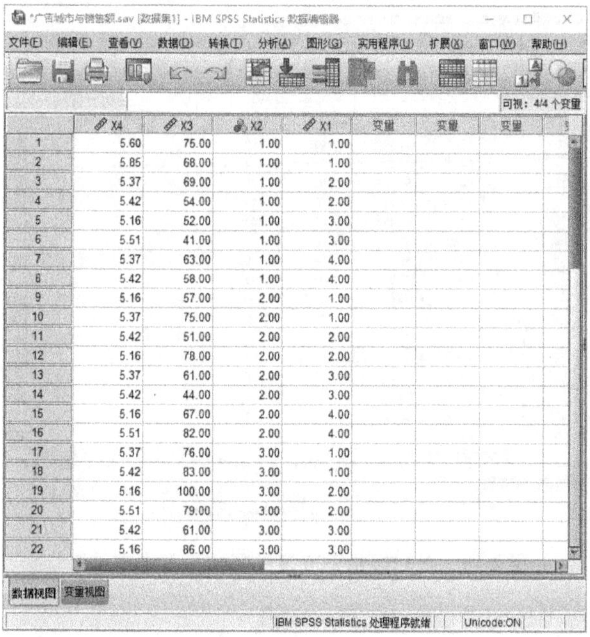

图 2-8　针对名称的变量排序结果

（2）个案排序

在打开的数据编辑器窗口中，选择菜单【数据→个案排序】，弹出【个案排序】对话框（见图 2-9）。指定主排序变量到【排序依据】框中，并选择【排列顺序】框中的选项“升序”还是“降序”，点击确定，SPSS 将自动按照用户指定的顺序对个案进行排序。此处以销售额为主排序变量按照“升序”进行个案排序，结果见图 2-10。如果是多重排序，需要依次指定第二、第三等排序变量及相应的排序顺序。

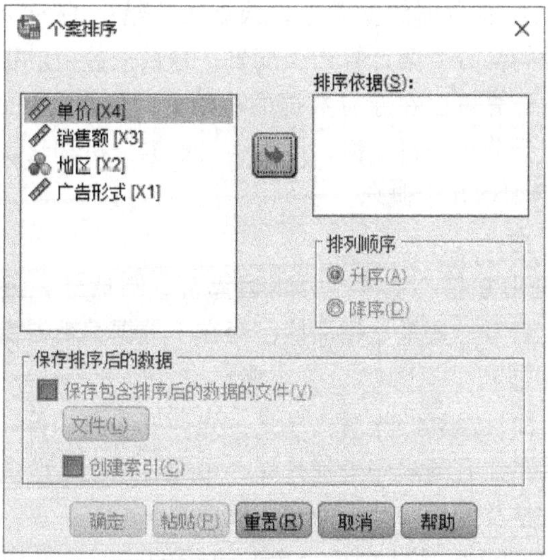

图 2-9　【个案排序】对话框

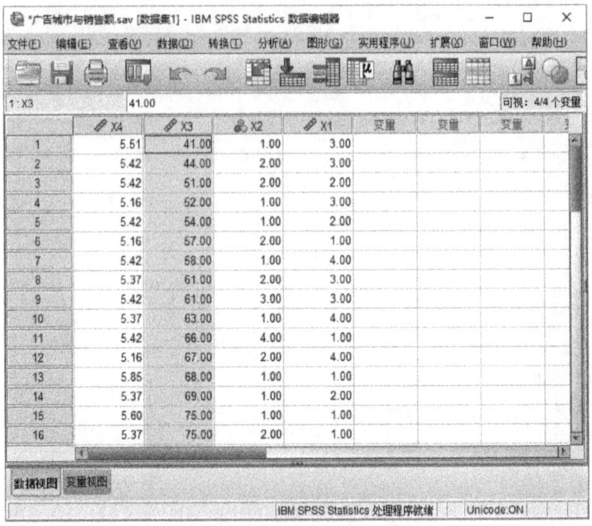

	X4	X3	X2	X1
1	5.51	41.00	1.00	3.00
2	5.42	44.00	2.00	3.00
3	5.42	51.00	2.00	2.00
4	5.16	52.00	1.00	3.00
5	5.42	54.00	1.00	2.00
6	5.16	57.00	2.00	1.00
7	5.42	58.00	1.00	4.00
8	5.37	61.00	2.00	3.00
9	5.42	61.00	3.00	3.00
10	5.37	63.00	1.00	4.00
11	5.42	66.00	4.00	1.00
12	5.16	67.00	2.00	4.00
13	5.85	68.00	1.00	1.00
14	5.37	69.00	1.00	2.00
15	5.60	75.00	1.00	1.00
16	5.37	75.00	2.00	1.00

图 2-10　针对销售额变量排序的个案排序结果

需要指出的是：

① 数据排序是整行数据排序，而不是只对某列变量排序。

② 多重排序中指定排序变量的次序很关键。排序时先指定的变量优于后指定的变量。多重排序可以在按某个变量值升序（或降序）排序的同时再按其他变量值降序（或升序）来排序。

③ 数据排序以后，原有数据的排列次序将被打乱。因此，必要的时候，要注意保留数据的原始排列顺序。

2.3.2　变量计算

SPSS 变量计算是在原有数据的基础上，根据用户给出的 SPSS 算术表达式及函数，对所有个案或满足条件的部分个案计算产生变量，是数据分析过程中应用最广泛也是最重要的环节。通过变量计算可以在原有数据的基础上产生含有更加丰富信息的新变量；通过变量计算可以对变量分布进行变换，产生满足数据分析和建模要求的变量。

SPSS 变量计算包括如下几个概念：

➢　SPSS 算术表达式

SPSS 算术表达式是由常量、变量、算术运算符、圆括号、函数等组成的式子。其中，字符型常量应加上引号；变量是指那些已存在于数据编辑器窗口中的现有变量，算术运算符主要包括 +（加）、-（减）、*（乘）、/（除）、**（乘方），其操作对象的数值类型为数值型，而且运算的先后次序是：先计算乘方，再计算乘除，最后计算加减，同级运算中，按从左往右的顺序进行计算，可通过圆括号改变固有的计算顺序；在同一算术表达式中的常量及变量，数据类型应该一致。

SPSS 中算术表达式的计算是针对每个个案进行的，因此得到的计算结果是一个系列，每个个案都有相应的计算结果。

➢ SPSS 条件表达式

条件表达式是一个对条件进行判断的式子，可以帮助实现对不同组（类）的个案按不同的方法进行计算，其结果有两种取值：如果判断条件成立，则结果为真；如果判断条件不成立，则结果为假。条件表达式包括简单条件表达式和复合条件表达式。简单条件表达式由关系运算符、常量、变量及算术表达式等组成；复合条件表达式又称逻辑表达式，由逻辑运算符、圆括号和简单条件表达式等组成。

➢ SPSS 函数

函数是事先编好并存储在 SPSS 软件中，能够实现某些特定计算任务的一段计算机程序。这些程序段都有各自的名字，称为函数名。执行这些程序段得到的计算结果称为函数值。用户在使用这些函数时，只需通过书写相应的函数名，并给出必要的计算参数，SPSS 便会自动计算函数值。函数书写的具体形式：函数名（参数），其中，函数名是 SPSS 已经规定好的。圆括号中的参数可以是常量（字符型常量应加上引号），也可以是变量或算术表达式。参数可能是一个，也可能有多个，各参数之间用英文逗号分隔。

根据函数功能和处理的变量类型，SPSS 函数大致可以分成八大类：算术函数、统计函数、与分布相关的函数、查找函数、字符函数、缺失值函数、日期函数和其他函数。

变量计算的基本操作可通过选择菜单【转换→计算变量】进行操作（见图 2-11）。

图 2-11　【转换→计算变量】对话框

2.3.3　SPSS 数据选取

数据选取就是根据分析的需要，从已收集到的大批量数据（总体）中按照一定的规则抽取部分数据（样本）参与分析，其目的也是服务于以后的数据分析。例如，数据选取可以提高数据分析效率，如果数据量较大，会在一定程度上影响计算和建模的效率。因此，通常可以依据恰当的抽样方法从总体中抽取少量样本，对样本进行分析。数据选取可以验证所建模型是否能够完整准确地反映数据的特征，是否能够用于以后的数据预测。为此，一般可以依据一定的抽样方法选择部分样本参与数据建模，剩余的数据用于模型验证。

SPSS 中常用的数据选取方法有以下几种：按指定条件选取、随机选取、选取某一区域内的样本、通过筛选变量选取。数据选取可通过选择菜单【数据→选择个案】进行相关操作（见图 2-12）。

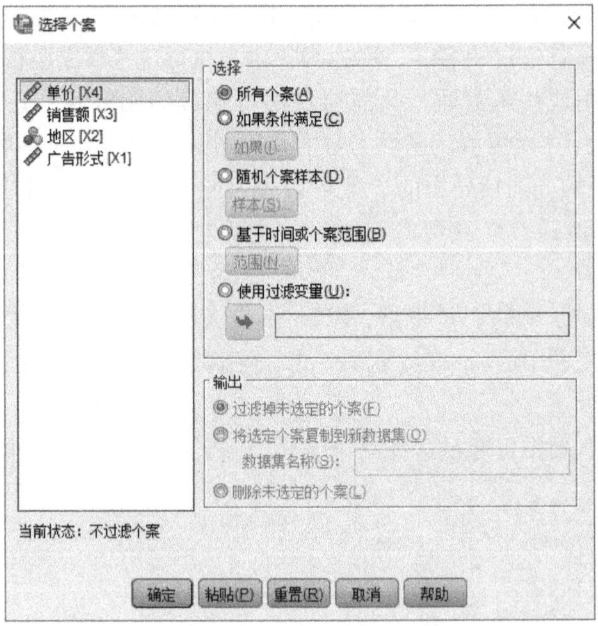

图 2-12 【选择个案】对话框

2. 3. 4 SPSS 计数

SPSS 计数是对所有个案或满足某条件的部分个案，计算若干个变量中有几个变量的取值落在指定的区间内，并将计数结果存入一个新变量中，其关键步骤为：首先，指定哪些变量参与计数，计数的结果存入哪个新变量中；其次，指定计数区间。其中，指定计数区间尤为关键。

计数区间的描述形式主要有：单个变量值、系统缺失值、用户缺失值、给定最大值和最小值的区间、小于等于某指定值的区间、大于等于某指定值的区间。前三个计数区间实际上是一些离散的数据点，严格讲并不是区间，但 SPSS 仍将其归在广义区间的范畴内，其目的是方便一些其他的应用。众所周知，大量的缺失值会影响分析，把握样本的缺失值数量对选择分析方法和建模具有重要意义。这一点可利用 SPSS 计数功能实现，即将计数区间定义为缺失值。这样，SPSS 就会对各个个案依次计算诸多变量中有几个变量取了缺失值。通过浏览计数的结果，就可以把握缺失值的总体数量。

SPSS 计数可以通过选择菜单【转换→对个案中的值进行计数】（见图 2-13）实现。

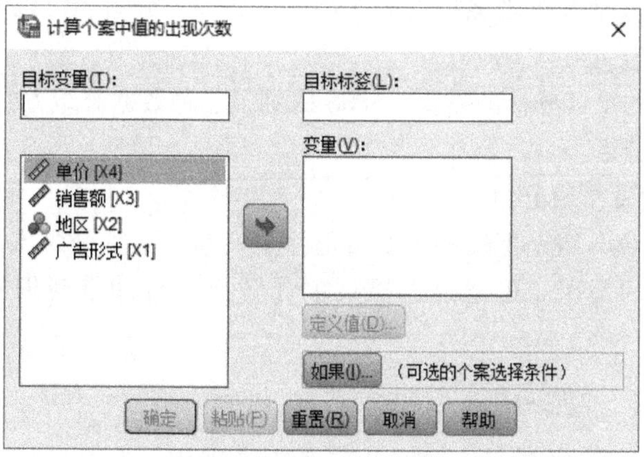

图 2-13　【计算个案中值的出现次数】对话框

2.3.5　分类汇总

分类汇总是按照某分类分别进行计算的。SPSS 实现分类汇总涉及两个主要方面：一是按照哪个变量进行分类；二是对哪个变量进行汇总，并指定对汇总变量计算哪些统计量。分类汇总可以通过选择菜单【数据→汇总】（见图 2-14）实现。

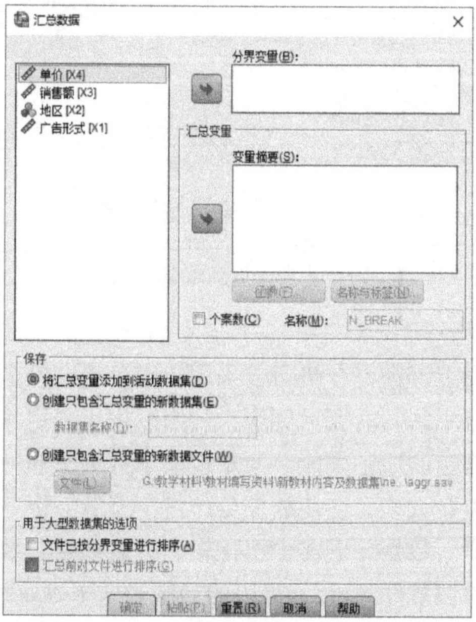

图 2-14　【汇总数据】工具

2.3.6　数据分组

数据分组是根据统计研究的需要，将数据按照某种标准重新划分为不同的组别，是对数值型数据进行整理，粗略把握其分布特征的重要工具。在数据分组的基础上进行频数分析，能够概括和体现数据的分布特征。此外，分组还可以实现数据的离散化处理。

为适用于不同的统计分析的需要，SPSS 提供了三种数据分组方法：单变量值分组、组距分组、分位数分组。

（1）SPSS 的单变量值分组

SPSS 的单变量值分组是把每一个变量值作为一组。这种分组方法通常适用于离散变量且变量值较少的情况，可通过选择菜单【转换→自动重新编码】（见图 2-15）实现。

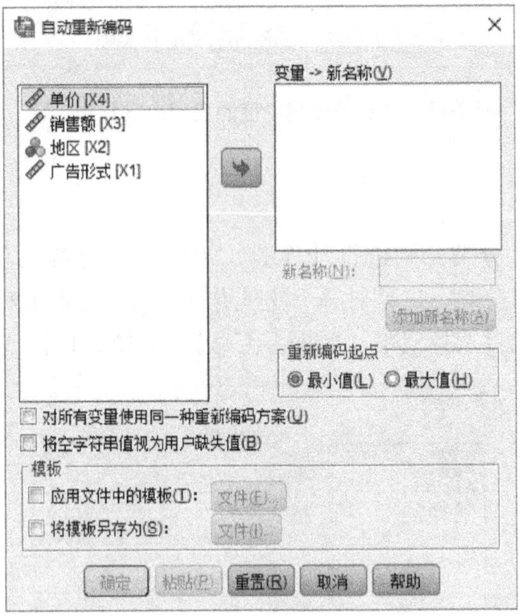

图 2-15　【自动重新编码】对话框

（2）SPSS 的组距分组

在变量值较多的情况下，数据分组通常采用组距分组，就是将全部变量值依次划分为若干区间，并将属于这一区间的变量值作为一组。由于分组的目的之一是观察数据分布的特征，因此，组数确定的原则是能够清楚地显示数据分布特征和规律。组数太少会使数据分布过于集中，组数太多又会使数据分布过于分散。因此，数据分组的第一个关键问题是分组数目的确定。数据分成多少组比较合适，通常与数据本身的特点和数据个数有关。具体分组时，可以按照 Sturges 提出的经验公式来确定组数 K，

$$K = 1 + \frac{\lg n}{\lg 2} \tag{2.1}$$

式中，n 为数据个数，对结果四舍五入取整后为理论分组数目。数据分组的第二个关键问题是组距的确定。组距是一个组的上限（组中的最大值）与下限（组中的最小值）之差，组距可根据全部数据的最大值和最小值及组数来确定，即

$$组距 =（最大值 - 最小值）÷ 组数 \tag{2.2}$$

SPSS 分组时要进行以下三项工作：指定分组变量、定义分组区间、指定存放分组结果的变量。在定义分组区间时要遵循统计学上“不重不漏”的原则，即一个变量值只能分在某一个组中，不能重复出现；所有数据都应分配在某个组中，不能遗漏。SPSS 对分组结果有两种存放策略：用分组变量值覆盖原变量；将分组结果存放到一个新变量中。覆盖原变量值的分组可通过选择菜单【转换→重新编码为相同的变量】（见图 2-16）实现，而生成新变量的分组可通过选择菜单【转换→重新编码为不同变量】（见图 2-17）来实现。

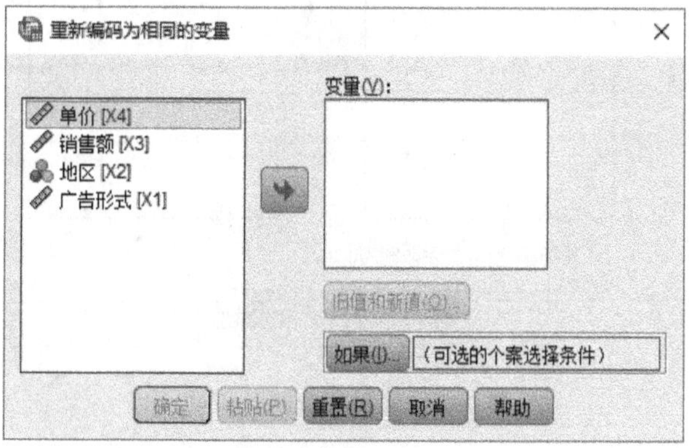

图 2-16　【重新编码为相同的变量】对话框

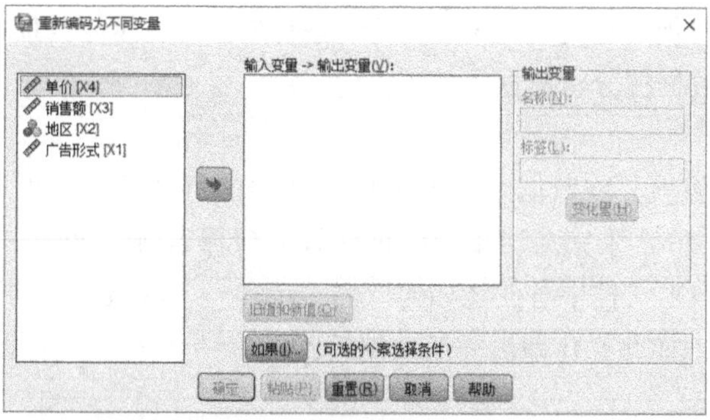

图 2-17　【重新编码为不同变量】对话框

（3）SPSS 的分位数分组

分位数分组与上述两种分组方法类似，不同之处在于分位数分组中各组的下限值和上限值由分位数决定，且各分组中的个案个数大致相同。当变量值较多时，分位数分组是一种有效快捷的分组方法。

分位数分组需要首先确定分组数目，然后计算相应的分位数。分位数分组可以通过选择菜单【转换→可视分箱】（见图 2-18）来实现，SPSS 将自动确定分组变量的最小值和最大值等。SPSS 中也将分位数分组的过程称为封装或分箱。

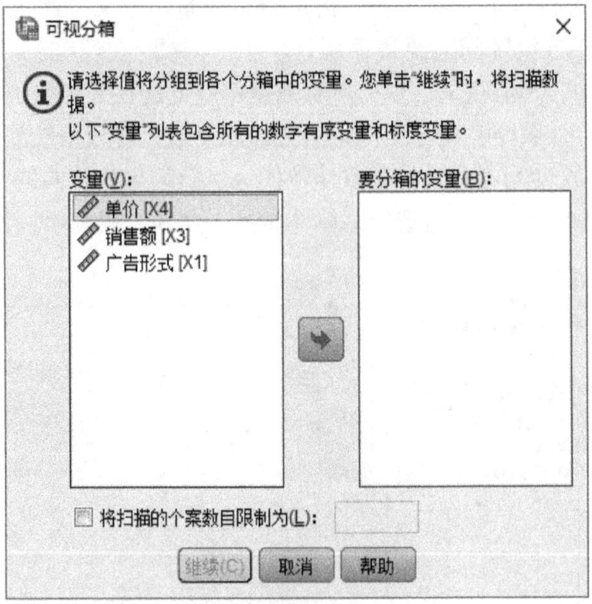

图 2-18 【可视分箱】工具

2.3.7 数据预处理的其他功能

除了上述的数据预处理功能之外，SPSS 还提供了一些其他辅助处理功能，如数据转置、加权处理、数据拆分、数据合并等。

（1）数据转置

SPSS 的数据转置就是将数据编辑器窗口中数据的行列互换，可通过选择菜单【数据→转置】（见图 2-19）来完成。指定数据转置后应保留哪些变量，将其选入【变量】框中；指定转置后数据文件中各变量如何取名，选择一个取值唯一的变量作为标记变量到【名称变量】中。如此操作即可完成数据转置。

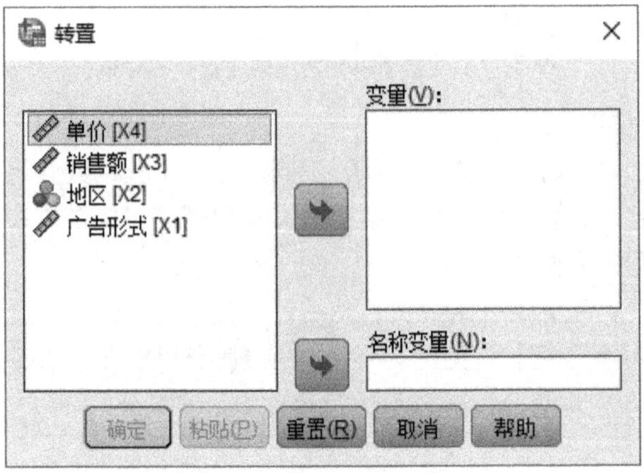

图 2-19 【转置】对话框

（2）加权处理

统计分析中加权处理极为常见。SPSS 中能够非常方便地指定权数变量，可以选择菜单【数据→个案加权】（见图 2-20），在弹出的对话框中选择【个案加权系数】，并指定某变量作为加权变量到【频率变量】框中，点击【确定】即可。

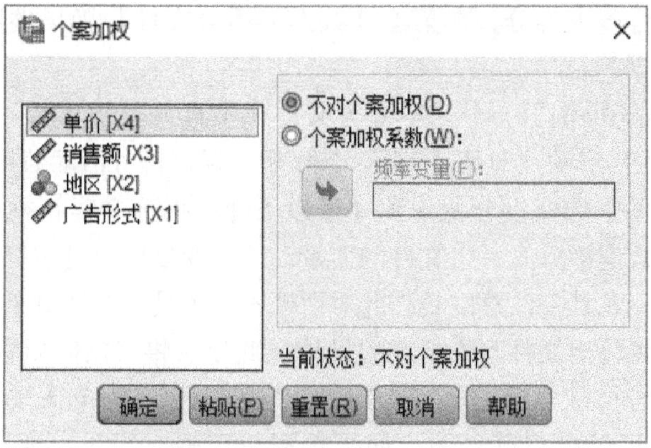

图 2-20　【个案加权】对话框

（3）数据拆分

SPSS 的数据拆分与数据排序相似，不同之处在于，数据拆分不仅是按照指定变量进行简单排序，更重要的是根据变量对数据进行分组，为后续进行的分组统计分析打下基础。

SPSS 数据拆分可选择菜单【数据→拆分文件】（见图 2-21），在弹出的对话框中选中【比较组】，并选择拆分变量到【分组依据】框中。如果数据编辑器窗口中的数据已经按照所指定的拆分变量进行了排序，则选择【文件已排序】选项，否则选择【按分组变量进行文件排序】，点击【确定】即可。

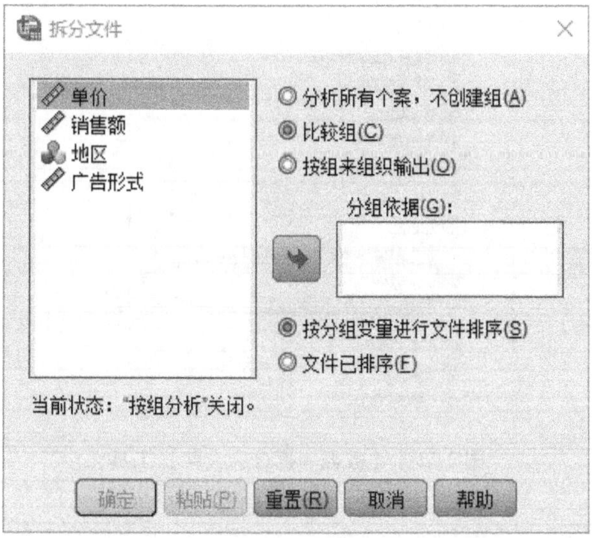

图 2-21　【数据→拆分文件】对话框

数据拆分将对后面的分析一直起作用，即无论进行哪种统计分析，都将按拆分变量的不同组分别进行分析计算。同时，在数据编辑器窗口右下角的状态栏上将显示提示信息。如果希望对所有数据进行整体分析，则需要重新执行数据拆分，在菜单【数据→拆分文件】弹出的对话框中选中【分析所有个案，不创建组】选项。

对数据可以进行多重拆分，在菜单【数据→拆分文件】弹出的对话框中，选入多个变量到【分组依据】框中。

新版本的 SPSS 还提供了一个“拆分为文件”工具（见图 2-22），可通过选择菜单【数据→拆分为文件】启动（见图 2-23），其作用是通过拆分活动数据集创建一组 sav 文件。在弹出的对话框中选择拆分变量到【按以下变量拆分个案】框中，再选择一个或多个要用于将活动数据拆分为一组文件的变量，这些变量可以是字符串或数字。数字变量必须具有整数值。尤其要注意的是，此对话框不显示具有标度测量级别的变量。此处输出位置设置可以将输出文件写入指定的目录（此目录将根据需要进行创建），也可以让命令创建新的临时目录并将文件写入其中。后选中相应的单选按钮。如果是指定目录，需在输出文件目录中将其选中；如果选择使用临时目录，那么必须保留该控件为空。

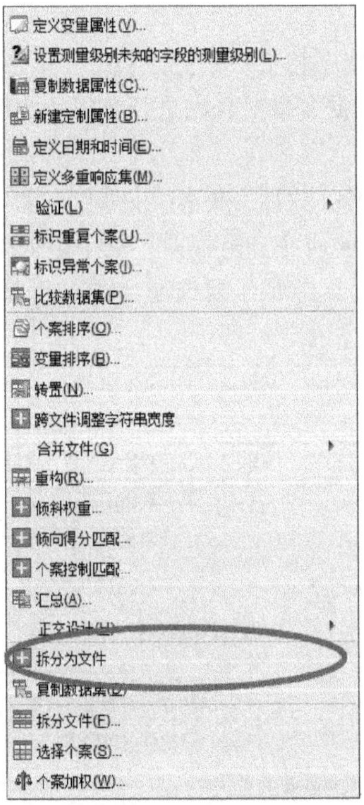

图 2-22　【数据→拆分为文件】工具

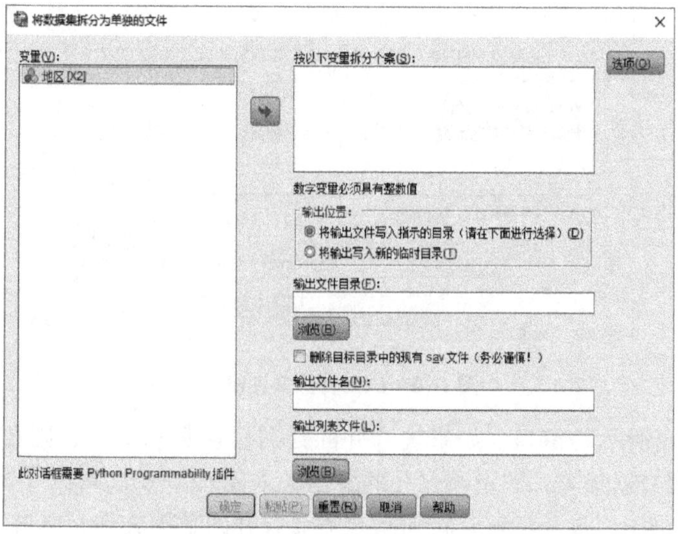

图 2-23　【将数据集拆分为单独的文件】对话框

（4）数据合并

当数据量较少时，可以通过直接录入的方式建立 SPSS 数据文件。但是当数据量较大时，经常需要把一份大的数据分成几个小的部分，由几个录入员分别录入，以加快数据录入速度，缩短录入时间。但随之带来的问题是：一份完整的数据被分别存储在几个 SPSS 数据文件中，要分析这份数据，就必须将若干小的数据文件合并起来。

SPSS 中合并数据文件是指将一个（或多个）已存储在磁盘上或已打开的 SPSS 数据文件分别依次合并到 SPSS 当前数据编辑器窗口的数据中。因此，将两个或多个 SPSS 数据文件进行合并，应首先将其中的某个数据文件读入（打开）到当前数据编辑器窗口中，然后依次与其他数据文件进行合并。SPSS 提供了两种合并数据文件的方式：纵向合并数据文件和横向合并数据文件。

① 纵向合并数据文件

纵向合并数据文件就是将当前数据编辑器窗口中的数据与另一个 SPSS 数据文件中的数据进行首尾对接，即将一个 SPSS 数据文件的内容追加到当前数据编辑器窗口数据的后面，根据两个数据文件中的变量名进行数据对接。

纵向合并 SPSS 数据文件时，要注意以下两个问题：第一，两个待合并的 SPSS 数据文件的内容合并起来应具有实际意义。第二，为方便 SPSS 数据文件的纵向合并，不同数据文件中数据含义相同的数据项应起相同的变量名，且数据类型也应相同，这样将大大简化操作过程中参数的选择，有利于 SPSS 对变量的自动匹配。含义不同的数据项变量名不要同名。

纵向合并数据文件的基本操作步骤如下：

a. 在当前数据编辑器窗口中打开一个需要合并的 SPSS 数据文件。

b. 选择菜单【数据→合并文件→添加个案】。显示如图 2-24 所示的窗口。

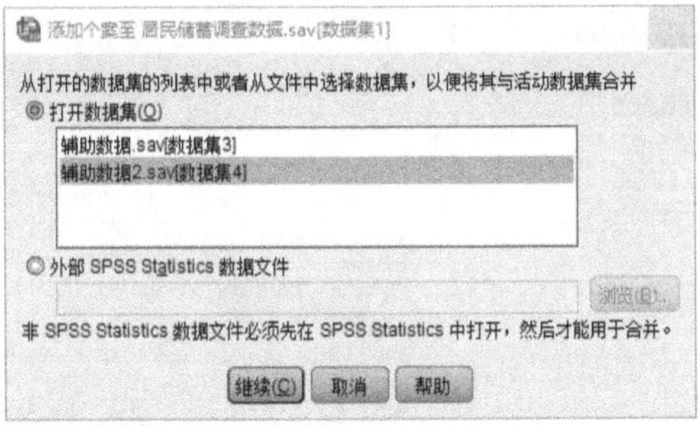

图 2-24　纵向合并文件窗口

c. 在图 2-24 所示的窗口，如果被合并的数据已在数据集中，则在【打开的数据集】列表中指定数据集名；如果被合并的数据尚未读入 SPSS，则在【外部 SPSS Statistics 数据文件】框中通过【浏览】按钮指定需要合并的数据文件，单击【继续】按钮。在弹出的对话框（见图 2-24）右侧【新的活动数据集中的变量】框中显示的变量名是两个数据文件中的同名变量，SPSS 默认它们具有相同的数据含义，并将其作为合并后新数据文件中的变量。如果不接受这种默认，可以单击中间的箭头按钮将它们剔除到【非成对变量】框中。【非成对变量】框中显示的变量名是两个文件中不同名的变量。如果希望在合并后数据文件中看出哪些个案来自合并前的哪个 SPSS 数据文件，在图 2-25 中可以选中【将个案源表示为变量】选项，这样，合并后的数据文件中将自动生成一个默认名为“源 01”，取值为 0 或 1 的变量，0 表示个案来自活动数据集，1 表示个案来自第二份数据文件。

通过以上操作，数据编辑器窗口中会自动显示合并后的数据，用户可以根据实际需要将其保存下来。

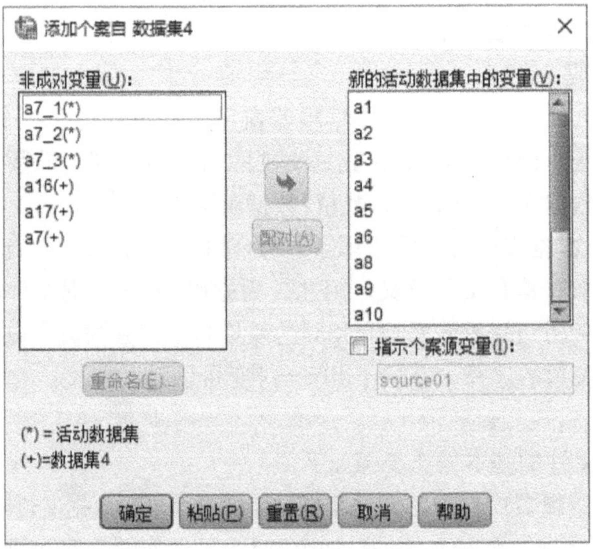

图 2-25　纵向合并数据文件添加个案对话框

② 横向合并数据文件

横向合并数据文件就是将当前数据编辑器窗口中的数据与另一个 SPSS 数据文件中的数据进行左右对接，即将一个 SPSS 数据文件的内容拼接到当前数据编辑器窗口数据的右边，依据两个数据文件中的个案进行数据对接。

横向合并数据文件时，要注意三个问题：第一，两个数据文件至少有一个名称相同的变量。该变量是两个数据文件横向拼接的依据，称为关键变量。第二，两个数据文件都必须事先按关键变量值的升序排序。第三，为方便 SPSS 数据文件的横向合并，不同数据文件中数据含义不相同的数据项，变量名不能相同。

横向合并 SPSS 数据文件的操作步骤：

a. 在当前数据编辑器窗口中打开一个需要合并的 SPSS 数据文件。

b. 选择菜单【数据→合并文件→添加变量】，显示如图 2-26 所示的对话框。如果被合并的数据已在数据集中，则在【打开的数据集】列表中指定数据集名；如果被合并的数据尚未读入 SPSS，则在【外部 SPSS Statistics 数据文件】框中通过【浏览】按钮指定需要合并的数据文件，单击【继续】按钮。指定合并数据集或数据文件后，显示如图 2-27 所示的对话框。

c. 在图 2-27 所示的对话框中，两个待合并数据文件的所有变量名均显示在【新的活动数据集】列表框中，SPSS 默认这些变量均以原有变量名进入合并后的数据文件中。如果用户不接受这种默认设定，可以单击中间的箭头按钮将它们剔除到【已排除的变量】框中，或者剔除后单击【重命名】按钮将变量改名，然后再单击中间的箭头按钮将它们从【已排除的变量】框中重新以新名选回到【新的活动数据集】列表框中。

d. 如果两个待合并的数据文件中个案数据是按顺序一一对应的，可直接点击【确定】按钮完成合并工作。否则，进入第⑤步。

e. 两个待合并数据文件中的同名变量名会自动显示在【已排除的变量】框中，选择【匹配关键变量的个案】选项，并从【已排除的变量】框中选出关键变量到【关键变量】框中。在【两个数据集中的个案都是按关键变量的顺序进行排序】前打钩。

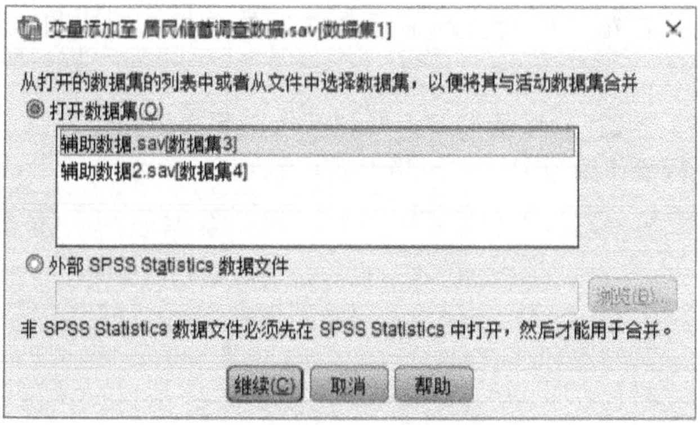

图 2-26　横向合并文件对话框

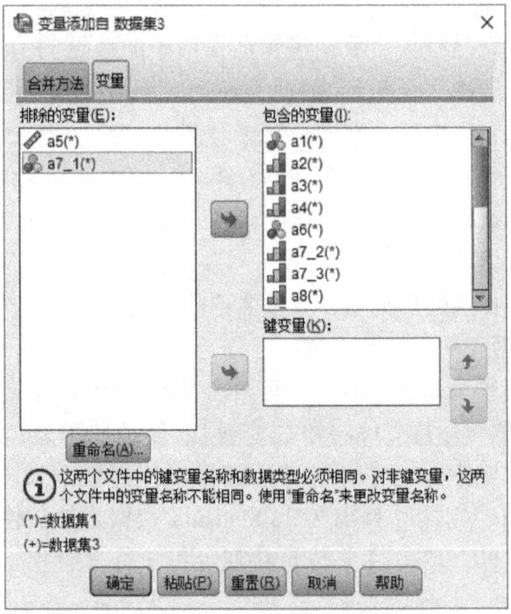

图 2-27　横向合并数据集添加变量对话框

f. 指定提供合并数据的方式。SPSS 有三种数据提供方式：【两个文件都提供个案】是 SPSS 默认的方式，指合并后的数据由原来两个数据文件共同提供；【非活动数据集为基于关键字的表】指在当前数据编辑器窗口中的数据基础之上，将第二个数据文件中的其他变量合并进来，即合并后数据文件中的个案仅是当前数据编辑器窗口中的个案；【活动数据集为基于关键字的表】指在第二个数据文件数据的基础之上，将当前数据编辑器窗口中的其他变量合并进来，即合并后数据文件中的个案仅是第二个数据文件中的个案。

g. 如果希望在合并后的数据文件中看出哪些个案来自哪个数据文件，可以选【将个案源表示为变量】，则在合并后的数据文件中将自动生成一个默认名为“源 01”、取值为 0 或 1 的变量。0 表示个案来自活动数据集，1 表示来自第二个数据文件。

至此，数据编排器窗口中会自动显示合并后的数据，用户可根据实际需要将其保存。

本章重点讲述了 SPSS 数据基本加工处理的作用和具体操作方法，学习中可以根据本书提供的数据进行操作练习。

第3章　SPSS描述性统计分析

描述性统计分析是针对数据本身而言的，是用统计学指标描述其特征的分析方法。这种方法看似简单，实际上却是很多高级分析的基础工作。很多高级分析方法对于数据都有一定的假设和适用条件，这些都可以通过描述性统计分析进行判断。同时，我们也发现，很多分析方法的结果中或多或少都会穿插一些描述性分析的结果。

描述性统计是对收集的数据进行加工整理、综合概括，通过图示、列表和计数等方式进行分析和描述。统计描述只是对统计数据的结构和总体情况进行描述，主要关注数据的三个方面内容：集中趋势、离散趋势、分布特征。

（1）集中趋势

如果频数分布数列中各观测察值有一种向中心集中的趋势，在中心附近的观测值数目较多，远离中心的较少，这称为集中趋势。常用的描述集中趋势的指标有：众数、中位数、均值。

（2）离散趋势

离散趋势与集中趋势相反，反映的是一组数据中各观测值之间的差异和离散程度，常用的指标有：频数、相对数、方差、标准差、四分位间距、全距、四分位数、百分位数、变异系数等，其中方差和标准差只适用于正态分布数据，四分位间距适用于各种分布类型的数据。

（3）分布特征——偏度和峰度的计量

除了以上两种基本趋势之外，随着对数据特征的深入了解，还应知道数据服从什么分布，如正态分布、高斯分布等。偏度系数、峰度系数反映了当前数据偏离正态分布的严重程度。

偏度系数（skewness）是描述频数分布数列中各观测值是否对称地分布在中心两侧，或者说某一侧的观测值是否比另一侧的观测值相对中心偏离得更远一些。偏度系数小于0时，均值在众数左侧，是一种左偏的分布，图形左边有“小尾巴”；偏度系数大于0时，均值在众数右侧，是一种右偏的分布，图形右边有“小尾巴”；偏度系数等于0时，图形与正态分布图形相似，为对称分布。

峰度系数用于描述频数分布数列中各观测值是较为均匀地分布，还是侧重出现在中心附近，即描述次数分布曲线的高峰形态。峰越高尖，峰度值越大；峰越低阔，峰度值越小。峰度高低程度以正态分布为标准进行比较，正态分布的峰度系数为0，大于0者成为高狭峰，小于0者称为低阔峰。

SPSS用于描述性统计分析的过程大部分都在菜单【分析→描述统计】中，如【频率】、【描述】、【探索】、【交叉表】、【TURF 分析】、【比率】、【P-P 图】、【Q-Q 图】；另有一个在菜单【分析→比较平均值→平均值】中。

3.1 频数分析

3.1.1 频数分析的功能

基本统计分析常常是从频数分析开始的，通过频数分析可以了解变量取值的状况，把握数据的分布特征，是描述性统计中最常用的方法之一。频数分析过程不仅可以输出描述连续型变量的集中趋势和离散趋势的主要指标，还可以计算出所占百分比、各种百分位数及数据分布的峰度与偏度，并输出条形图、直方图和饼图等统计图。

数值变量和类别变量都可以进行频数分析，例如学历高中、本科、硕士和博士分别可以用 1、2、3 和 4 代替，也可以直接用高中、本科、硕士和博士表示。

3.1.2 频数分析的基本操作及说明

（1）打开数据文件，选择菜单【分析→描述统计→频率】，弹出频率对话框窗口。

（2）在【频率】对话框中，可以通过单击箭头按钮选择一个或多个需要进行频数分析的变量进入右边的【变量】框中。对话框底部有一项【显示频率表】复选框，SPSS 默认选择此项。选择此项后，输出结果将显示频数分布表，否则只显示直方图，不显示频数分布表。

（3）点击【统计】按钮，弹出【频率：统计】对话框。通过勾取其中的选项，我们可以获得该组数据的四分位数、均值、中位数、众数、总和、标准差、方差、最大值、最小值、均值的标准误、偏度系数和峰度系数。同时，我们还可以通过分割点和百分位数的设置，选择需要的分割点和百分位数。选好后，点击【继续】按钮返回【频率】对话框。

（4）点击【图表】按钮，弹出【频率：图表】对话框。通过勾选其中的选项，可以得到数据的条形图、饼图和直方图。需要注意的是，条形图和饼图适用于非连续性的变量，而直方图适用于连续性的变量。当选择条形图或饼图时，对话框底部的【图表值】将被激活，其中有频率和百分比两个选项供选择；当选择【直方图】时，可以通过勾选在直方图中是否显示正态曲线，这时对话框底部的【图表值】变灰色，不可选。做好需要的选择后，点击【继续】按钮，返回【频率】对话框。

（5）点击【格式】按钮，弹出【频率：格式】对话框，在【排序方式】选项栏有四个选项，分别是按值的升序排序、按值的降序排序、按计数的升序排序、按计数的降序排序。在【多个变量】选项栏中可以定义结果输出格式，【比较变量】表示在同一表中比较变量间的统计量，【按变量组织输出】表示多个变量的统计量分别输出。设置完毕，点击【继续】按钮，返回到【频率】对话框。

（6）最后单击【确定】按钮，即可在结果输出窗口中得到频数分布表、描述性统计分析输出表格和用户选择的对应输出图形。

3.1.3　案例分析

例 3-1　现有 100 名中学生的身高数据如表 3-1 所示，试作频数分析。

表 3-1　中学生身高数据

cm

186	170	153	164	163	193	169	181	169	176
149	160	163	162	161	153	142	139	149	153
141	173	141	173	183	143	148	181	157	143
166	183	152	137	158	148	159	178	143	171
164	156	166	158	153	175	162	191	141	174
145	135	157	164	138	183	156	168	133	138
176	151	164	166	165	161	140	152	149	170
157	172	168	181	114	149	151	175	152	158
152	153	121	143	166	170	179	195	162	155
182	137	155	168	167	153	161	132	171	165

本例仅有身高数据，为了便于分析，将对学生进行编号，故有编号和身高两个变量。把编号定义为字符型变量，设置变量名为 id；把身高定义为数值型变量，设置变量名为 height。将获得的数据转换成 SPSS 数据集（中学生身高 . sav），结果如图 3-1 所示。由于篇幅有限，此处仅显示部分数据。

图 3-1　学生身高数据集

对 SPSS 数据集中的学生身高数据进行频数分析，步骤如下。

01 选择菜单【分析→描述统计→频率】，打开【频率】对话框，将待分析变量

“height” 选入到【变量】框内，如图 3-2 所示。

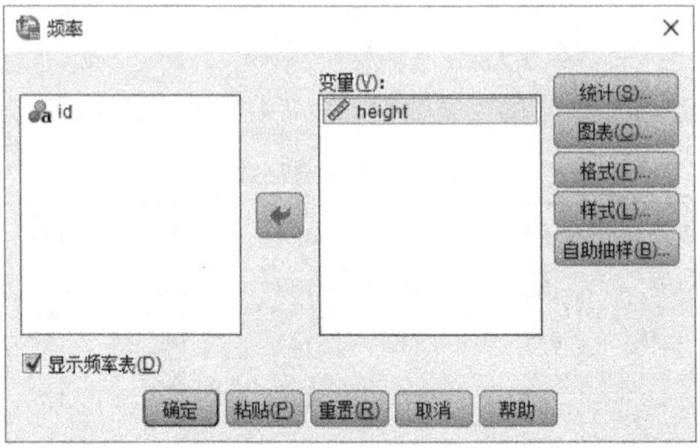

图 3-2 【频率】对话框

02 点击【统计】按钮，弹出【频率：统计】对话框。勾取【四分位数】、【平均值】、【中位数】、【众数】、【总和】、【标准差】、【方差】、【最大值】、【最小值】、【标准误差平均值】、【偏度】和【峰度】，如图 3-3 所示。点击【继续】按钮返回【频率】对话框。

03 点击【图表】按钮，弹出【频率：图表】对话框。本例要求对变量 height 绘制直方图，并要求绘制正态曲线，所以选择【图表类型】中的【直方图】，并勾选【在直方图中显示正态曲线】，如图 3-4 所示。点击【继续】按钮，返回【频率】对话框。

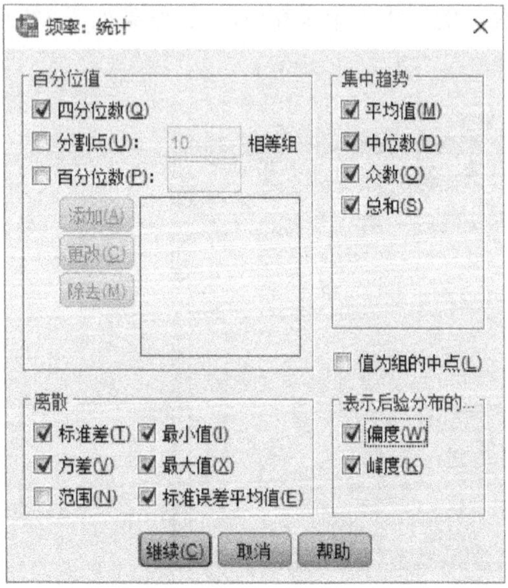

图 3-3 【频率：统计】对话框

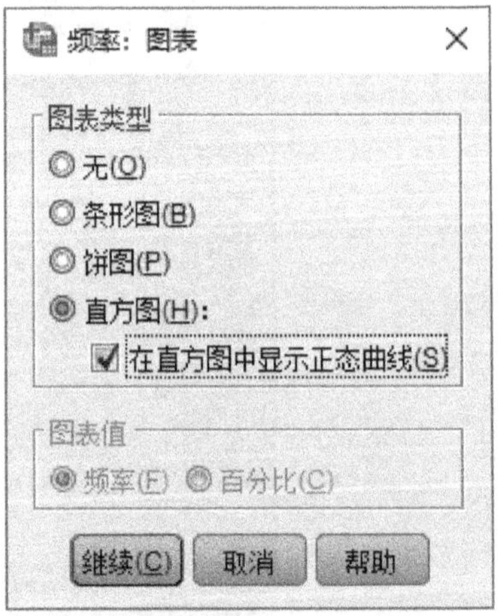

图 3-4 【频率：图表】对话框

04 点击【格式】按钮，弹出【频率：格式】对话框。此处采取默认格式，即在【排序方式】框中选择【按值的升序排序】，在【多个变量】选项栏中选择【比较变量】，如图 3-5 所示。点击【继续】按钮，返回到【频率】对话框。

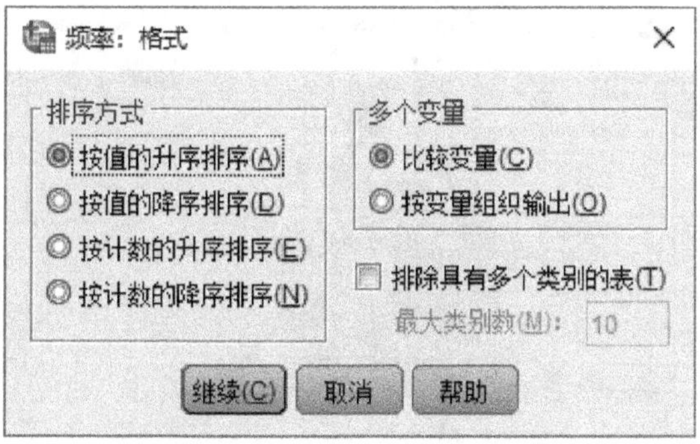

图 3-5　【频率：格式】对话框

05 点击【确定】按钮，SPSS 系统对数据集 height 的作频数分析，给出多种统计量（见表 3-2）以及直方图（见图 3-6）。

表 3-2　频率统计结果

height

个案数	有效	100
	缺失	0
平均值		159. 47
平均值标准误差		1. 555
中位数		160. 46
众数		114[a]
标准偏差		15. 555
方差		241. 951
偏度		-. 161
偏度标准误差		. 241
峰度		. 023
峰度标准误差		478
最小值		114
最大值		195
总和		15947
百分位数	25	149. 13
	50	160. 46
	75	170. 16

a. 存在多个众数。显示了最小的值。

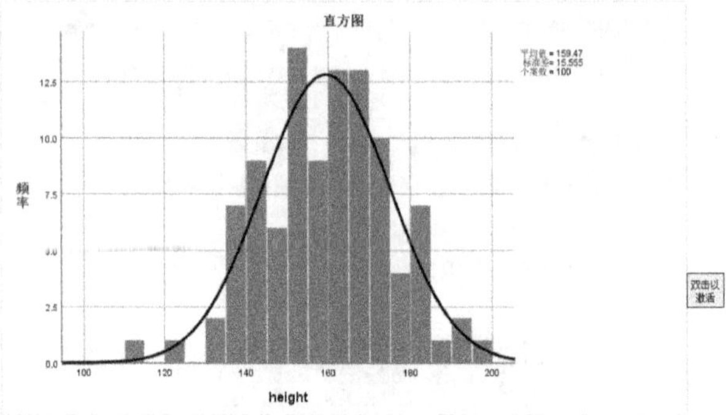

图 3-6　带有正态曲线的直方图

3.1.4　输出结果解析

01 描述性统计结果。

表 3-2 是描述性统计结果，由此可知，个案数是 100，缺失值为 0，平均值为 159.47，平均值标准误差为 1.555，中位数是 160.46，众数是 114（由于数据集存在多个众数，只给出最小的众数），标准偏差为 15.555，方差是 241.951，偏度系数为 −0.161，偏度系数的标准误差为 0.241，峰度系数为 0.023，峰度系数的标准误差为 0.478，全距为 81，最小值为 114，最大值为 195，总和为 15947，25% 的分位数是 149.13，50% 的分位数为 160.46，75% 的分位数是 170.16。

02 带有正态曲线的直方图。

图 3-6 是带有正态曲线的直方图，从中可以看出，数据基本呈现正态分布。其中，数据集的偏度系数是用来描述变量分布的对称程度和方向，偏度为 0 表示对称，偏度大于 0 表示右偏，偏度小于 0 表示左偏。此处偏度系数为 −0.161，虽然小于 0，但由于值较小，说明略微左偏。峰度系数用于描述变量分布的陡峭程度。峰度为 0 表示陡峭程度与正态分布相同，大于 0 表示比正态分布陡峭，小于 0 表示比正态分布平缓。从表 3-2 中可以看出，此处峰度系数为 0.023，大于 0 但值较小，说明比正态分布略微陡峭一些。

3.2　计算基本描述统计量

3.2.1　计算基本描述统计量的功能

计算基本描述统计量是为了精确把握变量的总体分布状况，是连续数据统计中经常用到的方法。该方法主要是对数据进行整理、分析，同时对数据分布状态、数字特征等进行估计与描述。

通过频数分析把握数据的总体分布状况后，通常还需要对数值型数据的分布特征有更加精确的认识，这就需要通过计算基本描述统计量等途径实现。

该过程还有一个特殊功能，就是可将原始数据转换成标准分数，并以变量的形式存入数据库供以后分析使用。

3.2.2　计算基本描述统计量的基本操作及说明

（1）打开数据文件，选择菜单【分析→描述统计→描述】，SPSS 将弹出【描述】对话框窗口。

（2）将需要计算的数值型变量选择到【变量】框中。选择是否将标准化值另存为变量：如果选中【将标准化值另存为变量】，则系统会将标准化值另存为变量；不选此项，则系统不会执行。

（3）单击【选项】按钮，弹出【描述：选项】对话框。在该对话框中，可以选择相关描述统计量。在【离散】选项组中可以选择【标准差】、【方差】、【范围】、【最小值】、【最大值】、【标准误差平均值】，在【表示后验分布的特征】选项组可以选择【峰度】、【偏度】。在【显示顺序】选项组中可以选择按照变量列表、字母、按平均值的升序排序、按平均值的升序排序等显示顺序。设置完毕后，单击【继续】按钮返回【描述】对话框。

（4）如果需要得到统计量的抽样方差，则点击【自助抽样】按钮，弹出【自助抽样】窗口，勾选【执行自助抽样】选项，再进行相关参数设置。设置好之后，单击“继续”按钮返回【描述】对话框。否则，略去本步骤。

（5）单击【确定】按钮，可得系统输出结果。

3.2.3　案例分析

例 3-2　现有某一时间 31 个省、市、自治区的高校科研情况数据（见表 3-3），试对各省市区的科研情况进行描述统计分析，了解各省、市、区的科研基本特征。

表 3-3　各省、市、自治区的高校科研情况数据

省市区	投入人年数	投入高级职称的人年数	投入科研事业费（百元）	课题总数	专著数	论文数	获奖数
北京	6795	3737	39803	3261	2723	12270	237
天津	1649	939	45392	991	488	3055	138
河北	2367	1039	40631	839	412	4440	51
山西	1460	658	49661	635	218	2964	41
内蒙古	455	231	7001	227	152	1759	132
辽宁	3664	1591	70301	1241	779	7244	252
…	…	…	…	…	…	…	…
陕西	2236	1018	62621	803	569	6539	127
甘肃	970	417	19613	530	163	2255	92
青海	159	60	0	69	15	583	0
宁夏	188	83	556	82	30	406	0
新疆	660	360	330	276	116	2803	9

本例数据包含 31 个个案、8 个指标，为了便于分析，将省市区定义为字符型变量，把其余 7 个指标定义为数值型变量。把数据导入到 SPSS 中，分别把省市区、投入人年数、投入高级职称的人年数、投入科研事业费（百元）、课题总数、专著数、论文数以及获奖数定义为 x_1，x_2，…，x_8，产生 SPSS 数据集文件（高校科研数据 . sav），计算其基本描述统计量，具体操作过程如下：

01 打开数据文件“高校科研数据 . sav”（见图 3-7），选择菜单【分析→描述统计→描述】，弹出【描述】主对话框。

02 在【描述】主对话框中，逐次选择并单击箭头按钮使左侧列表中的变量 x_2，…，x_8 进入【变量】列表框，如图 3-8 所示。

	x1	x2	x3	x4	x5	x6	x7
1	北京	6795.0	3737.0	339803.0	3261.0	2723.0	12270.0
2	天津	1649.0	939.0	45392.0	991.0	488.0	3055.0
3	河北	2367.0	1039.0	40631.0	839.0	412.0	4440.0
4	山西	1460.0	658.0	49661.0	635.0	218.0	2964.0
5	内蒙古	455.0	231.0	7001.0	227.0	152.0	1759.0
6	辽宁	3664.0	1591.0	70301.0	1241.0	779.0	7244.0
7	吉林	2514.0	1208.0	44154.0	902.0	581.0	4300.0
8	黑龙江	1430.0	797.0	9477.0	479.0	391.0	2801.0
9	上海	3783.0	1833.0	116292.0	2247.0	1130.0	6607.0
10	江苏	5480.0	2436.0	138418.0	3110.0	961.0	10456.0
11	浙江	2765.0	1238.0	44320.0	1676.0	473.0	6031.0
12	安徽	2157.0	982.0	49672.0	599.0	232.0	3897.0
13	福建	1575.0	710.0	73829.0	897.0	376.0	3239.0
14	江西	2313.0	1013.0	15733.0	908.0	319.0	3979.0
15	山东	3601.0	1995.0	71333.0	1287.0	920.0	10610.0
16	河南	1957.0	834.0	8418.0	770.0	412.0	3903.0

图 3-7　高校科研数据集

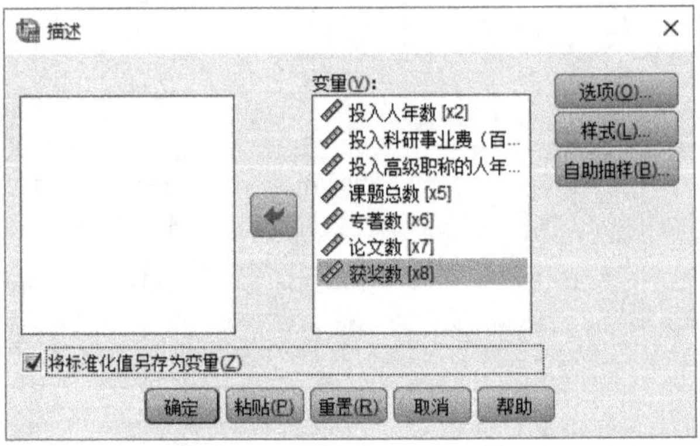

图 3-8　【描述】主对话框

03 勾选【将标准化值另存为变量】，则系统会将标准化得分另存为变量。

04 单击【选项】，弹出【描述：选项】对话框。在该对话框中，选择【平均值】、【总和】，【离散】选项组中全选，【表示后验分布的特征】选项组全选。在【显示顺序】选项组中选择【变量列表】，如图 3-9 所示。单击【继续】按钮返回【描述】对话框。

05 单击【确定】按钮，可得系统输出结果（见表 3-4）。

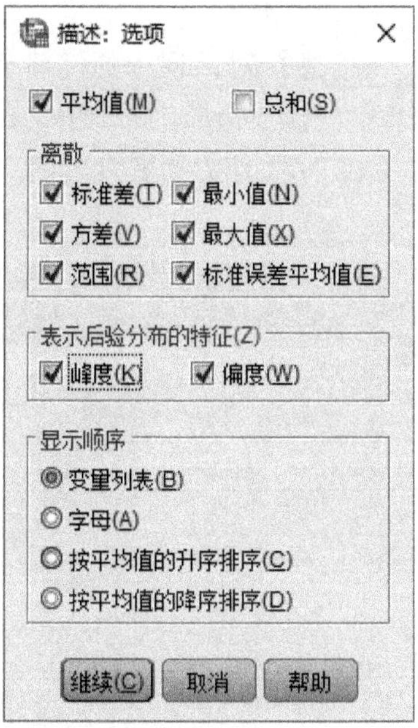

图 3-9　【描述：选项】对话框

表 3-4　高校科研数据的描述统计结果

	N	范围	最小值	最大值	合计	均值		标准偏差	方差	偏度		峰度	
	统计	统计	统计	统计	统计	统计	标准错误	统计	统计	统计	标准错误	统计	标准错误
投入人年数	31	6720. 0	75. 0	6795. 0	66476. 0	2144. 387	293. 5428	1634. 3769	2671187. 845	. 970	. 421	. 954	. 821
投入高级职称的人年数	31	3713. 0	24. 0	3737. 0	32086. 0	1035. 032	149. 4795	832. 2668	692668. 032	1. 285	. 421	2. 325	. 821
投入科研事业费（百元）	31	339803. 0	. 0	339803. 0	1724606. 0	55632. 452	12098. 4761	67361. 4640	4537566827. 589	2. 698	. 421	9. 977	. 821
课题总数	31	3244. 0	17. 0	3261. 0	29760. 0	960. 000	150. 5431	838. 1887	702560. 333	1. 322	. 421	1. 541	. 821
专著数	31	2717. 0	6. 0	2723. 0	15071. 0	486. 161	94. 2478	524. 7494	275361. 940	2. 773	. 421	10. 510	. 821
论文数	31	12153. 0	117. 0	12270. 0	140438. 0	4530. 258	596. 9628	3323. 7483	11047302. 798	. 890	. 421	. 087	. 821
获奖数	31	540. 0	. 0	540. 0	4148. 0	133. 806	25. 2369	140. 5132	19743. 961	1. 580	. 421	2. 317	. 821
有效个案数（成列）	31												

3.2.4 输出结果解析

01 基本描述统计量计算结果。

表 3-4 是基本描述统计量计算结果。从中可以看出，样本总数是 31 个，分别给出了 8 个因子的范围、最小值、最大值、总和、均值、均值标准误差、标准差、方差、偏度、峰度等统计量。

02 变量标准化结果。

由于在选择过程中勾选了【描述】对话框中的【将标准化值另存为变量】，SPSS 系统将选中的因子的原始数据直接转换成标准化的取值，以变量的形式存入当前的数据库，并在对应的因子名称前加一个“Z”作为新变量名称，如图 3-10 所示。

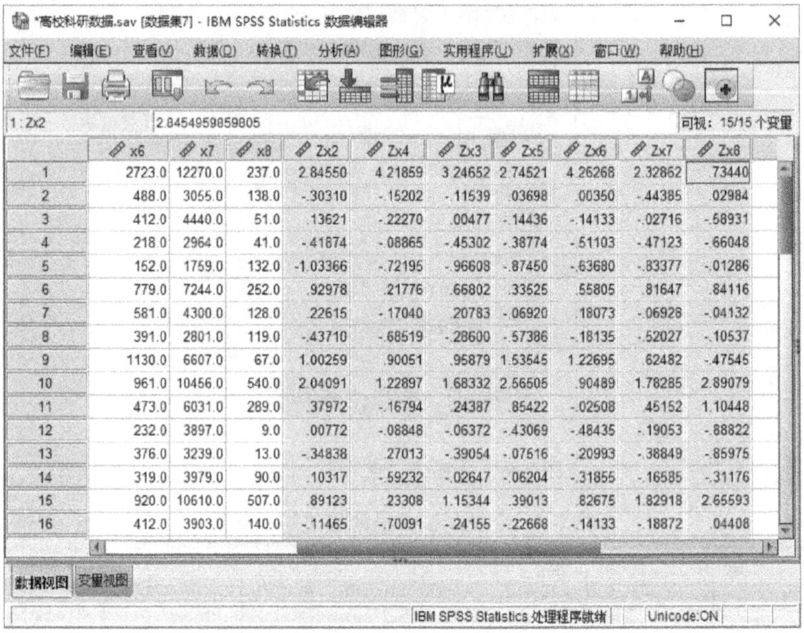

	x6	x7	x8	Zx2	Zx4	Zx3	Zx5	Zx6	Zx7	Zx8
1	2723.0	12270.0	237.0	2.84550	4.21859	3.24652	2.74521	4.26268	2.32862	.73440
2	488.0	3055.0	138.0	-.30310	-.15202	-.11539	.03698	.00350	-.44385	.02984
3	412.0	4440.0	51.0	.13621	-.22270	.00477	-.14436	-.14133	-.02716	-.58931
4	218.0	2964.0	41.0	-.41874	-.08865	-.45302	-.38774	-.51103	-.47123	-.66048
5	152.0	1759.0	132.0	-1.03366	-.72195	-.96608	-.87450	-.63680	-.83377	-.01286
6	779.0	7244.0	252.0	.92978	.21776	.66802	.33525	.55805	.81647	.84116
7	581.0	4300.0	128.0	.22615	-.17040	.20783	-.06920	.18073	-.06928	-.04132
8	391.0	2801.0	119.0	-.43710	-.68519	-.28600	-.57386	-.18135	-.52027	-.10537
9	1130.0	6607.0	67.0	1.00259	.90051	.95879	1.53545	1.22695	.62482	-.47545
10	961.0	10456.0	540.0	2.04091	1.22897	1.68332	2.56505	.90489	1.78285	2.89079
11	473.0	6031.0	289.0	.37972	-.16794	.24387	.85422	-.02508	.45152	1.10448
12	232.0	3897.0	9.0	.00772	-.08848	-.06372	-.43069	-.48435	-.19053	-.88822
13	376.0	3239.0	13.0	-.34838	.27013	-.39054	-.07616	-.20993	-.38849	-.85975
14	319.0	3979.0	90.0	.10317	-.59232	-.02647	-.06204	-.31855	-.16585	-.31176
15	920.0	10610.0	507.0	.89123	.23308	1.15344	.39013	.82675	1.82918	2.65593
16	412.0	3903.0	140.0	-.11465	-.70091	-.24155	-.22668	-.14133	-.18872	.04408

图 3-10 变量标准化结果

3.3 分组求均值

3.3.1 SPSS 分组求均值的功能

分组求均值具有对数据进行分组描述的功能，可以输出分组数据的均值、标准差、极值等描述统计量。举个例子来说就是，一个数据分为男生和女生，那么分别求男生和女生的平均值就是分组求均值，要求分组均值就要确定有多少个分组。比如要求不同性别的人、不同的学历的人每周花费在报纸上的钱有多少，就要按照性别和学历两个变量对数据进行分组。

3.3.2　分组求均值的基本操作及说明

（1）打开数据文件，选择菜单【分析→比较平均值→平均值】，SPSS 将弹出【平均值】对话框。

（2）将因变量和自变量分别选入【因变量列表】框和【自变量列表】框中，点击【下一个】按钮可以设置第二层自变量；如果还要求分组，继续点击【下一个】按钮，设置第三层自变量，依次下去。

（3）点击【选项】按钮设置要输出的参数。系统默认的有平均值、个案数、标准差。如果需要其他的参数，可以从左侧列表中选入。在该对话框下方，【第一层的统计】选项列表中，默认不选，如果勾选了，可以对第一层的自变量进行相关统计。做好选择后，点击【继续】按钮，回到【平均值】对话框。

（4）点击【确定】，得到输出结果。

3.3.3　案例分析

例 3-3　现有一职工基本工资数据集（职工基本工资 . sav），试分析不同年龄和职称的职工基本工资情况。

具体操作过程如下：

01 打开数据文件“职工基本工资 . sav”，选择菜单【分析→比较平均值→平均值】，弹出【平均值】对话框（见图 3-11）。

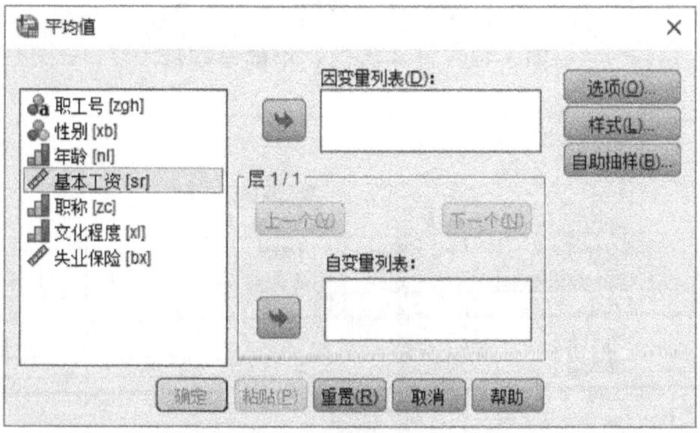

图 3-11　【平均值】对话框

02 将“基本工资”选到【因变量列表】，将“性别”作为自变量选入【自变量列表】，如图 3-12a 所示；然后点击【下一个】，设置第二层自变量，将“文化程度”作为第二层自变量，放到【自变量列表】，如图 3-12b 所示。

03 点击【选项】弹出【平均值：选项】对话框（见图 3-13），输出的参数采用默认值：平均值、个案数、标准差。勾选【第一层的统计】中的两个选项，如图 3-13 所示。点击【继续】按钮，回到【平均值】对话框。

04 最后点击【确定】按钮，可以得到统计结果，如表 3-5 ~ 表 3-7 所示。

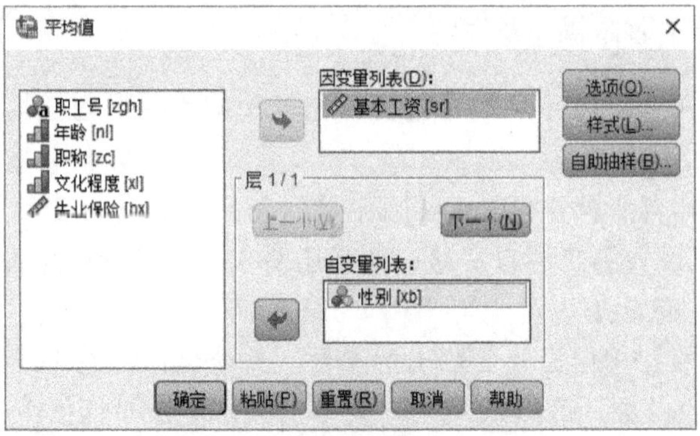

(a)【平均值】中的第一层自变量

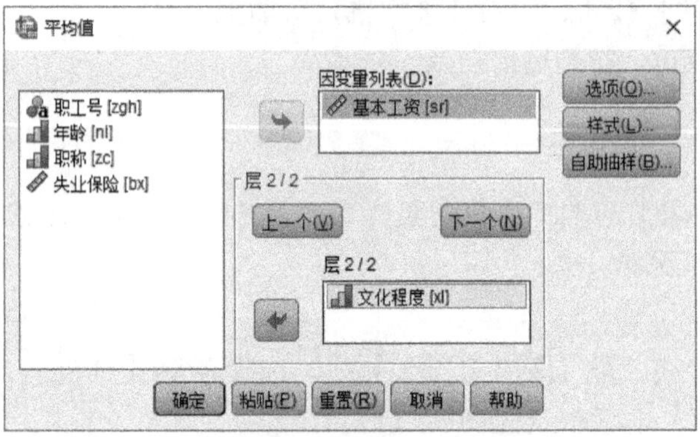

(b)【平均值】中的第二层自变量

图 3-12 【平均值】中的自变量

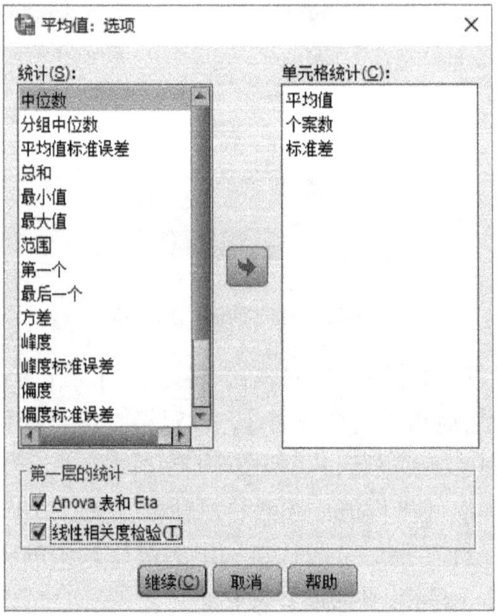

图 3-13 【平均值：选项】对话框

表 3-5　基本工资描述性结果

性别	文化程度	平均值	个案数	标准偏差
男职工	本科	894.5000	4	83.72375
	专科	995.6667	3	16.07275
	高中	955.0000	2	125.86501
	初中	904.0000	3	29.44486
	总计	932.2500	12	74.04928
女职工	专科	859.0000	1	.
	高中	824.0000	3	.00000
	总计	832.7500	4	17.50000
总计	本科	894.5000	4	83.72375
	专科	961.5000	4	69.58209
	高中	876.4000	5	95.44003
	初中	904.0000	3	29.44486
	总计	907.3750	16	77.86131

表 3-6　单因素方差分析结果[a]

		平方和	自由度	均方	F	显著性
基本工资 * 性别	组间　（组合）	29700.750	1	29700.750	6.790	.021
	组内	61235.000	14	4373.929		
	总计	90935.750	15			

a. 由于不足 3 个组，因此无法计算基本工资 * 性别的线性度量。

表 3-7　相关性分析结果

	Eta	Eta 平方
基本工资 * 性别	.572	.327

3.3.4　输出结果解析

01 基本工资情况。

表 3-5 是基本工资情况报告。从中可以看出，样本个案数是 16 个，并按照男女职工进行了分类汇总，并给出了本科、专科、高中、初中四个学历层次的基本工资的平均值、个案数和标准偏差的统计量计算结果。

02 单因素方差分析结果。

表 3-6 是按照性别分组时基本工资的单因素方差分析结果。第 2 列表示偏差平方和，其中组间偏差平方和为 29700.750，组内偏差平方和为 61235.000，总偏差平方和

为 90935.750。第 3 列是检验统计量的自由度，组间自由度为 1，组内自由度为 14，总自由度为 15。第 4 列是均方，表示偏差平方和与自由度的商，分别为 29700.750 和 4373.929，两者之比为 F 统计量 6.790，对应的概率 P 值为 0.021。在给定显著性水平 α 为 0.05 的前提下，由于概率 P 值小于显著性水平 α，故拒绝原假设，认为不同性别的基本工资有显著差异。

03 相关比率测量结果。

表 3-7 给出了相关比率测量结果。相关比率测量法中的 Eta 系数是以均值作预测准则的，分析的是非线性相关。Eta 为相关比率，又称 Eta 平方系数，是以一个定类变量为自变量，以一个定性变量为因变量之间的因果关系测量。Eta 系数值的范围是［0，1］，其平方值具有消减误差比例的统计意义。*Eta* 值越大，说明自变量对因变量的影响越强。由表 3-7 可知，$Eta=0.572$，说明性别对基本工资有较大的影响。

3.4 探索分析

3.4.1 探索分析的功能

探索分析是在对数据的基本特征统计量初步了解的基础上，对数据进行更加深入详细的描述性观察分析。它在一般描述性统计指标的基础上，增加了有关数据其他特征的文字与图形描述，使得分析过程及结果更加细致与全面，有助于对数据进行进一步的分析。

3.4.2 探索分析的基本操作及说明

（1）打开数据文件，选择菜单【分析→描述统计→探索】，SPSS 将弹出【探索】对话框。

（2）将待探索分析的变量选入【因变量列表】框中，变量必须是数值型变量；将分组变量选入【因子列表】框，变量一般为定序型或定类型变量，可以选择多个变量，探索分析是对因变量根据不同的分组进行分析的；将标签变量选入【个案标注依据】，用于出现异常值时利用其作标识。如果不选该项，系统自动寻找 id 变量作为标签变量。

（3）单击【统计】按钮，打开【探索：统计】对话框。可选择需要输出的描述性统计量。其中，【描述】是指定输出描述性统计量，包括均值、中位数、5% 的调整均值、标准误差、方差、标准差、最大值、最小值、极差、4 分位数、峰度、偏度等；【M－估计量】可以输出 4 种稳健极大似然估计量。对于长尾对称分布或数据有极端异常值时，利用稳健估计量估计总体均值要比样本均值或中位数有更好的稳定性；【离群值】表示输出包括 5 个最大值和最小值；【百分位数】输出结果显示 5%，10%，25%，50%，75%，90%，95% 百分位数。选择后，单击【继续】按钮，返回【探索】对话框。

（4）单击【图】按钮，打开【探索：图】对话框，可选择需要输出的图形。【箱图】框中：【因子级别并置】表示不同分组的同一因变量显示在一个箱图中，用于比较同一因变量在分组变量值的不同水平上的值的分布情况；【因变量并置】表示在同一组的不同因变量显示在一个箱图中，用于比较同一分组水平下不同变量的值的分布；【无】表示不显示箱图。【描述图】框：【茎叶图】表示显示茎叶图；【直方图】表示显示直方图。【含检验的正态图】表示显示正态分布和无趋势正态分布概率图，并计算和显示在 Lilliefors 显著性水平下，正态总体检验的 Kolmogorov - Smirnov 统计量。如果加权样本容量在 3 ~ 500 之间，还需计算 Shapiro - Wilk 统计量，这种情况也适合于不加权或整数加权时的情况。【含莱文检验的分布 - 水平图】框中：【无】表示不产生散布 - 层次图和方差齐性的 Levene 检验；【幂估计】是功效估计，表示显示 4 分位数间距的自然对数和所有单元格中位数的自然对数的散布图，同时还显示单元格满足方差齐性的功效转换估计值；【转换后】是指转化功能，选择转换函数后，可以产生转换后的数据散布图；【未转换】表示数据不进行转换，产生原始数据的散布图。选择好以后，单击【继续】按钮，返回【探索】对话框。

（5）单击【选项】按钮，打开【探索：选项】对话框，可指定缺失值处理的方式。其中，【成列排除个案】表示对所有的分析中，剔除分组变量和因变量中的缺失值的个案；【成对排除个案】剔除当前分析中的缺失值个案；【报告值】表示将分组变量的缺失值单独分为一组，并用频数表输出。设置完毕后，单击【继续】按钮，返回【探索】对话框。

（6）单击【确定】按钮，即可在查看器窗口中得到探索分析过程的相关结果。

3.4.3　案例分析

例 3-4　考虑例 3-3 中的数据集（职工基本工资 . sav），试对职工的基本工资进行探索性分析。

具体操作过程如下：

01 打开数据文件“职工基本工资 . sav”，选择菜单【分析→描述统计→探索】，弹出【探索】对话框，将变量“基本工资”选到【因变量列表】框中，在【输出】框中选择【两者】，如图 3-14 所示。

02 点击【统计】选项，弹出【探索：统计】对话框，设置 95% 置信区间，其余全选，如图 3-15，然后点击【继续】按钮。

03 点击【图】按钮，弹出【探索：图】对话框，在【箱图】列表中选择【因子级别并置】，【描述图】列表中选择【茎叶图】和【直方图】，勾选【含检验的正态图】，如图 3-16 所示，然后点击【继续】按钮。

04 点击【选项】按钮，弹出【探索：选项】对话框，在【缺失值】列表中选择【成列排除个案】，如图 3-17 所示，然后点击【继续】按钮。

05 最后点击【确定】按钮，可以得到相关统计结果（见表 3-8 ~ 表 3-13）。

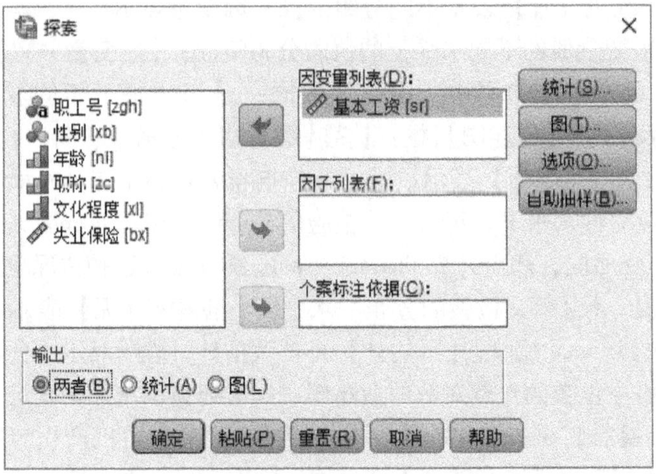

图 3-14 【探索】对话框

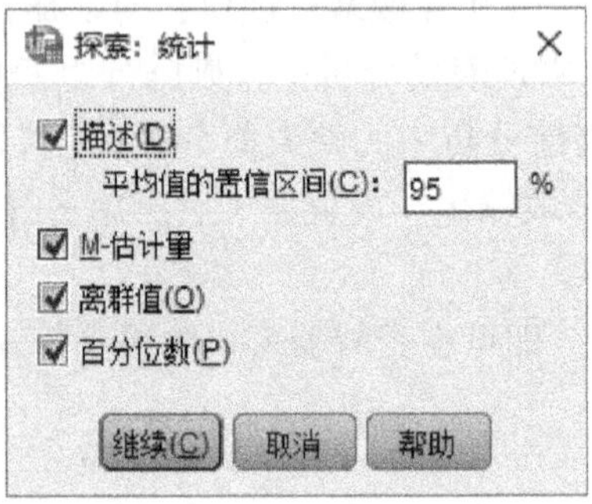

图 3-15 【探索：统计】对话框

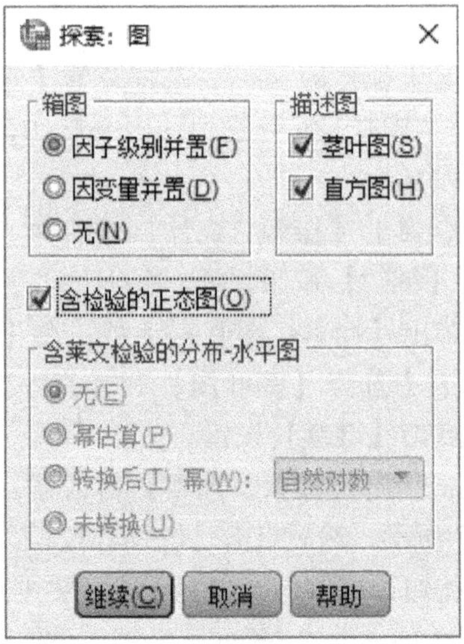

图 3-16 【探索：图】对话框

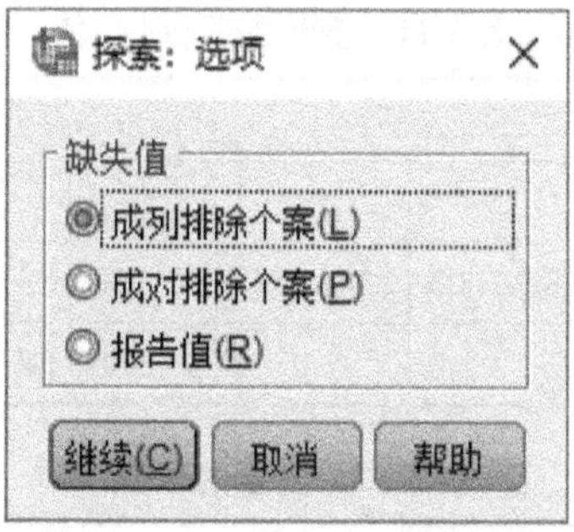

图 3-17　【探索：选项】对话框

表 3-8　个案情况汇总

	个案					
	有效		缺失		总计	
	个案数	百分比	个案数	百分比	个案数	百分比
基本工资	16	100.0%	0	0.0%	16	100.0%

表 3-9　描述性统计结果

			统计	标准错误
基本工资	平均值		907.3750	19.46533
	平均值的 95% 置信区间	下限	865.8856	
		上限	948.8644	
	5% 剪除后平均值		904.4167	
	中位数		887.0000	
	方差		6062.383	
	标准偏差		77.86131	
	最小值		824.00	
	最大值		1044.00	
	全距		220.00	
	四分位距		155.50	
	偏度		.536	.564
	峰度		-1.283	1.091

表 3-10　变量的 M 估计量

	休伯 M 估计量[a]	图基双权[b]	汉佩尔 M 估计量[c]	安德鲁波[d]
基本工资	897.9013	899.3735	904.1455	899.3829

a. 加权常量为 1.339。
b. 加权常量为 4.685。
c. 加权常量为 1.700、3.400 和 8.500。
d. 加权常量为 1.340 * pi。

表 3-11　变量的百分位数

		百分位数						
		5	10	25	50	75	90	95
加权平均（定义 1）	基本工资	824.000	824.000	832.250	887.000	987.750	1023.000	.
图基枢纽	基本工资			837.500	887.000	986.500		

表 3-12　变量的极值

			个案号	值
基本工资	最高	1	3	1044.00
		2	1	1014.00
		3	11	1014.00
		4	12	989.00
		5	2	984.00
	最小值	1	8	824.00
		2	7	824.00
		3	6	824.00
		4	10	827.00
		5	5	848.00

表 3-13　变量的正态性检验结果

	柯尔莫戈洛夫－斯米诺夫[a]			夏皮洛－威尔克		
	统计	自由度	显著性	统计	自由度	显著性
基本工资	.218	16	.040	.875	16	.032

a. 里利氏显著性修正。

3.4.4　输出结果解析

01 个案情况汇总。

表 3-8 是个案情况汇总，说明有 16 个个案，无缺失值。

02 描述性统计结果。

表 3-9 给出了描述性统计结果，即 16 个样本的平均值、平均值的 95% 置信区间、5% 剪除后平均值、中位数、方差、标准偏差、最小值、最大值、全距、四分位距、偏度和峰度等统计量。

03 变量的 M 估计量。

表 3-10 给出了变量的 M 估计量。均值和 M 估计值越接近，说明观测数据越接近正态分布。由表 3-10 可知 M 估计量的值为 897.9013，与表 3-9 的均值 907.3750 非常接

近，因此，数据基本工资的分布接近正态分布。

04 变量的百分位数与极值。

表 3-11 给出了变量的百分位数，表 3-12 给出了变量的极值以及对应的个案。

05 变量的正态性检验。

表 3-13 给出了变量的正态性检验结果。由于样本数较少，只有 16，故以柯尔莫戈洛夫－斯米诺夫检验为准，显著性为 0.040，小于 0.05，认为数据不服从正态分布。

06 图形分析。

由于在探索分析过程中勾选了【描述：图】对话框中【箱图】列表中的茎叶图、直方图和含有检验的正态图等，SPSS 系统分别给出了基本工资的直方图、茎叶图、Q－Q 图和箱图（见图 3-18～图 3-22）。这些统计图形表明，基本工资数据不服从正态分布。

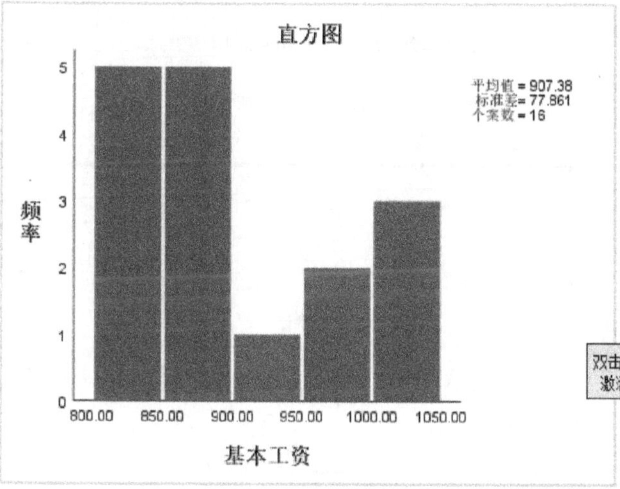

图 3-18　基本工资的直方图

```
基本工资 茎叶图

频率     Stem & 叶

  5.00      8 . 22224
  5.00      8 . 56888
  1.00      9 . 3
  2.00      9 . 88
  3.00     10 . 114

主干宽度:    100.00
每个叶:       1 个案
```

图 3-19　基本工资的茎叶图

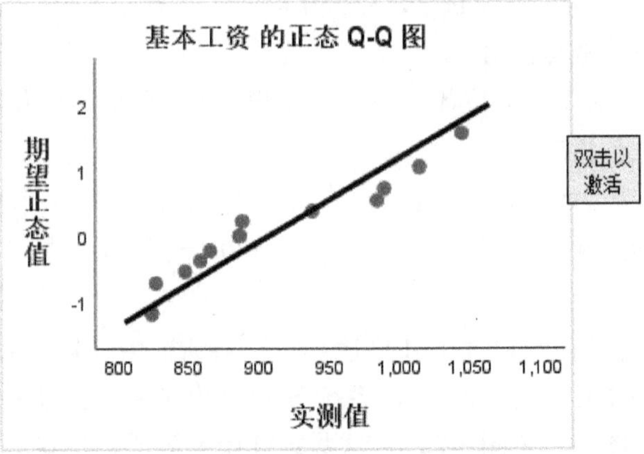

图 3-20　基本工资的 Q－Q 图

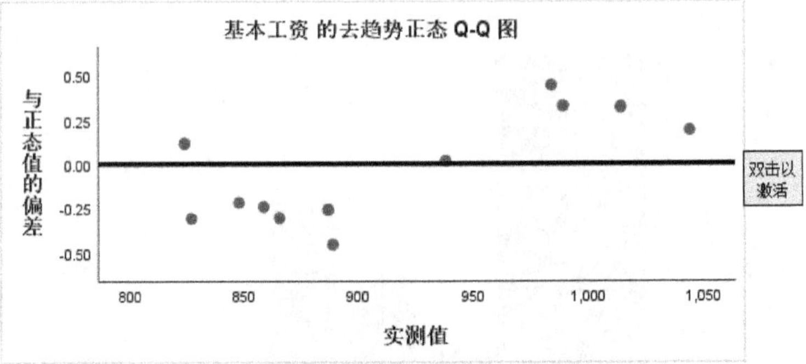

图 3-21　基本工资的去趋势 Q－Q 图

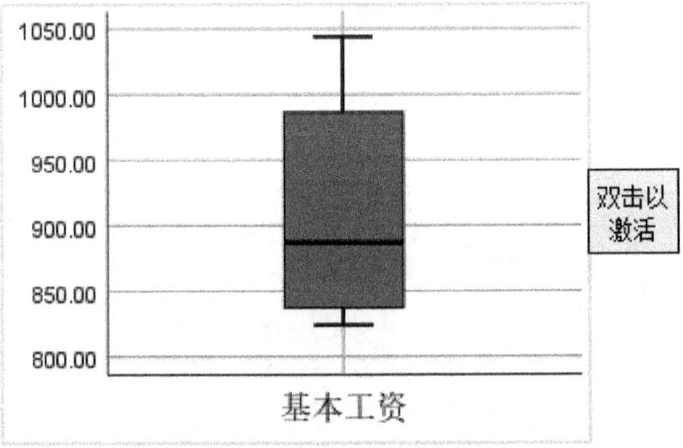

图 3-22　基本工资的箱式图

⁘3.5　交叉表分析⁘

3.5.1　交叉表分析的功能

交叉表分析又称列联表分析，可以用于检验两个变量之间是否存在关系，或者说是否独立，其零假设为两个变量之间没有关系。在实际的工作中，经常用交叉表来分析比例是否相等。例如，不同的性别对不同的交通方式的选择有什么不同，就可以采用交叉表分析。

3.5.2　交叉表分析的基本操作及说明

（1）打开数据文件，选择菜单【分析→描述统计→交叉表】，SPSS 将弹出【交叉表】对话框。

（2）如果进行二维列联表分析，则选择行变量到【行】框中，选择列变量到【列】框中。如果【行】框和【列】框中有多个变量名，SPSS 会将行列变量一一配对后产生多张二维列联表。如果进行三维或多维列联表分析，则将其他变量作为层变量选到【层】框中。其中，变量间可以是同层次的，也可以是逐层叠加的，可通过点击【上一个】或【下一个】按钮确定层变量间的层次关系。

（3）选择【显示簇状条形图】选项，指定绘制各变量交叉分组下的频数分布条形图。选择【禁止显示表】表示不输出列联表，在仅分析行列变量间关系时可选择。

（4）【单元格】按钮指定列联表单元格中的输出内容。SPSS 默认列联表单元格中只输出观测频数，即【实测值】。为便于分析，通常还应指定输出【百分比】框中的行百分比、列百分比、总百分比。【计数】框中的【期望】表示输出期望频数。【残差】框中的各个选项是在各个单元格中输出期望频数与观测频数的差。

（5）【格式】按钮指定列联表各单元格的输出顺序。【升序】表示以行变量取值的升序输出，是 SPSS 的默认选项；【降序】表示以行变量取值的降序输出。

（6）【统计】按钮指定用哪种方法分析行变量和列变量的关系。

（7）点击【确定】按钮，输出相关统计结果。

3.5.3　案例分析

例 3-5　现有一个商场的顾客调查数据集（顾客调查表 . sav），试分析不同的性别对不同交通方式的选择有什么不同。

具体分析操作过程如下：

01 打开数据文件“顾客调查表 . sav”，选择菜单【分析→描述统计→交叉表】，弹出【交叉表】对话框，将变量“性别”选到【行】选项框中，将变量“最常用的交通方式”选到【列】选项框中，同时勾选【显示簇状条形图】选项，如图 3-23 所示。

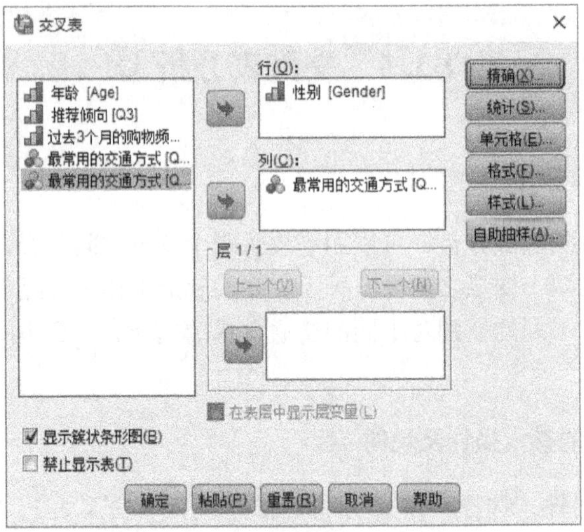

图 3-23 【交叉表】对话框

02 点击【统计】按钮，弹出【交叉表：统计】对话框，选取【卡方】、【相关性】、【Phi 和克莱姆 V】等选项，如图 3-24 所示，然后点击【继续】按钮返回【交叉表】对话框。

03 点击【单元格】按钮，弹出【交叉表：单元格显示】对话框，在【计数】列表中选择【实测】，【百分比】列表中选择【行】，【非整数权重】列表中勾选【单元格计数四舍五入】，如图 3-25 所示，然后点击【继续】按钮返回【交叉表】对话框。

04 点击【格式】按钮，弹出【交叉表：表格式】对话框，在【行顺序】列表中选择【升序】，如图 3-26 所示，然后点击【继续】按钮返回【交叉表】对话框。

05 点击【确定】按钮，SPSS 自动进行交叉表分析并输出结果，如表 3-14 ~ 表 3-17 和图 3-27 所示。

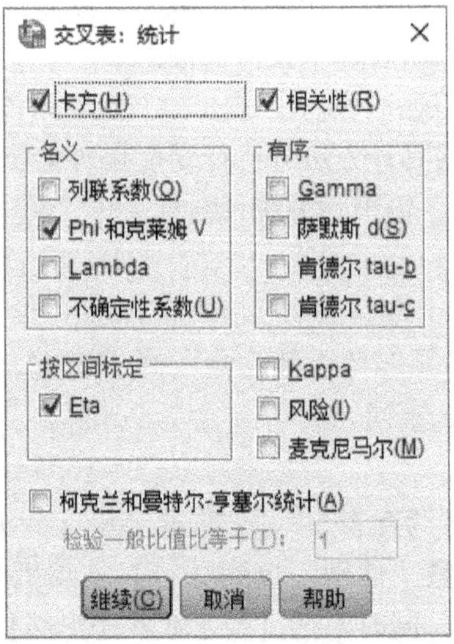

图 3-24 【交叉表：统计】对话框

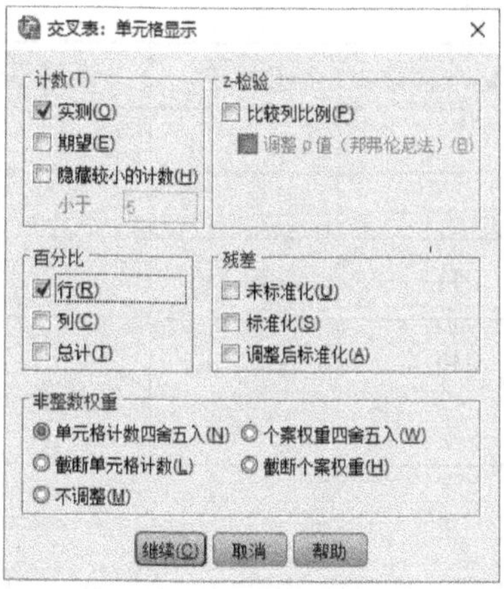

图 3-25　【交叉表：单元格显示】对话框

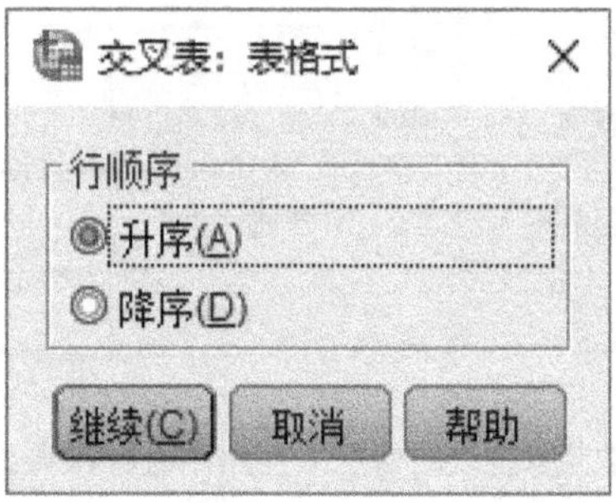

图 3-26　【交叉表：表格式】对话框

表 3-14　个案情况汇总

	个案					
	有效		缺失		总计	
	N	百分比	N	百分比	N	百分比
性别 * 最常用的交通方式	434	88.6%	56	11.4%	490	100.0%

表 3-15　性别 * 最常用的交通方式交叉表

			最常用的交通方式						总计
			步行	公交车	自行车	自己开车	商场的免费购物班车	其他	
性别	男性	计数	164	2	1	0	1	30	198
		占性别的百分比	82.8%	1.0%	0.5%	0.0%	0.5%	15.2%	100.0%
	女性	计数	288	1	0	1	0	2	292
		占性别的百分比	98.6%	0.3%	0.0%	0.3%	0.0%	0.7%	100.0%
总计		计数	452	3	1	1	1	32	490
		占性别的百分比	92.2%	0.6%	0.2%	0.2%	0.2%	6.5%	100.0%

表 3-16　卡方检验

	值	自由度	渐进显著性（双侧）
皮尔逊卡方	45.493[a]	5	.000
似然比	50.210	5	.000
线性关联	41.601	1	.000
有效个案数	490		

a. 8 个单元格（66.7%）的期望计数小于 5。最小期望计数为 .40。

表 3-17 相关性检验

		值	渐近标准误差[a]	近似 T[b]	渐进显著性
名义到名义	Phi	.305			.000
	克莱姆 V	.305			.000
区间到区间	皮尔逊 R	-.292	.034	-6.736	.000[c]
有序到有序	斯皮尔曼相关性	-.291	.036	-6.730	.000[c]
有效个案数		490			

a. 未假定原假设。

b. 在假定原假设的情况下使用渐近标准误差。

c. 基于正态近似值。

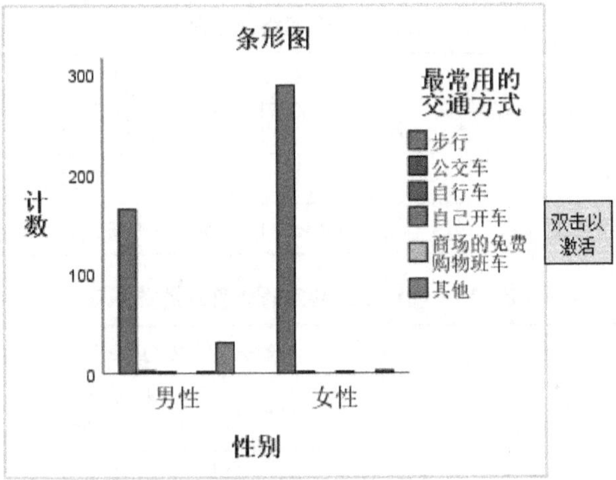

图 3-27 簇状条形图

3.5.4 输出结果解析

01 个案处理摘要。

表 3-14 是个案处理摘要，给出个案汇总情况，样本总数为 490，缺失个案数为 56，有效样本数为 434。

02 性别与最常用交通工具列联表。

表 3-15 是性别与最常用交通工具列联表，性别为行、最常用的交通方式为列。表 3-15 表明，在被调查的 490 名顾客中，男性 198 人，女性有 292 人。步行的共计 452 人，占样本总数的 92.2%，其中男性 164 人，占男性人数的 82.8%，女性 288 人，占女性人数的 98.6%。

03 卡方检验。

表 3-16 给出了似然比卡方和线性关联卡方，样本较大时，似然比卡方与皮尔逊卡方比较接近，检验结论通常是一致的。表 3-16 中，第 1 列是检验统计量指标，第 2 列是

检验统计量的观测值，第 3 列是自由度，第 4 列是原假设成立条件下大于等于检验统计量观测值的概率 P 值。这里主要是看皮尔逊卡方检验，如果显著性水平 α 为 0.05，则卡方检验的概率 P 值小于显著性水平 α，故拒绝原假设，认为不同性别的人对最常用的交通方式的选择有显著差别。

04 相关性检验。

表 3-17 是相关性检验。相关性检验中输出的 *phi* 值和 *V* 值均表示两个变量之间关系的紧密程度，数值小于 0.1 说明关系不紧密。此处，*phi* 值和 *V* 值均为 0.305，均大于 0.1，说明两个变量的关系比较紧密，即性别与最常用的交通方式的选择有明显的关系。这个结论和卡方检验基本一致，所以不需要进一步进行两两比较。

05 图形说明。

由于在选择过程中勾选了【显示簇状条形图】选项，SPSS 系统给出了不同性别对应的最常用的交通方式的计数条形图，如图 3-27 所示。图 3-27 从直观上验证了性别对交通工具的选择有显著影响。

3.6　多重反应下的频率分析

3.6.1　多重反应下的频率分析的功能

多重反应下的频率分析主要是针对问卷调查中经常用到的多项选择题进行分析的。例如，在网络调查问卷中有一题是：你获得信息的主要来源有哪些？选项有：网络、报纸、电视、读书、听说、手机。这是一个有 6 个选项的多项选择题，该如何对各个选项的频率进行分析呢？这就需要对数据做多重反应下的频率分析。

3.6.2　多重反应下的频率分析的基本操作及说明

在 SPSS 中打开数据文件，设定变量集。为了对多项选择题进行频率分析，先要设定一个变量集。因为在 SPSS 中，多项选择题的答案不能直接输入，只能将每一个变量当作一个单项选择题，每一题有一个答案或者没有答案。我们先要做的就是将所有的选项构成的单项选择题组成变量集。定义多选项变量集的基本操作如下：

（1）选择菜单【分析→多重响应→定义变量集】，SPSS 将弹出【定义多重响应集】对话框。

（2）选择进入多选项变量集的变量到【集合中的变量】框中，并在【变量编码方式】列表框中选择变量是如何编码的。若指定编码方式为【二分法】，则需在【计数值】框中输入将对哪组值进行分析，等于该值的样本为一组，其余样本为另一组；若指定【类别】选项，则表示以多选项分类法编码，需在【范围】框中输入变量取值的最小值和最大值。

（3）在【名称】框中给出多选项变量集命名，系统会自动在该名字前加字符 $ 。

（4）单击【添加】按钮将定义完成的多选项变量集添加到【多重响应集】中。

（5）单击【关闭】按钮。SPSS 可以定义多个多选项变量集。

多选项变量集定义完成之后，便可以进行多重反应下的频率分析。具体操作步骤如下：

（1）打开多重响应集对话框。选择菜单【分析→多重响应→频率】，弹出【多重响应集】对话框。

（2）选择多选项变量集。从【多响应集】框中选择待分析的多选项变量集到【表格】框中。

（3）指定是否处理缺失数据。SPSS 规定，只要样本在多选项变量集中的某一个变量上取缺失值，分析时就将该样本剔除。【在二分集内成列排除个案】适用于多选项二分法；【在类别内成列排除个案】适用于多选项分类。

（4）输出结果。点击【确定】按钮，SPSS 将自动进行频数分析并输出结果到查看器窗口。

3.6.3 案例分析

例 3-6 现有一个有关保险公司选择的调查数据集（保险公司多选题 . sav），请对各保险公司选择的频率进行分析。

本案例属于多重反应下的频率分析，具体操作过程如下：

01 打开数据文件“保险公司多选题 . sav”，选择菜单【分析→多重响应→定义变量集】，弹出【定义多重响应集】对话框，将与该多选题有关的 5 个变量（中国人寿、中国人保、中国平安、中国太平洋、新华保险）都选入【集合中的变量】列表框中。

02 本例中各变量的取值都是 0 或 1，所以在【变量编码方式】列表框中选择【二分法】，并输入计数值 1。在【名称】框中输入“A1”，并在【标签】框中输入“选择的保险公司”。

03 单击【添加】按钮将定义完成的变量集添加到【多重响应集】框中（见图 3-28），然后点击【关闭】按钮。

04 选择菜单【分析→多重响应→频率】，弹出【多重响应频率】对话框如图 3-29 所示。

05 从【多重响应集】框中选择待分析的变量集“ $ A1”到【表】框中。

06 点击【确定】按钮，可以得到统计结果，如表 3-18 和表 3-19 所示。

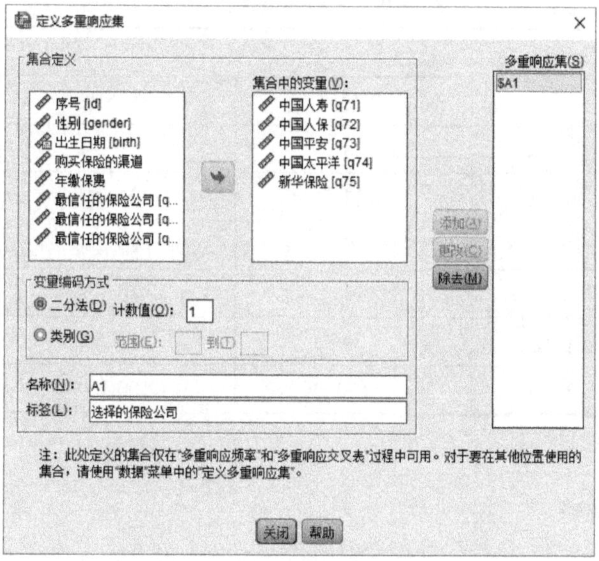

图 3-28　【定义多重响应集】对话框

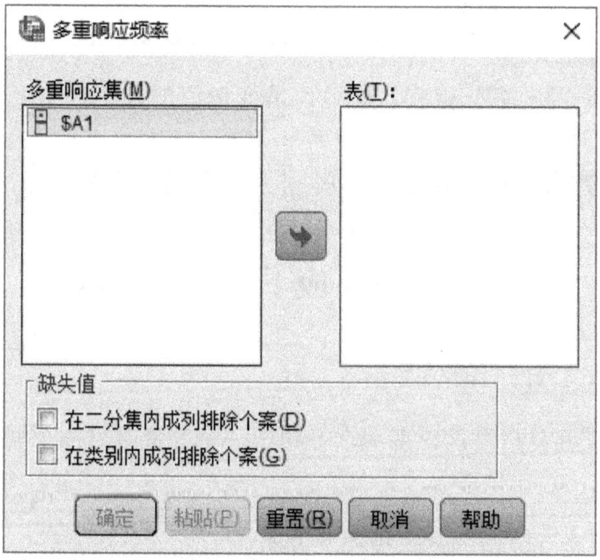

图 3-29　【多重响应频率】对话框

表 3-18　个案情况汇总

	个案					
	有效		缺失		总计	
	个案数	百分比	个案数	百分比	个案数	百分比
$ A1[a]	50	100.0%	0	0.0%	50	100.0%

a. 使用了值 1 对二分组进行制表。

表 3-19　$ A1 频率统计结果

		响应		个案百分比
		个案数	百分比	
选择的保险公司[a]	中国人寿	28	21.5%	56.0%
	中国人保	34	26.2%	68.0%
	中国平安	30	23.1%	60.0%
	中国太平洋	14	10.8%	28.0%
	新华保险	24	18.5%	48.0%
总计		130	100.0%	260.0%

a. 使用了值 1 对二分组进行制表。

3.6.4　输出结果解析

01 个案情况汇总。

表 3-18 是个案摘要，主要对个案情况进行汇总分析。从表中数据可知，个案数为 50，无缺失值，有效数为 100%。

02 频率统计结果。

表 3-19 是多选题的频率分析表，第一列是变量值的标签，第二列是每个变量的频率，第三列是变量对应的百分比，最后一列是个案百分比，其分母是个案数，一般仅作参考。表 3-19 中的数据意义表达比较直观，本书不再进行详细解释。

3.7　多重反应下的交互分析

3.7.1　多重反应下交互分析的功能

多重反应下的交互分析是探讨多项选择题中一个变量对另一个变量是否有影响的途径和方法。

3.7.2　多重反应下交互分析的基本操作及说明

多重反应下的交互分析过程与多重反应下的频数分析过程基本类似，先根据题目要求确定变量集，然后进行交互分析。

（1）定义【多重响应集】。

（2）选择菜单【分析→多重响应→交叉表】，弹出【多重响应交叉表】对话框。

（3）选择列联表的行变量和列变量并定义取值范围，或者选择多选项变量集为行变量和列变量。

（4）选择列联表的控制（层）变量并定义取值范围，或者选择多选项变量集为控制（层）变量。

（5）确定列联表的输出内容和计算方法。点击【选项】按钮，弹出【多重响应交叉表：选项】对话框。其中，【单元格百分比】框中确定输出哪些百分比；在【百分比基于】框中确定如何计算百分比，【个案】表示分母为个案数，【响应】表示分母为多选项应答数；【在响应集之间匹配变量】表示，如果列联表的行列变量均为多选项变量集，则第一个变量集中的第一个变量与第二个变量集的第一个变量作交叉分组，第一个变量集中的第二个变量与第二个变量集的第二个变量作交叉分组，依此类推。设置完毕，点击【继续】按钮。

（6）点击【确定】按钮，SPSS 将自动产生相应的交叉列联表。

3.7.3　案例分析

例 3-7　讨论例 3-6 中性别对保险公司选择的影响。

本案例属于多重反应下的交互分析，具体操作过程如下。

01 按照 3.6.2 中多重响应集的操作方式构造【多重响应集】。

02 选择菜单【分析→多重响应→交叉表】，弹出【多重响应交叉表】对话框，如图 3-30 所示。

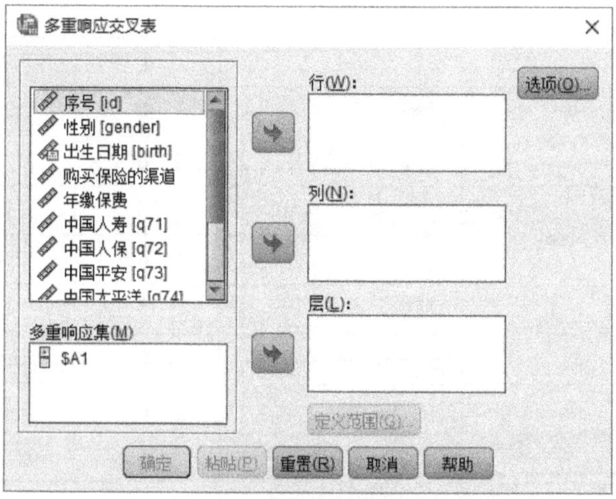

图 3-30　【多重响应交叉表】对话框

03 将变量集“$A1”选作列联表的【行】变量，将变量“性别”选作列联表的【列】变量并定义取值范围，本例不设置控制（层）变量，如图 3-31 所示。

04 点击【选项】按钮，弹出【多重响应交叉表：选项】对话框。勾选【单元格百分比】框中的【行】，【百分比基于】框中的【个案】，如图 3-32 所示。

05 点击【确定】按钮，SPSS 将自动产生相应的交叉列联表，统计结果如表 3-20 所示。

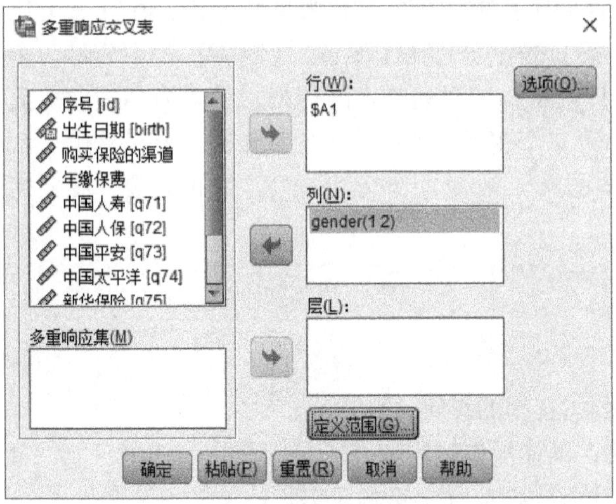

图 3-31　设置完成的【多重响应交叉表】对话框

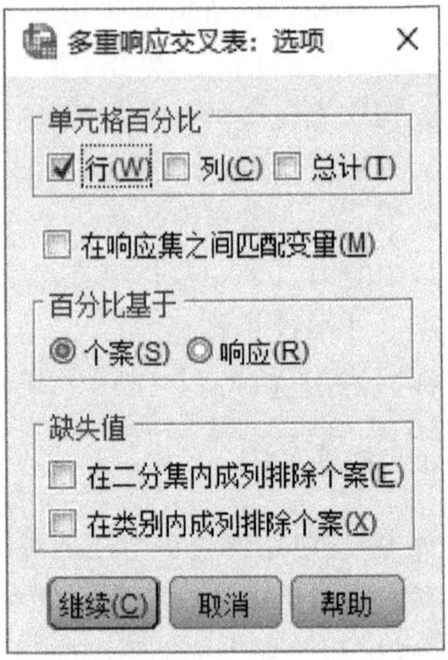

图 3-32　【多重响应交叉表：选项】对话框

表 3-20　$ A1 * gender 交叉列联表[a]

			性别		总计
			女	男	
选择的保险公司[b]	中国人寿	计数	8	20	28
		占 $ A1 的百分比	28.6%	71.4%	
	中国人保	计数	23	11	34
		占 $ A1 的百分比	67.6%	32.4%	
	中国平安	计数	15	15	30
		占 $ A1 的百分比	50.0%	50.0%	
	中国太平洋	计数	4	10	14
		占 $ A1 的百分比	28.6%	71.4%	
	新华保险	计数	9	15	24
		占 $ A1 的百分比	37.5%	62.5%	
总计		计数	25	25	50

a. 百分比和总计基于响应者。

b. 使用了值 1 对二分组进行制表。

3.7.4　输出结果解析

表 3-20 是根据多选题的交叉列联表。从中可以看出，不同性别客户对保险公司的选择差异性较大。

第 4 章　SPSS 参数检验

在对数据进行统计分析时，会面临以下两个问题：

第一，总体数据无法全部收集到，如产品质量的检测问题、评估某个产品的使用寿命、检验某种食品的成分含量等。对于这类问题的研究，人们无法对所有产品做实验或进行成分提取。

第二，在某些情况下，即使总体数据能够收集到，但是会消耗大量的人力、物力、财力。如对某市小学一年级学生的平均课外作业时间、“十一”黄金周居民的度假旅游费用等的研究，虽然从理论上可以获得总体数据，但是实际操作起来难度很大。

对于这两种情况，只能利用抽样技术。抽取部分样本，对样本进行描述分析，并以此推断总体的情况。

参数检验是推断统计的重要组成部分。推断统计方法是根据样本数据推断总体特征的方法。它在对样本数据描述的基础上，以概率的形式对统计总体的未知数量特征进行表述。

参数检验作为假设检验的重要组成部分，同样需要经过假设检验的 4 个基本步骤：

第一步　提出原假设（记为 H_0）和备择假设（记为 H_1）。

根据推断假设的目标，对待推断的总体参数或分布提出一个基本假设（原假设），与原假设完全对立的假设为备择假设。通常将希望证实和支持的假设作为备择假设，将希望推翻的假设作为原假设。

第二步　选择检验统计量。

在假设检验中，原假设成立的情况下，样本值（或更极端值）发生的概率是通过计算检验统计量观测值发生的概率而间接得到的。这些检验统计量服从或近似服从某种已知的理论分布。对于不同的假设检验问题及不同的总体条件，有不同的检验统计量理论、方法、策略。

第三步　计算检验统计量观测值发生的概率。

选定检验统计量之后，在认为原假设成立的条件下，利用样本数据可计算出检验统计量观测值发生的概率，即概率 P 值或称相伴概率。该概率值间接地给出了样本值（或更极端值）在原假设成立条件下发生的概率。对此可以依据一定的标准来判定其发生的概率是否为小概率事件。

第四步　给定显著性水平 α，并作出统计决策。

显著性水平 α 是指在原假设正确但却被错误地拒绝了的概率或风险，一般确定为 0.05 或 0.01 等，这意味着拒绝原假设不犯错误的把握程度（概率）为 95% 或 99%。

得到检验统计量的概率 P 值后的决策就是要判定应拒绝原假设还是接受原假设。如果检验统计量的概率 P 值小于显著性水平，则认为此时拒绝原假设犯错误的可能性小于显著性水平 α，其概率低于预先控制的水平，不太可能犯错误，可以拒绝原假设；反之，如果检验统计量的概率 P 值大于显著性水平 α，则认为此时拒绝原假设犯错误的可能性大于显著性水平 α，其概率比预先控制的水平高，很有可能犯错误，不应拒绝原假设。

在进行参数检验时，应用较多的是 T 检验，主要有：单样本 T 检验、两独立样本 T 检验、两配对样本 T 检验。

T 检验，亦称 student T 检验（Student's T test），是戈斯特为了观测酿酒质量而发明的，并于 1908 年在 Biometrika 上公布，主要用于样本含量较小，总体标准差 σ 未知的正态分布。T 检验是用 t 分布理论来推导差异发生的概率，从而比较两个平均数的差异是否显著。它与 F 检验、卡方检验并列。

同时，T 检验是一种针对连续变量的参数假设检验，用来检验“单样本均值与已知均值（单样本 T 检验）、两独立样本均值（独立样本 T 检验）、配对设计资料的均值（配对样本 T 检验）”是否存在差异，并判断这种差异是否能推至总体。例如，检查学生成绩平均分是否等于某分值；比较两个班学生的平均分是否存在差异；正常饲料组和维 E 缺乏组大白鼠肝中维生素 A 含量的均值是否存在差异。

T 检验的适用条件：① 数据服从正态分布；② 满足方差齐性。

注：若数据不满足条件①和②，可以尝试对数据做变换，如对数变换、平方根变换、倒数变换、平方根反正弦变换等。

4.1 单样本 T 检验

4.1.1 单样本 T 检验的功能

单样本 T 检验是利用来自总体的样本数据，推断该总体的均值与指定检验值之间的差异在统计上是否显著，是对总体均值的假设检验。由于涉及的是单个总体，并采用 T 检验的方法，故称为单样本 T 检验。通过检验样本平均数与确定总体平均数是否存在差异来推断未知总体和确定总体的一致性。

4.1.2 单样本 T 检验的基本操作及说明

（1）打开数据文件，选择菜单【分析→比较平均值→单样本 T 检验】，SPSS 将弹出【单样本 T 检验】对话框。

（2）在弹出的【单样本 T 检验】对话框中将待检验变量选入【检验变量】框内，输入检验值。

（3）点击【单样本 T 检验】对话框中的【选项】按钮，弹出【单样本 T 检验：选项】，在该对话框中设置置信区间百分比（一般设为 95%），并指定缺失值的处理方式。

点击【继续】按钮，返回【单样本 T 检验】对话框。

（4）点击【确定】按钮，得到输出结果。

4.1.3　案例分析

例 4-1　针对例 3-6 中保险公司选择的调查数据集（保险公司多选题 . sav），检验样本中“年缴保费”的平均值是否等于 2110。

具体操作过程如下：

01 打开数据文件“保险公司多选题 . sav”，选择菜单【分析→比较均值→单样本 T 检验】，弹出【单样本 T 检验】对话框，如图 4-1 所示。

02 将“年缴保费”变量选入右边的【检验变量】列表中，并在【检验值】框中输入检验值 2110，如图 4-2 所示。

03 单击【选项】按钮，弹出【单样本 T 检验：选项】对话框，选择默认置信区间和缺失值处理，如图 4-3 所示。单击【继续】按钮。

04 单击【确定】按钮，系统将自动进行计算并输出 t 统计量的观测值和概率 P 值（见表 4-1）。

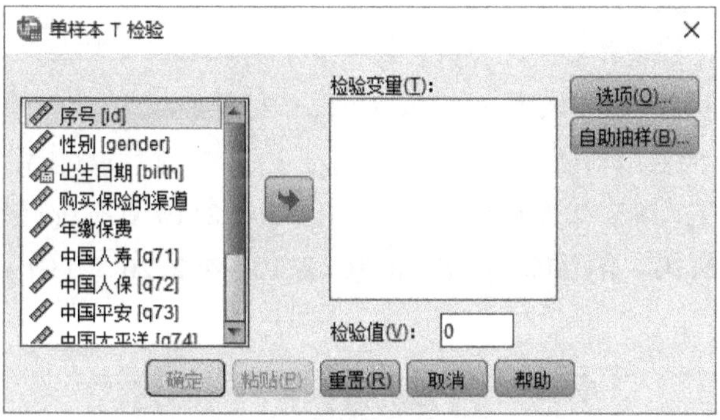

图 4-1　【单样本 T 检验】对话框

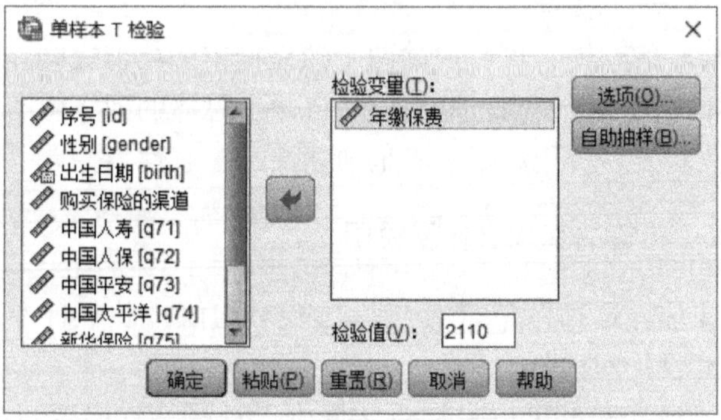

图 4-2　设置完成的【单样本 T 检验】对话框

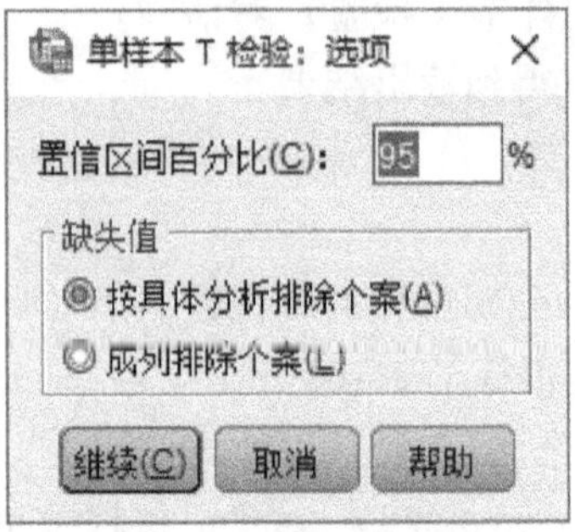

图 4-3 【单样本 T 检验：选项】对话框

表 4-1 单样本检验

检验值 = 2110

	t	自由度	Sig.（双尾）	平均值差值	差值 95% 置信区间	
					下限	上限
年缴保费	.050	49	.960	10.240	−402.26	422.74

4.1.4 输出结果解析

01 单样本 T 检验的原假设 H_0：均值 $\mu = \mu_0$；备择假设 H_1：均值 $\mu \neq \mu_0$。

02 本例中采用的双尾检验，因此要比较 $\alpha/2$ 和 $P/2$，也就是比较 α 和 P，$P = 0.96 > 0.05$，故接受原假设，即“年缴保费”的平均值等于 2110 具有统计学意义。

03 “平均值 = 2110”的 95% 置信区间为 [2110 − 402.26，2110 + 422.74]。

4.2 两独立样本 T 检验

4.2.1 两独立样本 T 检验的功能

两独立样本 T 检验的功能：可以检验两个独立样本的均值之间差异是否显著，检验两样本所代表的总体均值是否相同，即利用来自两个总体的独立样本，推断两个总体的均值是否存在显著性差异。所用数据应满足独立性、正态性、方差齐性要求。

4.2.2 两独立样本 T 检验的基本操作及说明

（1）打开数据文件，选择菜单【分析→比较平均值→独立样本 T 检验】，SPSS 将弹出【独立样本 T 检验】对话框。

（2）在弹出的【独立样本 T 检验】对话框中，选择待检验变量到【检验变量】框中，选择分组变量到【分组变量】框中，点击【定义组】按钮。在输出的【定义组】对话框中定义两样本标识值，其中【使用指定的值】表示分别输入对应两个不同总体的标记值；【分割点】应输入一个数字，大于等于该值的对应一个总体，小于该值的对应另一个总体。

（3）点击【独立样本 T 检验】对话框右上角的【选项】按钮，在弹出的【独立样本 T 检验：选项】对话框中设置置信区间百分比（一般设为 95%），并指定缺失值的处理方式。点击【继续】按钮，返回【独立样本 T 检验】对话框。

（4）点击【确定】按钮，得到输出结果。

4.2.3　案例分析

例 4-2　现有两个班级的高等数学成绩数据集（班级数学英语成绩 . sav），检验 1 班和 2 班的数学成绩是否存在显著差异。

该案例属于独立样本 T 检验，具体操作过程如下：

01 打开数据文件“班级数学英语成绩 . sav”，选择菜单【分析→比较平均值→独立样本 T 检验】，弹出【独立样本 T 检验】对话框。将“高等数学”变量选入右边的【检验变量】列表中，将“ID”变量选入右边的【分组变量】列表中，并在【定义组】对话框中输入班级编号（见图 4-4），选择变量完成的【独立样本 T 检验】对话框如图 4-5 所示。单击【继续】按钮。

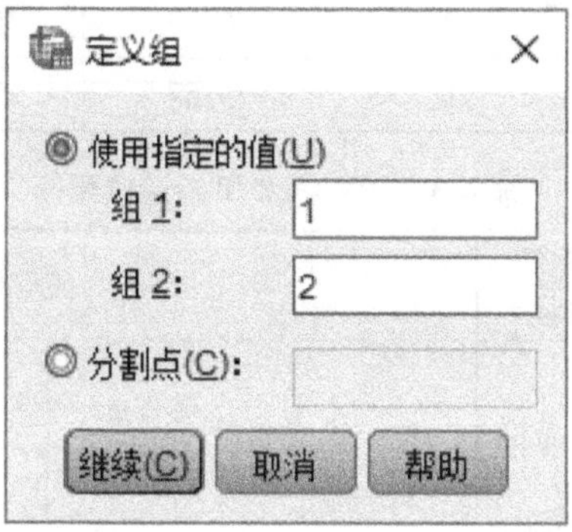

图 4-4　【独立样本 T 检验】中的【定义组】窗口

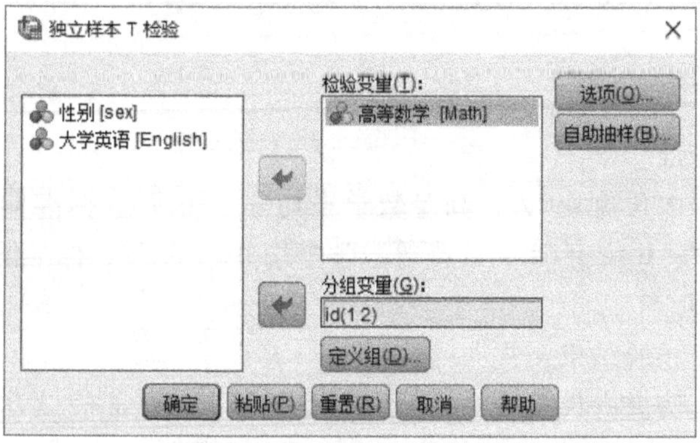

图 4-5　设置完成的【独立样本 T 检验】对话框

02 单击【选项】按钮，弹出【独立样本 T 检验：选项】对话框，如图 4-6 所示，选择默认置信区间和缺失值处理。单击【继续】按钮。

03 单击【确定】按钮，系统将自动输出 t 统计量的观测值和概率 P 值（见表 4-2 和表 4-3）。

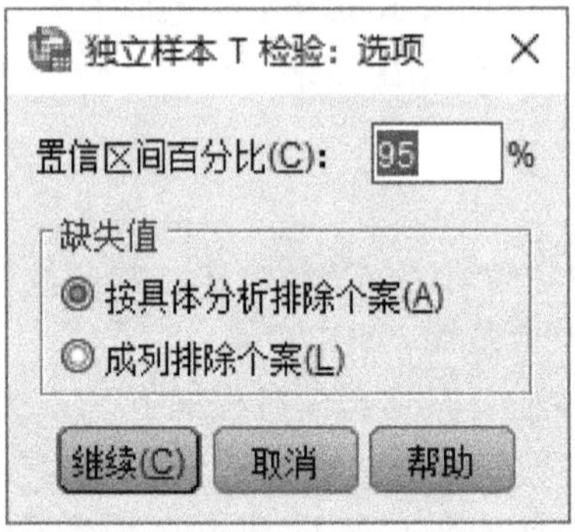

图 4-6 【独立样本 T 检验：选项】对话框

表 4-2 独立样本 T 检验基本描述统计

	班级	个案数	平均值	标准偏差	标准误差平均值
高等数学	A 班	49	76.73	8.876	1.268
	B 班	51	73.57	9.174	1.285

表 4-3 独立样本 T 检验结果

		莱文方差等同性检验		平均值等同性 T 检验						
		F	显著性	t	自由度	Sig.（双尾）	平均值差值	标准误差差值	差值 95% 置信区间	
									下限	上限
高等数学	假定等方差	.024	.877	1.753	98	.083	3.166	1.806	-.418	6.751
	不假定等方差			1.754	97.995	.083	3.166	1.805	-.416	6.748

4.2.4 输出结果解析

01 基本描述统计。

由表 4-2 可知，A 班有 49 人，高等数学平均分 =76.73，标准偏差为 8.876，标准误差平均值为 1.268；B 班有 51 人，高等数学平均分 =73.57，标准偏差为 9.174，标准误差平均值为 1.285。

02 独立样本 T 检验结果。

由表 4-3 可知，方差齐性检验的 $P=0.877>0.05$，接受原假设 H_0，即方差齐。

独立样本 T 检验的原假设 H_0：均值 $\mu_1=\mu_2$；备择假设 H_1：均值 $\mu_1\neq\mu_2$。

T 检验结果有两种：假设方差相等、不相等。前面已知方差齐，因“假设方差相等”的结果：$P=0.083>0.05$，故接受原假设 H_0，即认为两个班的数学平均分在统计学意义上没有显著性差异。

✲ 4.3　配对样本 T 检验 ✲

4.3.1　配对样本 T 检验的功能

两配对样本 T 检验是根据样本数据对样本来自的两配对总体的均值是否存在显著性差异进行推断。

一般用于同一研究对象（或两配对对象）分别进行两种不同处理的效果比较，以及同一研究对象（或两配对对象）处理前后的效果比较。因此，两配对样本 T 检验的前提条件是：两个样本是配对的；样本来自的两个总体应服从正态分布。例如，① 同一受试对象处理前后的数据；② 同一受试对象两个部位的数据；③ 同一样品用两种方法/仪器检验的结果；④ 配对的两个受试对象分别接受两种处理后的数据等。

配对数据之间有一定的相关性，配对样本 T 检验就考虑到了这种相关性，其基本原理是对每对数据求差值，若无差异，则差值的总体均值为 0.

4.3.2　配对样本 T 检验的基本操作及说明

（1）打开数据文件，选择菜单【分析→比较平均值→成对样本 T 检验】，SPSS 将弹出【成对样本 T 检验】对话框。

（2）在弹出的【成对样本 T 检验】对话框中选入配对的变量到【配对变量】列表中。

（3）点击【选项】按钮，在弹出的【成对样本 T 检验：选项】对话框中设置置信区间百分比（一般设为 95%），并指定缺失值的处理方式。点击【继续】按钮，返回【成对样本 T 检验】对话框。

（4）点击【确定】按钮，得到输出结果。

4.3.3　案例分析

例 4-3　为了测试某种减肥茶的减肥效果，选择一组志愿者进行测试，得到喝减肥茶治疗肥胖前后的统计数据集（减肥茶前后 . sav），问该减肥茶对减肥有无显著作用？

本案例目的是比较喝减肥茶前后的体重有无明显差异，可用配对样本 T 检验方法，具体过程如下：

01 打开数据文件“减肥茶前后 . sav”，选择菜单【分析→比较平均值→成对样本 T 检验】，弹出【成对样本 T 检验】对话框，如图 4-7 所示；将“治疗前”变量选入【配对变量】列表中的【变量 1】框中，将“治疗后”变量选入【配对变量】列表中的【变量 2】框中，如图 4-8 所示。

02 单击【选项】按钮，弹出【成对样本 T 检验：选项】对话框如图 4-9 所示，选择默认置信区间和缺失值处理。单击【继续】按钮。

03 单击【确定】按钮，系统将自动输出 t 统计量的观测值和概率 P 值（见表 4-4 ~ 表 4-6）。

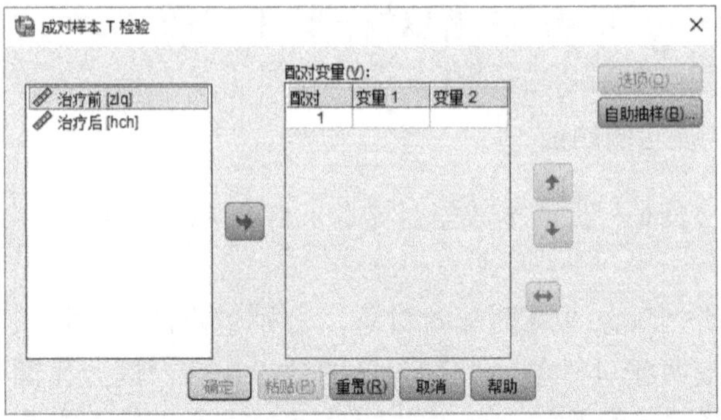

图 4-7 【成对样本 T 检验】对话框

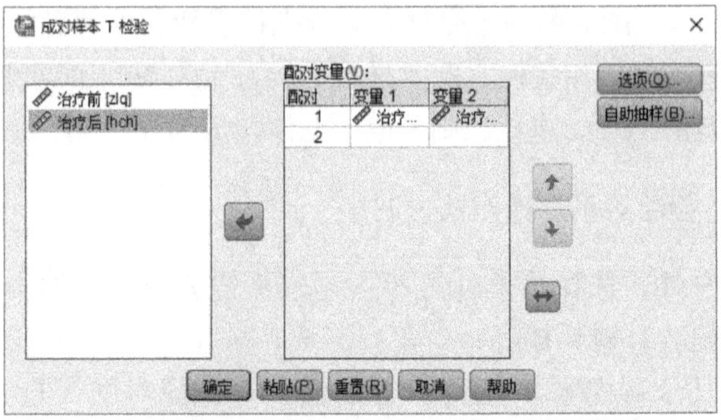

图 4-8 设置完成的【成对样本 T 检验】对话框

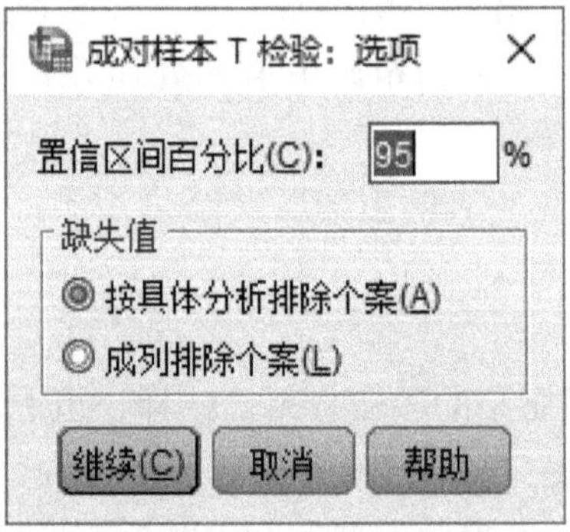

图 4-9 【成对样本 T 检验：选项】对话框

表 4-4 配对样本基本描述

		平均值	个案数	标准偏差	标准误差平均值
配对 1	治疗前	80. 3000	20	11. 42066	2. 55374
	治疗后	74. 8500	20	12. 69179	2. 83797

表 4-5　配对样本相关性检验结果

		个案数	相关性	显著性
配对 1	治疗前 & 治疗后	20	.697	.001

表 4-6　配对样本检验 T 检验结果

		配对差值					t	自由度	Sig.（双尾）
		平均值	标准偏差	标准误差平均值	差值 95% 置信区间				
					下限	上限			
配对 1	治疗前 - 治疗后	5.45000	9.45613	2.11446	1.02439	9.87561	2.577	19	.018

4.3.4　输出结果解析

01 由表 4-4 可知，参加试验的个案数为 20。喝茶前体重均值为 80.3，标准偏差为 11.42066，标准误差平均值为 2.55374；治疗后体重均值为 74.85；标准偏差为 12.69179，标准误差平均值为 2.83797。

02 由表 4-5 可知，两变量（治疗前、治疗后的体重）的相关系数 =0.697，相关系数检验的概率 P 值为 0.001。在显著性水平 α 为 0.05 的前提下，志愿者在服用减肥茶前后的体重具有高度的线性相关性。

03 注意配对样本 T 检验是针对“差值”的均值，原假设 H_0：均值差值 $\mu_d=0$；备择假设 H_1：均值差值 $\mu_d\neq 0$。由表 4-5 可知，$P=0.018<0.05$，故拒绝原假设 H_0，即该减肥茶有显著作用。

第5章　SPSS方差分析

方差分析，又称变异性分析或F检验，是由R. A. Fister发明的，用于两个及两个以上样本均值差别的显著性检验。这种分析方法有助于人们从另一个角度发现事物间相互影响的规律性，在农业、商业、医学、社会学、经济学等许多领域的数量分析研究中，已经发挥了极为重要的作用。

一个复杂的事物往往包含许多互相制约又互相依存的因素。方差分析的目的是通过数据分析找出对该事物有显著影响的因素、各因素之间的交互作用及显著影响因素的最佳水平等。对数据进行方差分析可以对总变异进行分析，看总变异是由哪些部分组成的，这些部分间的关系又是如何。

方差分析是在可比较的数组中，把数据间总的“变差”按各指定的变差来源进行分解的一种技术。对变差的度量，可采用离差平方和。方差分析方法就是从总离差平方和分解出可追溯到指定来源的部分离差平方和。

经过方差分析，若拒绝了检验假设，只能说明多个样本总体均值不相等或不全相等。若要得到各组均值间更详细的信息，应在方差分析的基础上进行多个样本均值的两两比较。

方差分析认为，观测变量取值的变化受两类因素的影响：第一类是控制因素（控制变量）不同水平所产生的影响；第二类是随机因素（随机变量）所产生的影响。这里随机因素是指那些认为很难控制的因素，主要指实验过程中的抽样误差。方差分析认为，如果控制变量的不同水平对观测变量产生了显著影响，那么，它和随机变量共同作用必然会使观测变量值发生显著变动；反之，如果控制变量的不同水平没有对观测变量产生显著影响，那么，观测变量值的变动就不会明显地表现出来，其变动可以归结为随机变量影响所致。判断控制变量的不同水平是否对观测变量产生明显波动的依据是，控制变量的不同水平下是否使观测变量的总体分布出现显著差异。方差分析是通过推断控制变量各水平下观测变量的总体分布是否有显著性差异来实现其分析目标的。

方差分析的基本假定：

（1）效应的可加性。

每一个观察值都由若干部分累加而成，即总的效果可分成若干部分，而每一部分都有一个特定的含义，称之为效应的可加性。

（2）分布的正态性。

（3）方差的一致性。

如果数据资料不满足方差分析的三个基本假定，不能直接进行方差分析，需要先进行数据转换再作方差分析。数据转换常用的方法有：平方根转换、对数转换、反正弦转换。

方差分析的关键是总离差平方和的分解。分解越细致，各部分的含义就越明确，对各种效应的作用就越了解，统计推断就越准确。

根据控制变量个数，方差分析又分为单因素方差分析、多因素方差分析。

5.1　单因素方差分析

5.1.1　单因素方差分析的功能

单因素方差分析用来研究一个控制变量的不同水平是否对观测变量产生了显著影响。由于仅研究单个因素对观测变量的影响，因此称为单因素方差分析。

单因素方差分析包含三个步骤：

第一步　明确观测变量和控制变量。

第二步　剖析观测变量的方差。

单因素方差分析将观测变量总离差平方和分解为组间离差平方和与组内离差平方和两部分，即

$$SST = SSA + SSE, \tag{5.1}$$

式中，SST 为观测变量总离差平方和；SSA 为组间离差平方和，主要是由控制变量的不同水平造成的变差；SSE 为组内离差平方和，是由抽样误差引起的变差。SST 的数学定义式为

$$SST = \sum_{i=1}^{k} \sum_{j=1}^{n_j} (x_{ij} - \bar{x})^2, \tag{5.2}$$

式中，k 为控制变量的水平数；x_{ij}为控制变量第 i 水平下第 j 个观测值；n_j 为控制变量第 j 水平下的样本量；$\bar{x}$ 为观测变量均值。SSA 的数学定义式为

$$SSA = \sum_{i=1}^{k} n_i(\bar{x}_i - \bar{x})^2, \tag{5.3}$$

式中，$\bar{x}_i$ 为控制变量第 i 水平下观测变量的样本均值。由此可见，组间离差平方和为各水平组均值与总均值离差的平方和，反映了控制变量不同水平对观测变量的影响。SSE 的数学定义式为

$$SSE = \sum_{i=1}^{k} \sum_{j=1}^{n_j} (x_{ij} - \bar{x}_i)^2, \tag{5.4}$$

式中，组内离差平方和是每个观测数据与本水平组均值离差的平方和，反映了抽样误差的大小。

第三步　比较观测变量总离差平方和各部分的比例。

单因素方差分析的第三步是通过比较观测变量总离差平方和中各部分所占的比例，推断控制变量是否给观测变量带来了显著影响。

综上可知，在观测变量总离差平方和中，如果组间离差平方和所占比例较大，则说明观测变量的变动主要是由控制变量引起的，可以主要由控制变量来解释，控制变量给观测变量带来了显著影响；反之，如果组间离差平方和所占比例较小，则说明观测变量的变动不是主要由控制变量引起的，不可以主要由控制变量来解释，控制变量没有给观测变量带来显著影响，观测变量值的变动主要是由随机变量引起的。

5.1.2 单因素方差分析的基本操作及说明

利用 SPSS 进行单因素方差分析时，应注意数据的组织形式。SPSS 要求定义两个变量分别存放观测变量和控制变量的水平值。基本操作步骤如下：

（1）打开 SPSS 数据文件，选择菜单【分析→比较平均值→单因素 ANOVA 检验】，SPSS 弹出【单因素 ANOVA 检验】对话框。

（2）选择观测变量到【因变量列表】框中，选择控制变量到【因子】框中，控制变量有几个不同的取值就表示控制变量有几个水平。

（3）点击【确定】按钮，SPSS 便自动分解观测变量的变差，计算组间方差、组内方差、F 统计量以及概率 P 值，完成单因素方差分析的计算，并将结果输出到 SPSS 查看器窗口。

5.1.3 案例分析

例 5-1 比较 4 种品牌轮胎的耐磨性，各抽取 10 个样品，相同转速磨损、相同时间测得磨损深度（mm）（轮胎磨损. sav），比较 4 个品牌轮胎的耐磨性有无显著差异？

这里，单因素方差分析的原假设 H_0：轮胎品牌没有对轮胎磨损程度产生显著影响。具体操作过程如下：

01 打开 SPSS 数据文件“轮胎磨损. sav”，选择菜单【分析→比较平均值→单因素 ANOVA 检验】，SPSS 弹出【单因素 ANOVA 检验】对话框，将变量“磨损深度”选入【因变量列表】框中，将变量“品牌”选入【因子】列表框中（见图 5-1）。

02 点击【确定】，系统将自动完成单因素方差分析的计算并输出结果（见表 5-1）。

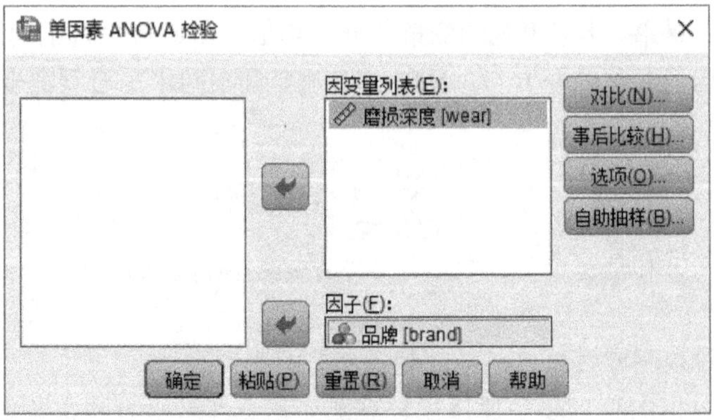

图 5-1 【单因素 ANOVA 检验】对话框

表 5-1　轮胎品牌对轮胎磨损深度的单因素方差分析

磨损深度

	平方和	自由度	均方	F	显著性
组间	.204	3	.068	6.879	.001
组内	.355	36	.010		
总计	.559	39			

5.1.4　输出结果解析

表 5-1 是轮胎品牌对轮胎磨损程度的单因素方差分析结果。由表可知，观测变量“磨损深度”的总离差平方和为 0.559。如果仅考虑轮胎品牌单个因素的影响，则轮胎磨损程度总变差中，轮胎品牌可解释的变差为 0.204，抽样误差引起的变差为 0.355，组间方差和组内方差分别为 0.068、0.010，两者相除所得的 F 统计量的值为 6.879，概率 P 的值为 0.001。如果显著性水平 α 为 0.05，由于概率 P 值小于显著性水平 α，故应拒绝原假设，认为不同品牌对轮胎磨损程度有显著影响。

5.1.5　单因素方差分析的进一步分析

在得到上述单因素方差分析的基本分析之后，可得到关于控制变量是否对观测变量造成显著影响的结论，接下来还要做其他几个重要分析，主要包括方差齐性检验、多重比较检验等。

（1）方差齐性检验

方差齐性检验是对控制变量不同水平下各观测变量总体的方差是否相等进行分析。由前述可知，方差分析的前提要求是控制变量不同水平下观测变量总体方差无显著性差异。如果不满足这个要求，即使各总体的均值没有显著差异，也不能认为各总体分布相同。因此，需要对方差是否齐性进行检验。

SPSS 单因素方差分析中，方差齐性检验称为方差同质性检验，其原假设 H_0：各水平下观测变量总体的方差无显著差异。方差齐性检验的实现方法：在【单因素 ANOVA 检验】对话框中，点击右侧的【选项】按钮，在弹出的【单因素 ANOVA 检验：选项】对话框中，勾选【方差齐性检验】，点击【继续】按钮，返回【单因素 ANOVA 检验】对话框，点击【确定】按钮，在输出结果查看器中就会出现方差齐性检验结果。

（2）多重比较检验

单因素方差分析的基本分析只能判断控制变量是否对观测变量产生了显著影响。如果控制变量确实对观测变量产生了显著影响，还应进一步确定控制变量的不同水平对观测变量的影响程度如何，如哪个水平的作用明显区别于其他水平，哪个水平的作用是不显著的。

多重比较检验利用全部观测变量值，实现对各个水平下观测变量总体均值的逐对比较。由于多重比较检验问题也是假设检验问题，因此也遵循假设检验的基本步骤。多重

检验假设的原假设 H_0：第 i 和第 j 水平下观测变量的总体均值 μ_i 和 μ_j 不存在显著差异。其核心任务就是构造检验统计量。SPSS 提供了多种多重比较检验方法，其差异主要体现在检验统计量的构造上，有的适用于各总体方差相等的情况，有的适用于方差不等的情况。几种常用的检验统计量的构造方法有：① LSD 方法，又称为最小显著性差异法，具有检验敏感性高的特点，水平间的均值只要存在一定程度的微小差异就可能被检测出来。其检验统计量为 t 统计量，适用于各总体方差相等的情况，但是没有对犯一类错误的概率问题加以有效控制。② Bonferroni（邦佛伦尼）方法。它与 LSD 方法基本相同，不同之处在于，Bonferroni 方法对犯一类错误的概率进行了控制。③ Tukey（图基）方法。与 LSD 方法有所相同，Tukey 方法采用的检验统计量是 q 统计量，仅适用于各水平下观测值个数相等、各总体方差相等的情况，同时，对犯一类错误概率的问题给予了较为有效的处理。④ Scheffe（雪费）方法。其检验统计量是 S 统计量，与 Tukey 方法相比，Scheffe 方法不太灵敏。⑤ S－N－K 方法，是一种有效划分相似性子集的方法，适用于各水平下观测值个数相等、样本量相等的情况。

（3）其他检验

除了进行上述基本检验之外，方差分析还可以做以下检验。① 先验对比检验。能够更加精确地掌握各水平间或各相似性子集间均值的差异程度。② 趋势检验。当控制变量为定序变量时，该检验能够分析随着控制变量水平的变化，观测变量值变化的总体趋势是怎样的，是呈线性变化趋势，还是呈二次、三次等多项式形式，能够帮助人们从另一个角度把握控制变量不同水平对观测变量总体影响的趋势。

5.1.6 单因素方差分析进一步分析的基本操作及说明

单因素方差分析的进一步分析可通过分别点击【单因素 ANOVA 检验】窗口右侧的【选项】、【事后比较】和【对比】等按钮实现。

（1）【选项】按钮

用于对方差分析的前提条件进行检验，并可输出其他相关统计量和对缺失数据进行处理。在打开的【单因素 ANOVA 检验：选项】窗口中，【描述】选项表示输出观测变量的基本统计量；【平均值图】选项表示输出各水平下观测变量样本均值的折线图；【缺失值】框中提供了两种缺失数据的处理方式。

（2）【事后比较】按钮

用于实现多重比较检验。该窗口中提供了多种多重比较检验方法，其中【假定等方差】框中所列出的方法适用于各水平方差相等的情况，【不假定等方差】框中的方法适用于各水平方差不齐的情况。在方差分析中，由于前提所限，应用中多采用【假定等方差】框中的方法。多重比较检验中，SPSS 默认的显著性水平为 0.05，可以根据实际情况修改【显著性水平】后面的数值。

（3）【对比】按钮

该按钮用来实现先验对比检验和趋势检验。如果进行趋势检验，应在【单因素 ANOVA 检验：对比】窗口（见图 5-2）中选择【多项式】选项，然后在后面的【等级】下拉框中选择趋势类型，如线性趋势、二次多项式等。如果要进行先验对比检验，则应在【系数】框后依次输入系数，并确保所有系数之和为 0；同时注意系数输入的顺序，它将与控制变量的水平值相对应。

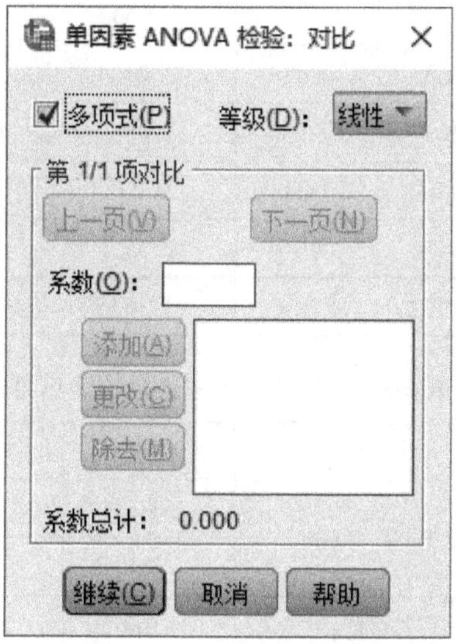

图 5-2　【单因素 ANOVA 检验：对比】对话框

5. 1. 7　单因素方差分析的进一步分析案例

在例 5-1 中，已经利用单因素方差分析方法对轮胎品牌对轮胎磨损深度的影响进行了分析，分析的结论是：轮胎的不同品牌对轮胎磨损程度有显著影响。下面进行进一步的分析。

（1）方差齐性检验

不同品牌的轮胎磨损程度的方差是否相同，是否满足单因素方差分析的前提要求，首先要进行检验。具体操作是：在【单因素 ANOVA 检验：选项】窗口中，勾选【描述】和【方差齐性检验】，并选中【平均值图】，如图 5-3 所示；点击【继续】按钮，返回【单因素 ANOVA 检验】对话框；点击【确定】按钮，即可得到分析结果，如表5-2、表 5-3、图 5-4 所示。

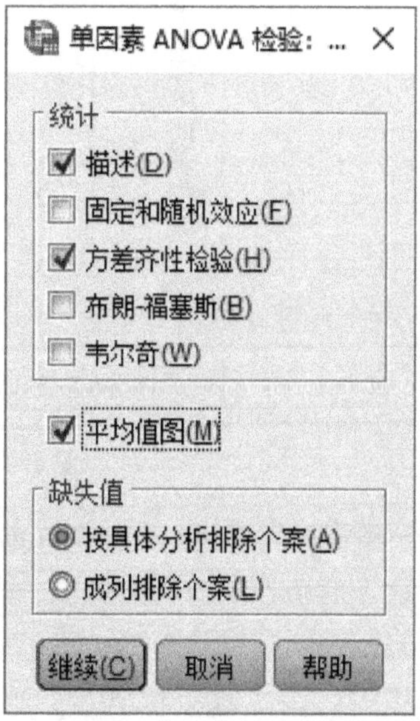

图 5-3　【单因素 ANOVA 检验：选项】对话框

表 5-2　轮胎磨损的基本描述统计量

磨损深度

	个案数	平均值	标准偏差	标准错误	平均值的 95% 置信区间		最小值	最大值
					下限	上限		
1	10	2.2730	.07631	.02413	2.2184	2.3276	2.20	2.37
2	10	2.4550	.12457	.03939	2.3659	2.5441	2.26	2.72
3	10	2.4350	.10480	.03314	2.3600	2.5100	2.31	2.56
4	10	2.4120	.08456	.02674	2.3515	2.4725	2.31	2.56
总计	40	2.3938	.11972	.01893	2.3555	2.4320	2.20	2.72

表 5-3　轮胎磨损方差齐性检验结果

		莱文统计	自由度 1	自由度 2	显著性
磨损深度	基于平均值	.818	3	36	.493
	基于中位数	.368	3	36	.777
	基于中位数并具有调整后自由度	.368	3	32.121	.777
	基于剪除后平均值	.842	3	36	.480

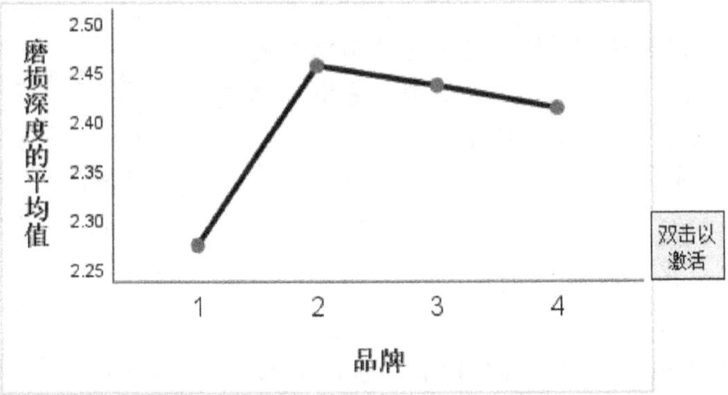

图 5-4　不同品牌轮胎磨损程度均值折线图

由表 5-2 可知，4 种不同品牌的轮胎各有 10 个观测值，第 1 个品牌磨损程度最轻，其余 3 个品牌磨损程度接近。图 5-4 印证了这一结果。同时，表 5-3 表明，不同品牌轮胎的方差齐性检验的统计量的观测值为 0.818，概率 P 值为 0.493。如果显著性水平 α 为 0.05，由于概率 P 值大于显著性水平 α，应接受原假设，认为不同品牌轮胎的磨损程度的总体方差无显著差异，满足方差分析的前提要求。

（2）多重比较检验

总的来说，不同品牌对轮胎磨损程度有显著影响。那么究竟哪个品牌的作用较明显，哪些品牌不明显，可通过多重比较检验来实现。具体操作：在【单因素 ANOVA 检验：事后多重比较】窗口中，勾选 5 种方法，如图 5-5 所示；点击【继续】按钮，返回【单因素 ANOVA 检验】对话框；点击【确定】按钮，即可得到分析结果，如表 5-4、表 5-5 所示。

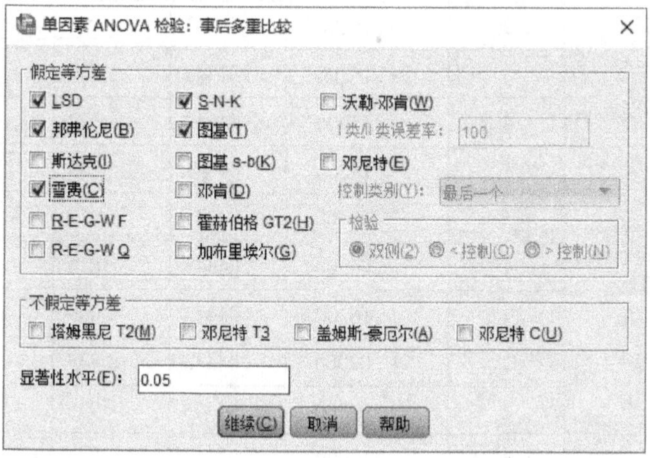

图 5-5　【单因素 ANOVA 检验：事后多重比较】对话框

表 5-4　不同品牌轮胎的事后检验

因变量：磨损深度

	（I）品牌	（J）品牌	平均值差值（I－J）	标准错误	显著性	95% 置信区间	
						下限	上限
图基 HSD	1	2	－.18200*	.04443	.001	－.3017	－.0623
		3	－.16200*	.04443	.004	－.2817	－.0423
		4	－.13900*	.04443	.017	－.2587	－.0193
	2	1	.18200*	.04443	.001	.0623	.3017
		3	.02000	.04443	.969	－.0997	.1397
		4	.04300	.04443	.768	－.0767	.1627
	3	1	.16200*	.04443	.004	.0423	.2817
		2	－.02000	.04443	.969	－.1397	.0997
		4	.02300	.04443	.954	－.0967	.1427
	4	1	.13900*	.04443	.017	.0193	.2587
		2	－.04300	.04443	.768	－.1627	.0767
		3	－.02300	.04443	.954	－.1427	.0967

续表

	(I) 品牌	(J) 品牌	平均值差值 (I－J)	标准错误	显著性	95% 置信区间	
						下限	上限
雪费	1	2	－.18200*	.04443	.003	－.3123	－.0517
		3	.16200*	.04443	.009	－.2923	－.0317
		4	－.13900*	.04443	.032	－.2693	－.0087
	2	1	.18200*	.04443	.003	.0517	.3123
		3	.02000	.04443	.977	－.1103	.1503
		4	.04300	.04443	.816	－.0873	.1733
	3	1	.16200*	.04443	.009	.0317	.2923
		2	－.02000	.04443	.977	－.1503	.1103
		4	.02300	.04443	.965	－.1073	.1533
	4	1	.13900*	.04443	.032	.0087	.2693
		2	－.04300	.04443	.816	－.1733	.0873
		3	－.02300	.04443	.965	－.1533	.1073
LSD	1	2	－.18200*	.04443	.000	－.2721	－.0919
		3	－.16200*	.04443	.001	－.2521	－.0719
		4	－.13900*	.04443	.003	－.2291	－.0489
	2	1	.18200*	.04443	.000	.0919	.2721
		3	.02000	.04443	.655	－.0701	.1101
		4	.04300	.04443	.340	－.0471	.1331
	3	1	.16200*	.04443	.001	.0719	.2521
		2	－.02000	.04443	.655	－.1101	.0701
		4	.02300	.04443	.608	－.0671	.1131
	4	1	.13900*	.04443	.003	.0489	.2291
		2	－.04300	.04443	.340	－.1331	.0471
		3	－.02300	.04443	.608	－.1131	.0671

续表

	(I) 品牌	(J) 品牌	平均值差值 (I－J)	标准错误	显著性	95%置信区间	
						下限	上限
邦弗伦尼	1	2	－.18200*	.04443	.001	－.3060	－.0580
		3	－.16200*	.04443	.005	－.2860	－.0380
		4	－.13900*	.04443	.021	－.2630	－.0150
	2	1	.18200*	.04443	.001	.0580	.3060
		3	.02000	.04443	1.000	－.1040	.1440
		4	.04300	.04443	1.000	－.0810	.1670
	3	1	.16200*	.04443	.005	.0380	.2860
		2	－.02000	.04443	1.000	－.1440	.1040
		4	.02300	.04443	1.000	－.1010	.1470
	4	1	.13900*	.04443	.021	.0150	.2630
		2	－.04300	.04443	1.000	－.1670	.0810
		3	－.02300	.04443	1.000	－.1470	.1010

*. 平均值差值的显著性水平为 0.05。

表 5-5 不同品牌多重比较检验的相似性子集[a]

磨损深度

	品牌	个案数	Alpha 的子集 ＝ 0.05	
			1	2
S－N－K[b]	1	10	2.2730	
	4	10		2.4120
	3	10		2.4350
	2	10		2.4550
	显著性		1.000	.602
图基 HSD[b]	1	10	2.2730	
	4	10		2.4120
	3	10		2.4350
	2	10		2.4550
	显著性		1.000	.768
雪费[b]	1	10	2.2730	
	4	10		2.4120
	3	10		2.4350
	2	10		2.4550
	显著性		1.000	.816

a. 将显示齐性子集中各个组的平均值。

b. 使用调和平均值样本大小＝10.000。

表 5-4 中分别显示了两品牌轮胎磨损程度均值检验的结果。可以看出，尽管在理论上各种检验方法对抽样分布标准误的定义不同，但在 SPSS 中全部采用了 LSD 方法中的标准误，因此各种方法的前两列数据完全相同。表中第 3 列是检验统计量观测值在不同分布中的概率 P 值，仔细观察可发现不同方法在检验敏感度上的差异。以第 2 种品牌和其余 3 种品牌为例，如果显著性水平 α 为 0.05，在 Tukey HSD 方法中，第 2 品牌和第 4 品牌轮胎的磨损程度无显著差异（概率 P 值为 0.768），第 2 品牌和第 3 品牌轮胎的磨损程度无显著差异（概率 P 值为 0.969），第 2 品牌和第 1 品牌轮胎的磨损程度有显著差异（概率 P 值为 0.001），其余三种方法均有类似的结果。

表 5-5 是由各种方法划分的相似性子集。可以看出，表中 3 种方法划分的结果是一致的。在显著性水平 α 为 0.05 的情况下，首先观察 S－N－K 方法，均值为 2.2730 的组（第 1 品牌）与其他三组的均值显著不同（其相似的可能性小于 0.05），被划分出来，形成两个相似性子集。在第一个子集中，组内相似（自身相似）的概率为 1，第 2 组组内相似的可能性为 0.602，大于 0.05。在 Tukey 方法和 Scheffe（C）方法中，第 2 组组内相似的可能性分别为 0.768 和 0.816，均大于 0.05。Tukey 方法的敏感度略高于 Scheffe（C）方法，但是二者的敏感度均低于 S－N－K 方法，因此，在相似性划分时多采用 S－N－K 方法的结论。

5.2 多因素方差分析

5.2.1 多因素方差分析的功能

多因素方差分析用来研究两个及两个以上控制变量是否对观测变量产生显著影响。由于研究多个因素对观测变量的影响，因此称为多因素方差分析。多因素方差分析不仅能够分析多个因素对观测变量的独立影响，更能够分析多个控制因素的交互作用能否对观测变量的分布产生显著影响，进而找到利于观测变量的最优组合。

一般而言，多因素方差分析包括以下几个方面：

（1）确定观测变量和若干个控制变量。

（2）剖析观测变量的方差。在多因素方差分析中，观测变量取值的变动通常会受到三个方面因素的影响：控制变量独立作用的影响、控制变量交互作用的影响、随机因素的影响。

（3）比较观测变量总离差平方和各部分所占比例，推断控制变量及控制变量的交互作用是否给观测变量带来了显著影响。

方差分析问题属于统计推断中的假设问题，其基本步骤与假设检验完全一致。具体如下：

（1）提出原假设。

原假设 H_0：各控制变量不同水平下观测变量各总体的均值无显著差异，控制变量各自效应和交互作用效应同时为 0，即控制变量和它们的交互作用没有对观测变量产生显著影响。

（2）选择检验统计量。

多因素方差分析采用的检验统计量仍为 F 统计量。

（3）计算检验统计量观测值和概率 P 值。

该步的目的是计算检验统计量观测值和概率 P 值。SPSS 将相关数据自动进行计算得出各个 F 统计量的观测值和概率 P 值。

（4）给出显著性水平 α，并作出决策。

给出显著性水平 α，依次与各个检验统计量的概率 P 值作比较。如果概率 P 值小于显著性水平 α，则拒绝原假设；反之，如果概率 P 值大于显著性水平 α，则接受原假设。

5.2.2　多因素方差分析的基本操作及说明

（1）利用 SPSS 进行多因素方差分析时，应首先将各个控制变量及观测变量分别定义成多个 SPSS 变量，并组织好数据。

（2）打开 SPSS 数据文件，选择菜单【分析→一般线性模型→单变量】，SPSS 将弹出【单变量】对话框。

（3）指定观测变量到【因变量】框中。

（4）指定固定效应的控制变量到【固定因子】框中，指定随机效应的控制变量到【随机因子】框中。

（5）点击【确定】按钮，SPSS 将自动建立多因素方差分析的饱和模型，并计算各检验统计量的观测值和概率 P 值。

5.2.3　多因素方差分析的案例分析

例 5-2　现有某一商品的销售额数据集（广告城市与销售额 . sav），里面统计了该商品在不同地区开展不同广告形式后的销售额情况。试分析某商品的销售额是否受到不同广告形式的影响。除此之外，不同的销售地区是否也对销售额产生影响？两者之间是否存在交互作用？

以广告形式和地区为控制变量，销售额为观测变量，建立固定效应的饱和模型。

具体操作如下：

01 打开数据文件“广告城市与销售额 . sav”，如图 5-6 所示。由于篇幅有限，本书仅显示部分数据。

02 选择菜单【分析→一般线性模型→单变量】，SPSS 将弹出【单变量】对话框。将观测变量“销售额”选入【因变量】框中。将控制变量“广告形式”和“地区”选入【固定因子】框中，如图 5-7 所示。

图 5-6　广告城市与某商品的销售额数据

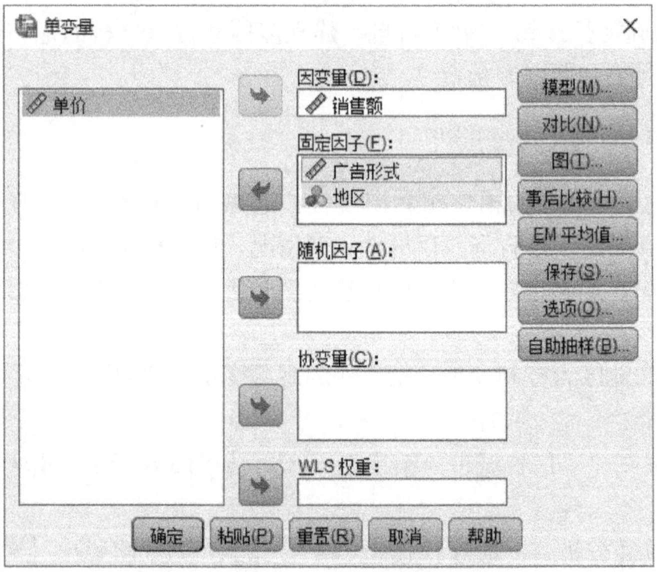

图 5-7　设置完成的【单变量】对话框

03 点击【确定】按钮，SPSS 将自动建立多因素方差分析的饱和模型，并计算各检验统计量的观测值和概率 P 值（见表 5-6）。

表 5-6 销售额多因素方差分析的饱和模型

因变量：销售额

源	Ⅲ类平方和	自由度	均方	F	显著性
修正模型	4340.719[a]	15	289.381	2.747	.027
截距	162022.781	1	162022.781	1538.039	.000
广告形式	947.344	3	315.781	2.998	.062
地区	2662.844	3	887.615	8.426	.001
广告形式 * 地区	730.531	9	81.170	.771	.645
误差	1685.500	16	105.344		
总计	168049.000	32			
修正后总计	6026.219	31			

a. R 平方 =.720（调整后 R 平方 =.458）。

5.2.4 输出结果解析

原假设 H_0：不同广告形式没有对销售额产生显著影响；不同广告形式对不同地区的平均销售额没有显著影响。表 5-6 中，第 1 列是对观测变量总变差分解的说明，第 2 列是观测变量变差分解的结果，第 3 列是自由度，第 4 列是方差，第 5 列是 F 统计量的观测值，第 6 列是检验统计量的概率 P 值。可以看出，观测变量的总变差是 6026.219，它被分解为 4 个部分，分别是：由广告形式不同引起的变差 947.344，由地区差异引起的变差 2662.844，由广告形式和地区交互作用引起的变差 730.531，由随机因素引起的变差 1685.500。对应的概率 P 值分别为 0.062、0.001、0.645。如果显著性水平 α 为 0.05，则可知：地区对应的 F 统计量的概率小于显著性水平 α，应拒绝原假设，认为不同地区的销售额存在显著差异；广告形式、广告形式与地区交互作用的 F 统计量的概率 P 值大于显著性水平 α，应接受原假设，认为不同广告形式不会对销售额产生显著影响，不同地区采取哪种形式的广告也不会对销售额产生显著影响。

同时，由表 5-6 可知，校正模型对应的变差为 4340.719，是广告形式、地区、广告形式与地区的交互作用的对应变差之和，是线性模型总体对观测变量变差解释的部分。其对应的 F 统计量和概率 P 值说明，观测变量变动主要是由控制变量整体的不同水平引起的，控制变量可以较好地反映观测变量的变动，模型对观测变量有一定的解释能力。表中 R 平方 =0.720 和调整后的 R 平方 =0.458 反映的是多因素方差模型对观测变量数据的拟合程度。它们越接近于 1，说明对数据的拟合程度越高。该问题有两个控制变量，所以应参考调整的 R 平方。可以看出，该模型对数据的拟合程度并不是很理想，从另一个角度说明销售额还受到除广告形式和地区以外因素的影响。

5.2.5 多因素方差分析的进一步分析

（1）多因素方差分析的非饱和模型

非饱和模型是针对饱和模型而言的。在饱和模型中，观测变量总的变差被分解为控制变量独立作用、控制变量交互作用（包括二阶、三阶或更高阶的交互），以及抽样误差三部分。如果研究发现，控制变量的某阶交互作用没有对观测变量产生显著影响，就可以尝试建立非饱和模型。对于非饱和模型，其参数估计的方法、采用的检验统计量与饱和模型类似。

建立非饱和模型的基本操作：在【单变量】窗口中点击【模型】按钮，弹出【单变量：模型】窗口。在【单变量：模型】窗口中，默认的选择项是【全因子】，表示建立饱和模型。此时，【因子与协变量】框、【模型】框及【构建项】下拉框均呈不可用状态。如果选择【构建项】，则表示建立非饱和模型，且【因子与协变量】框、【模型】框及【构建项】下拉框均呈可用状态，那么可定义非饱和模型中的各项，可包含交互作用项和主效应项，其中交互作用项可以是二阶、三阶或更高阶。

（2）多因素方差分析的其他功能

① 均值检验。

在 SPSS 中，利用多因素方差分析还可以对各个控制变量不同水平下的均值是否存在显著差异进行比较，实现方式有两种：多重比较检验和对比检验。多重比较检验的方法与单因素方差分析类似。对比检验是均值对比的 T 检验，其基本操作：在【单变量：对比】对话框下，在【更改对比】框中可以选取检验值。其中，检验值可以指定为以下几种：观测变量的均值（窗口选项是【偏差】）、第一水平或最后一个水平上观测变量的均值（窗口选项是【简单】）、前一个水平上观测变量的均值（窗口选项是【差值】）、后一个水平上观测变量的均值（窗口选项是【赫尔默特】）。选择后三个选项，就是仅做指定两两水平下 LSD 检验。

② 控制变量交互作用的图形分析。

控制变量的交互作用可以通过图形直观分析。其基本操作：

a. 点击【单变量】窗口右侧的【图】按钮，弹出【单变量：轮廓图】对话框。

b. 在【单变量：轮廓图】对话框中，首先，选择一个控制变量作为交互图形中的横轴，并将其选择到【水平轴】框；其次，指定在交互图形中各直线代表的是哪个控制变量的不同水平，并将其选择到【单独的线条】框；最后，如果控制变量有三个，由于交互图形只能反映两个控制变量的交互作用，此时第三个变量只能选入【单独的图】框，第三个变量有几个水平便画出几张交互图。

c. 点击【继续】按钮，返回【单变量】窗口，再点击【确定】按钮，系统就会计算并输出控制变量交互作用的图形。

在交互图形中，若控制变量之间无交互作用，则各水平对应的直线是近似平行的；若控制变量之间存在交互作用，则各水平对应的直线会有交叉。

5.2.6　多因素方差分析的进一步分析案例

由例 5-2 的分析可知，广告形式与地区的交互作用不显著，可以尝试建立非饱和模型，并进行均值比较分析、交互作用图形分析、模型分析等。具体操作过程如下：

01 打开数据文件“广告城市与销售额 . sav”，选择菜单【分析→一般线性模型→单变量】，SPSS 将弹出【单变量】对话框。将观测变量“销售额”选入【因变量】框中。将控制变量“广告形式”和“地区”选入【固定因子】框中，如图 5-7 所示。

02 在【单变量】窗口中点击【模型】按钮，弹出【单变量：模型】窗口。在【单变量：模型】窗口中，选择【构建项】选项，使得【因子与协变量】框、【模型】框及【构建项】下拉框均呈可用状态，此时便可定义非饱和模型中的各项。将变量“广告形式”和“地区”选到【模型】框中，在【构建项】下拉框中选中【交互】，如图 5-8 所示。点击【继续】，返回【单变量】窗口。

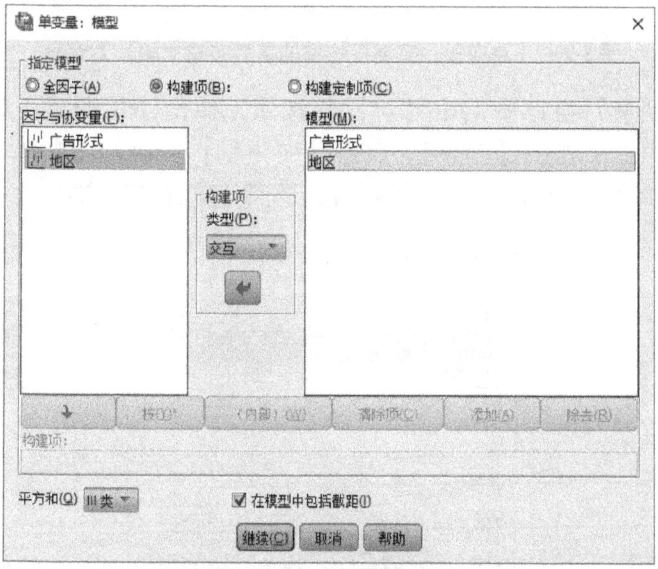

图 5-8　【单变量：模型】对话框

03 在【单变量】窗口中点击【事后比较】按钮，弹出【单变量：实测平均值的事后多重比较】窗口，将变量“广告形式”选到【下列各项的事后检验】列表框中，在【假定等方差】列表框中勾选“LSD”方法，如图 5-9 所示。点击【继续】，返回【单变量】窗口。

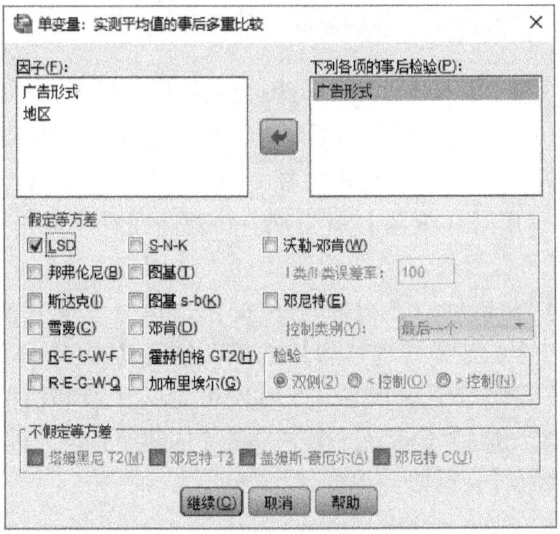

图 5-9 【单变量：实测平均值的事后多重比较】对话框

04 在【单变量】窗口中点击【对比】按钮，弹出【单变量：对比】窗口；在【更改对比】下拉框中选中【偏差】，点击【变化量】按钮，【参考类别】为默认的【最后一个】，如图 5-10 所示。点击【继续】，返回【单变量】窗口。

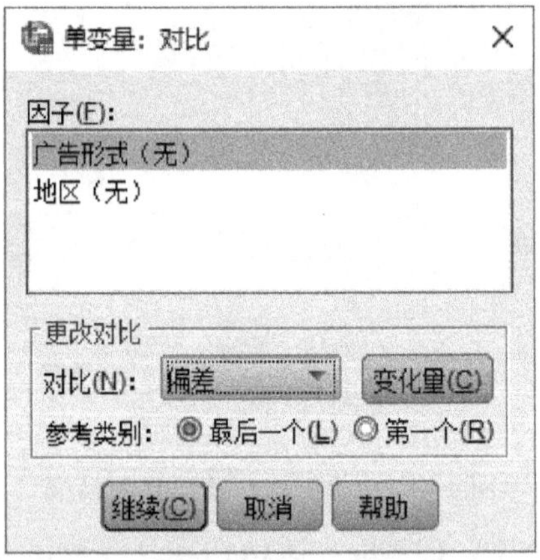

图 5-10 【单变量：对比】对话框

05 在【单变量】窗口中点击【图】按钮，弹出【单变量：轮廓图】窗口，将因子“地区”选到【水平轴】框中，将因子“广告形式”选到【单独的线条】框中，如图 5-11 所示；再点击【添加】按钮，【单变量：轮廓图】对话框变为图 5-12 所示情形。点击【继续】，返回【单变量】窗口。

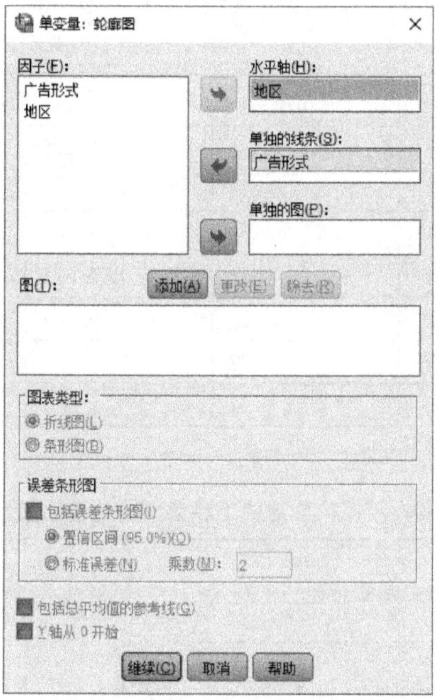

图 5-11　【单变量：轮廓图】对话框（一）

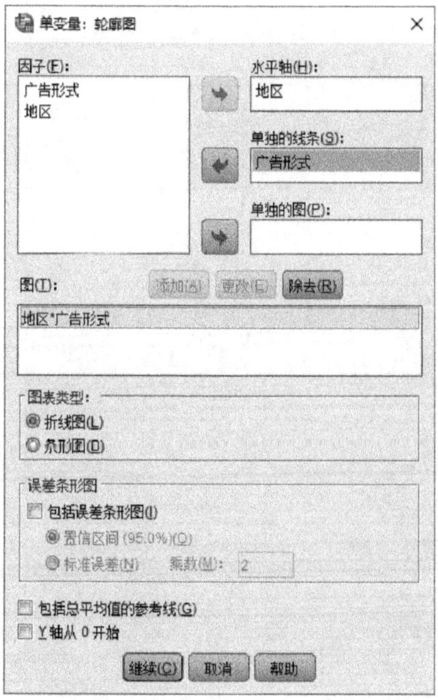

图 5-12　【单变量：轮廓图】对话框（二）

06 在【单变量】窗口中点击【确定】按钮，SPSS 将自动建立广告城市与销售额的非饱和模型，并输出均值比较分析、交互作用图形分析、模型分析等的相关结果，如表 5-7、表 5-8、图 5-13 所示。

表 5-7 广告城市与销售额的非饱和模型

因变量：销售额

源	Ⅲ类平方和	自由度	均方	F	显著性
修正模型	3610.188[a]	6	601.698	6.226	.000
截距	162022.781	1	162022.781	1676.539	.000
广告形式	947.344	3	315.781	3.268	.038
地区	2662.844	3	887.615	9.185	.000
误差	2416.031	25	96.641		
总计	168049.000	32			
修正后总计	6026.219	31			

a. R 平方 =.599（调整后 R 平方 =.503）。

表 5-8 不同广告形式下销售额的均值比较结果

广告形式偏差对比[a]			因变量 销售额
级别 1 与平均值	对比估算		.969
	假设值		0
	差值（估算 - 假设）		.969
	标准误差		3.010
	显著性		.750
	差值的 95% 置信区间	下限	-5.230
		上限	7.168
级别 2 与平均值	对比估算		4.344
	假设值		0
	差值（估算 - 假设）		4.344
	标准误差		3.010
	显著性		.161
	差值的 95% 置信区间	下限	-1.855
		上限	10.543
级别 3 与平均值	对比估算		-9.156
	假设值		0
	差值（估算 - 假设）		-9.156
	标准误差		3.010
	显著性		.005
	差值的 95% 置信区间	下限	-15.355
		上限	-2.957

a. 省略类别 =4。

与表5-6 相比，表5-7 中的广告形式与地区的交互作用引起的变差没有被分离出来，它被并入了随机因素引起的变差中，线性模型整体对观测变量变差解释的部分变小。各控制变量所能解释的变差比例相对于随机因素来说减少。

表5-8 显示了广告形式前三个水平下销售额总体的均值检验结果，省略了第四水平的检验结果，检验值是各水平下的整体均值。可以看出，第一种广告形式下销售额的均值与检验值的差为 0.969，标准差为 3.010，T 检验统计量的概率 P 值为 0.75，差值 95% 置信区间的上限和下限分别为 7.168、-5.230。由此可得：第一种广告形式下的销售均值与检验值之间无显著差异，且明显高于整体水平。同理，第二种广告形式下的销售均值与检验值之间也无显著差异，且明显高于整体水平；第三种广告形式下的销售均值与检验值之间有显著差异，且明显低于整体水平。三种广告形式所产生的效果有显著差异。

图 5-13 中，在地区从第一水平至第四水平的过程中，各个广告形式下的销售额基本按照相同的规律变动，各直线在各水平基本平行。由此可得：广告和地区间不存在明显的交互作用。

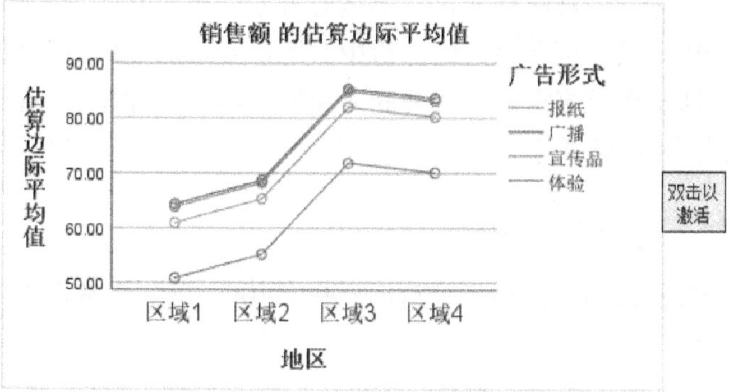

图 5-13　广告形式与地区的交互作用图

5.3　协方差分析

5.3.1　协方差分析的基本功能

从以上讨论可知，无论是单因素方差分析还是多因素方差分析，控制因素都是水平可控制的，即各个水平可以通过人为的努力得到控制和确定。但在许多实际问题中，有些因素很难控制，但它们的状态确实对观测变量产生了较为显著的影响。在方差分析中，如果忽略了这些因素的存在而单纯去分析其他因素对观测变量的影响，往往会夸大或缩小其他因素的影响作用，使得结论分析不准确。

为了更加准确地研究控制变量不同水平对观测变量的影响，应尽量排除其他人为不可控因素对分析结论的影响。协方差分析正是这样一类方法，它将那些人为很难控制的水平因素作为协变量，并在排除协变量对观测变量影响的条件下，分析控制变量对观测变量的作用，从而更加准确地对水平可控因素进行评价。

协方差分析仍然沿承方差分析的基本思想，并在分析观测变量变差时，考虑了协变量的影响，认为观测变量的变动受 4 个方面的影响：控制变量的独立作用、控制变量的交互作用、协变量的作用和随机因素的作用，并在扣除协变量的影响后，再分析控制变量对观测变量的影响。

方差分析中的原假设 H_0：协变量对观测变量的线性影响不显著；在排除协变量影响的条件下，控制变量各水平下观测变量的总体均值无显著差异，控制变量各水平对观测变量的效应同时为零。检验统计量仍然采用 F 统计量，它们是各方差与随机因素引起的方差之比。F 值较大时，说明协变量是引起观测变量变动的主要因素之一，观测变量的变动可以部分地由协变量来线性解释；反之，如果 F 值较小，则说明协变量没有给观测变量带来显著的线性影响。在排除了协变量线性影响后，控制变量对观测变量的影响分析同方差分析。

在协方差分析中，作为协变量的变量一般是数值型变量。因此，协方差分析涉及两种类型的控制变量（分类型和数值型）和数值型观测变量。其中，如果将控制变量看做解释变量，观测变量看做被解释变量，那么协方差分析便是一种介于方差分析和线性回归分析之间的分析方法，可参照回归分析中对解释变量的处理方式来处理协变量。另外，协方差分析中通常要求多个协变量之间无交互作用，且控制变量各水平下的观测变量与协变量间有相似的线性关系。

5.3.2 协方差分析的基本操作及说明

在利用 SPSS 进行协方差分析时，应首先将作为协变量的变量定义成 SPSS 变量。协方差分析的基本操作步骤如下：

（1）打开 SPSS 数据文件，选择菜单【分析→一般线性模型→单变量】，SPSS 将弹出【单变量】对话框。

（2）指定观测变量到【因变量】框中。

（3）指定固定效应的控制变量到【固定因子】框中，指定随机效应的控制变量到【随机因子】框中，指定作为协变量的变量到【协变量】框中，窗口中的其他功能按钮都可应用于协方差分析。由于协方差分析介于方差分析和回归分析之间，因此在异方差情况下会产生与回归分析相同的问题。如果残差随协变量取值的变化呈规律性变化，则可认为存在异方差。权重变量应选到【WLS 权重】框中。

（4）点击【确定】按钮，SPSS 将自动完成对各方差的分解，并计算各检验统计量 F 的观测值、概率 P 值及其他计算结果，并将结果输出到查看器窗口中。

5.3.3 案例分析

例 5-3 为研究三种不同饲料对生猪体重增加，将生猪随机分成三组，各喂养不同的饲料［sl］，得到喂养后的体重变化数据（生猪与饲料 . sav）。数据中包含生猪喂养饲料前体重［wyq］和喂养饲料后体重增加［wyh］。试用单因素协方差分析对饲料优劣进行评价。

首先，判断生猪喂养饲料前的体重是否可以作为协变量，为此，给出生猪喂养饲料前的体重与体重增加的散点图（见图 5-14）。

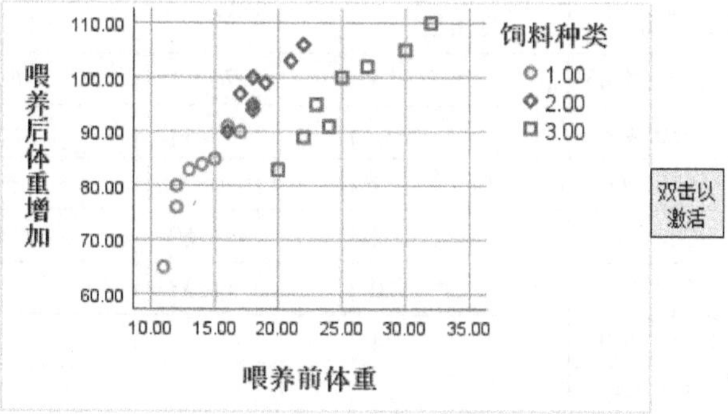

图 5-14　生猪喂养饲料前体重与体重增量的散点图

由图 5-14 可知，在不同饲料组中，生猪喂养饲料前体重与体重增量均呈现出较为明显的线性关系，且各饲料斜率基本相同。因此，可以将生猪喂养前体重作为协变量参与协方差分析。另外，以生猪的体重增量为观测变量，饲料为控制变量。协方差分析的操作过程如下：

01 打开数据文件“生猪与饲料 . sav”，选择菜单【分析→一般线性模型→单变量】，SPSS 将弹出【单变量】对话框。

02 在【单变量】对话框中，将变量“喂养后体重增加”选入到【因变量】框中，将变量“饲料种类”选入到【固定因子】框中，将变量“喂养前体重”选入到【协变量】框中（见图 5-15）。

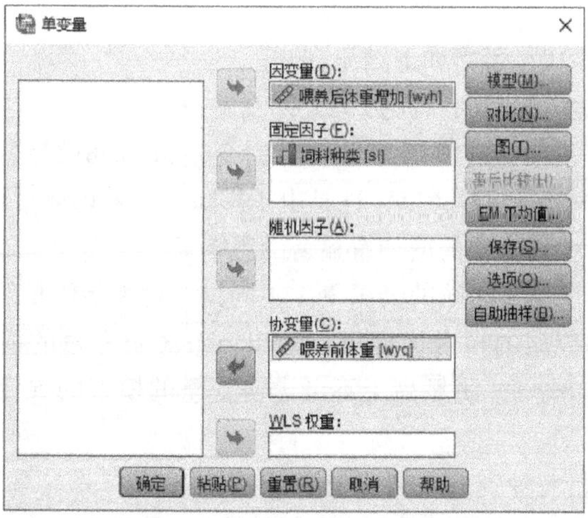

图 5-15　生猪与饲料协方差分析【单变量】对话框

03 点击【确定】按钮，SPSS 将自动完成对各方差的分解，并计算各 F 统计量的观测值、概率 P 值及其他计算结果，并将结果输出到查看器窗口中（见表 5-9）。

为了比较分析，表 5-10 给出了生猪与饲料的单因素方差分析结果。

表 5-9　生猪与饲料的协方差分析结果

因变量：喂养后体重增加

源	Ⅲ类平方和	自由度	均方	F	显著性
修正模型	2328.344[a]	3	776.115	68.196	.000
截距	980.448	1	980.448	86.150	.000
wyq	1010.760	1	1010.760	88.813	.000
sl	707.219	2	353.609	31.071	.000
误差	227.615	20	11.381		
总计	206613.000	24			
修正后总计	2555.958	23			

a. R 平方 =.911（调整后 R 平方 =.898）。

表 5-10　生猪与饲料的单因素方差分析结果

因变量：喂养后体重增加

源	Ⅲ类平方和	自由度	均方	F	显著性
校正的模型	1317.583[a]	2	658.792	11.172	.000
截距	204057.042	1	204057.042	3460.339	.000
sl	1317.583	2	658.792	11.172	.000
错误	1238.375	21	58.970		
总计	206613.000	24			
校正后的总变异	2555.958	23			

a. R 平方 =.515（调整后的 R 平方 =.469）。

比较表 5-9 和表 5-10，可得如下结果：

① 观测变量的总变差相同，均为 2555.958。

② 单因素方差分析中，随机因素可解释的变差为 1238.375，而在协方差分析中，随机因素可解释的变差降为 227.615，这是由于排除了喂养前体重的影响。

③ 喂养前体重对生猪体重的增加有显著的影响。

④ 在排除了喂养前体重影响的情况下，不同饲料对生猪体重的增加也有显著影响。

⑤ 从模型对观测数据的拟合优度可以看出：考虑协变量的模型的 R 平方 =0.911（调整后的 R 平方 =0.898），明显高于不考虑协变量的模型的 R 平方 =0.515（调整后的 R 平方 =0.469）。

进一步，可以分析三种饲料在促进猪体重增加方面有无显著性差异。为此，点击【单变量】窗口中的【选项】按钮，出现【单变量：选项】对话框；在【单变量：选项】对话框中【输出】栏中勾选【描述统计】；点击【继续】按钮，返回【单变量】窗口，点击【确定】按钮，SPSS 就会自动计算并对比三种饲料下体重增量的均值（见表 5-11）。由表 5-11 可以看出，第二种饲料喂养下增重最多，其次是第三种饲料，增重最少的是第一种饲料，而且第二种和第三种的差距较小。

表 5-11　三种不同饲料喂养下生猪体重增加的基本描述

因变量：喂养后体重增加

饲料种类	平均值	标准偏差	数字
1.00	81.7500	8.34523	8
2.00	98.0000	5.12696	8
3.00	96.8750	8.99901	8
总计	92.2083	10.54176	24

表 5-11 考虑的是没有排除协变量影响下的均值，现考虑排除协变量影响下的均值情况。点击图 5-15 生猪与饲料协方差分析【单变量】窗口中的【对比】按钮，出现【单变量：对比】窗口，在此窗口中进行设置可进行均值比较检验，输出排除协变量影响后各水平下体重增加的修正均值对比检验结果。例如，在【单变量：对比】对话框中，于【更改对比】栏中“对比”的下拉菜单中选中“偏差”，参考类别选中“最后一个（L)”，点击【变化量】按钮，点击【继续】按钮，返回【单变量】对话框；在【单变量】对话框中点击【确定】按钮，可得表 5-12。类似地，在【单变量：对比】对话框中，于【更改对比】栏中“对比”的下拉菜单中选中“偏差”，参考类别选中“第一个（R)”，点击【变化量】按钮，点击【继续】按钮，返回【单变量】对话框；在【单变量】对话框中点击【确定】按钮，可得表 5-13。

表 5-12　三种不同饲料喂养下生猪体重协方差分析的均值对比结果（第三组为标准）

饲料种类偏差对比[a]			因变量
			喂养后体重增加
水平 1 vs. 平均值	对比估计值		2.750
	假设值		0
	差分		2.750
	标准错误		1.707
	显著性		.123
	差值的 95% 置信区间	下限	-.810
		上限	6.310
水平 2 vs. 平均值	对比估计值		7.293
	假设值		0
	差分		7.293
	标准错误		.987
	显著性		.000
	差值的 95% 置信区间	下限	5.234
		上限	9.351

a. 省略的类别 = 3。

表 5-13　三种不同饲料喂养下生猪体重协方差分析的均值对比结果（第一组为标准）

饲料种类偏差对比[a]			因变量
			喂养后体重增加
水平 2 vs. 平均值	对比估计值		7. 293
	假设值		0
	差分		7. 293
	标准错误		. 987
	显著性		. 000
	差值的 95% 置信区间	下限	5. 234
		上限	9. 351
水平 3 vs. 平均值	对比估计值		-10. 043
	假设值		0
	差分		-10. 043
	标准错误		1. 840
	显著性		. 000
	差值的 95% 置信区间	下限	-13. 881
		上限	-6. 205

a. 省略的类别 = 1。

表 5-12 和表 5-13 表明，第二种饲料效果最好，其次是第一种，第三种饲料效果最不明显。与表 5-11 中结果不完全一致，其原因在于，第三组生猪喂养前体重明显高于第一组。

第 6 章　SPSS 非参数检验

参数检验一般是以已知分布（如正态分布）为假定条件，对总体参数进行估计或检验，它是针对参数做的假设，以总体分布和样本信息对总体参数作出推断；而非参数检验则是针对总体分布情况做的假设，它不依赖总体分布的具体形式，不需要利用总体的信息（总体分布、总体的一些参数特征如方差等），以样本信息对总体分布作出推断。非参数检验可以通过绘制样本数据的直方图、P－P 图、Q－Q 图等方法判断样本来自的总体的分布是否与某个已知的理论分布相吻合。

非参数检验主要包括以下几方面：

- 单样本的非参数检验；
- 两独立样本的非参数检验；
- 多独立样本的非参数检验；
- 两配对样本的非参数检验；
- 多配对样本的非参数检验。

其中，每个方面都包括若干种具体检验方法。本章简要介绍一些常用的非参数检验方法及其操作分析过程。

6.1　单样本的非参数检验

SPSS 单样本非参数检验可以对单个总体的分布类型进行推断，主要方法有：卡方检验、二项分布检验、K－S 检验和变量值随机性检验。

6.1.1　卡方检验

（1）卡方检验的功能

SPSS 中的卡方检验是非参数检验方法的一种吻合性检验，其基本功能是通过样本的频数分布来推断总体是否服从某种理论分布或者某种假设分布。卡方检验是统计样本的实际观测值与理论推断值之间的偏离程度，实际观测值与理论推断值之间的偏离程度就决定卡方值的大小。卡方值越大，越不符合；卡方值越小，偏差越小，越趋于符合；若两个值完全相等时，卡方值就为 0，表明完全符合。

（2）卡方检验的基本操作及说明

① 打开数据文件，选择菜单【分析→非参数检验→旧对话框→卡方】，SPSS 弹出【卡方检验】窗口。

② 将待检验变量选入【检验变量列表】框内。

③ 在【期望范围】选项框中确定参与分析的观测值的范围，其中【从数据中获取】是指所有观测数据都参与分析；【使用指定范围】是指只有在取值范围内的观测数据才参与分析，此时应指定范围的上限和下限。

④ 在【期望值】框中给出各理论概率 P_i 的值，其中【所有类别相等】表示所有子集的 P_i 值都相等；【值】框中可依次输入 P_i 的值，并可单击【添加】、【更改】、【删除】等按钮进行添加、修改和删除。

⑤ 另外，可以在【精确】对话框中设定检验的计算方法，在【选项】中可以选择显示相应的统计结果。

⑥ 点击【确定】按钮，SPSS 将自动计算卡方统计量的观测值、概率 P 值及其他相关结果，并将其输出在查看器窗口中。

（3）案例分析

例 6-1 现有一数学英语成绩记录表（班级数学英语成绩 . sav），其中 1 表示男性，2 表示女性。试用卡方检验方法研究表格男女比例是否相同（各占 1/2）。

本例的具体操作过程如下：

01 打开数据文件“班级数学英语成绩 . sav”，选择菜单【分析→非参数检验→旧对话框→卡方】，SPSS 弹出【卡方检验】窗口。将待检测变量“性别”选入【检验变量列表】框内。在【期望范围】选项框中勾选【从数据中获取】，在【期望值】框中勾选【所有类别相等】，如图 6-1 所示。

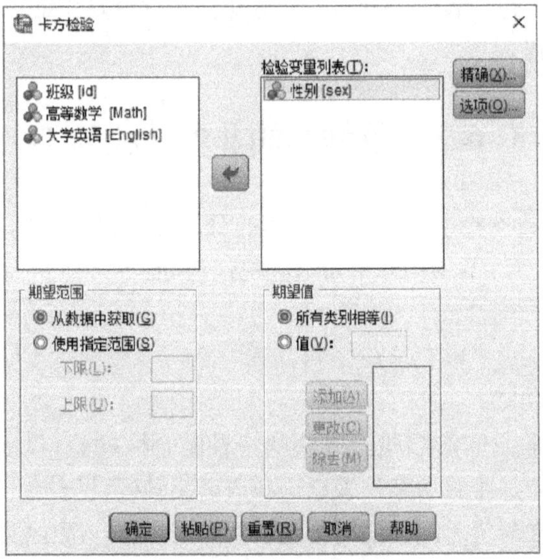

图 6-1 男女比例【卡方检验】对话框

02 点击【确定】按钮，SPSS 自动计算卡方统计量的观测值、概率 P 值及其他相关结果，并将其输出在查看器窗口中，如表 6-1 和表 6-2 所示。

表 6-1　男女比例卡方检验结果（一）

	实测个案数	期望个案数	残差
女生	62	50.0	12.0
男生	38	50.0	-12.0
总计	100		

表 6-2　男女比例卡方检验结果（二）

	性别
卡方	5.760[a]
自由度	1
渐近显著性	.016

a. 0 个单元格（0.0%）的期望频率低于 5。期望的最低单元格频率为 50.0。

（4）输出结果解析

表 6-1 表明，100 个样本数据中，女生为 62，与期望值 50 的残差为 12；男生为 38，与期望值的残差为 -12，因此可以断定，男女比例不同。由表 6-2 中数据可知，卡方检验的 P 值 $=0.016<0.05$，故拒绝原假设 H_0，即认为男女性别人数有差异（注：卡方检验的 P 值是近似 P 值，用“二项分布检验”可计算出精确 P 值 $=0.021$）。

6.1.2　二项分布检验

（1）二项分布检验的功能

在生活中有很多数据的取值是二值的，例如，人可以分成男性和女性，产品可以分成合格和不合格，投掷硬币实验的结果可以分成出现正面和出现反面等。通常将这样的二值分别用 1 或 0 表示。如果进行 n 次相同的实验，则出现两类（1 或 0）的次数可以用离散型随机变量 X 来描述。如果随机变量 X 为 1 的概率设为 P，则随机变量 X 值为 0 的概率 Q 便等于 $1-P$，形成二项分布。

SPSS 的二项分布检验正是要通过样本数据检验样本来自的总体是否服从指定的概率为 P 的二项分布，其原假设 H_0：样本来自的总体与指定的二项分布无显著差异。

（2）二项分布检验的基本操作及说明

① 打开数据文件，选择菜单【分析→非参数检验→旧对话框→二项】，SPSS 弹出【二项检验】窗口。

② 将待检测变量选入【检验变量列表】框内。

③ 在【定义二分法】框中指定如何分类。如果检验变量为二值变量，则选【从数据中获取】选项，且数据编辑器窗口中的第一条数据所在的类默认为“成功”；如果检验变量不是二值变量，则选【分割点】，并在【分割点】框后输入具体数值，小于等于该值的观测值为“成功”。

④ 在【检验比例】框中输入二项分布的经验概率值 P。

⑤ 在【精确】对话框中设定检验的计算方法，在【选项】中可以选择显示相应的统计结果。

⑥ 点击【确定】按钮，SPSS 将自动检验“成功”的次数是否服从指定概率值的二项分布，并将结果输出在查看器窗口中。

（3）案例分析

例 6-2　从某产品中随机抽取 25 个样品进行检测并得到检测结果（产品合格率.sav），并用 1 表示一级品，0 表示非一级品。试根据抽样结果验证该批产品的一级品率是否为 90%。

本例为二值型数据，具体操作过程如下：

01 打开数据文件“产品合格率.sav”，选择菜单【分析→非参数检验→旧对话框→二项】，SPSS 弹出【二项检验】窗口。

02 选定待检验变量“是否合格”到【检验变量列表】框中。

03 在【定义二分法】框中勾选【从数据中获取】选项，在【检验比例】框中输入二项分布的检验比例 0.9，如图 6-2 所示。

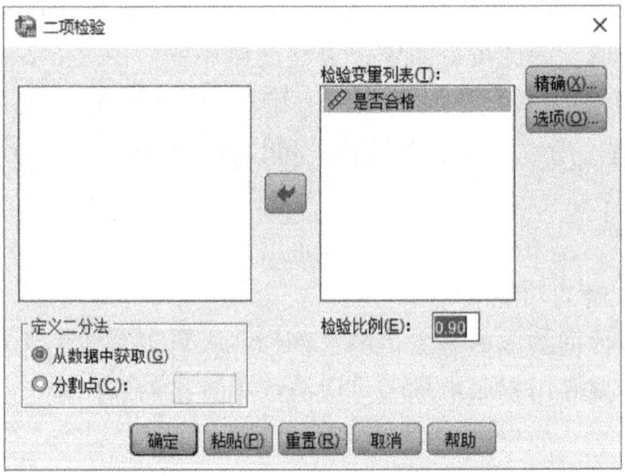

图 6-2　【二项检验】对话框

04 设定完毕后，点击【确定】，SPSS 将自动计算并将结果进行输出（见表 6-3）。

表 6-3　产品合格率的二项分布检验

		类别	个案数	实测比例	检验比例	精确显著性（单尾）
是否合格	组 1	合格	20	.8	.9	.098[a]
	组 2	不合格	5	.2		
	总计		25	1.0		

a. 备用假设指出第一个组中的个案比例 < .9。

（4）输出结果解析

01 表 6-3 中的结果表明，接受检验的样本共 25 个，其中合格的为 20，不合格的为

5；合格品的实际比例为 0.8，检验比例为 0.9。

02 由于是小样本，SPSS 自动计算精确概率。如果合格率为 0.9，那么 25 个样品中合格品个数小于等于 20 的概率为 0.098。如果显著性水平 α 为 0.05，由于概率 P 值大于显著性水平 α，故接受原假设，即没有充足的理由认为合格品率低于 0.9。

6.1.3　游程检验

（1）游程检验的功能

游程检验又称变量值随机性检验，是通过对样本观测值的分析，实现对总体变量值的出现是否为随机的检验。这是一种利用游程的总数 R 来判断样本随机性的统计检验方法，它根据样本标志表现排列所形成的游程的多少进行判断。

（2）游程检验的基本操作及说明

① 打开所要分析的数据集，选择菜单【分析→非参数检验→旧对话框→游程】，SPSS 弹出【游程检验】窗口。

② 将待检验变量选入到【检验变量列表】框中。

③ 在【分割点】下面的选项中选择计算游程数的分割点，可以选择【中位数】、【众数】、【平均值】为分割点；也可以在【定制】选项中输入某个数作为分割点，SPSS 将小于分割点的所有变量值作为一组，将大于或等于分割点的所有变量值作为另一组，并由此计算游程数。另外，可以在【精确】对话框中设定检验的计算方法，在【选项】中可以选择显示相应的统计结果。

④ 点击【确定】，SPSS 自动进行游程检验并输出结果。

（3）案例分析

例 6-3　为检验某设备在 25 天内是否持续正常工作，测试并记录该时间段内相关数据（设备数据 . sav），试用游程检验方法对这批数据进行分析。如果该设备数据的变动是随机的，可认为该设备工作正常；否则，认为该设备有非正常工作的现象。

本例中，原假设 H_0：设备数据的变动是随机的。具体操作过程如下：

01 打开数据文件“设备数据 . sav”，选择菜单【分析→非参数检验→旧对话框→游程】，SPSS 弹出【游程检验】窗口。

02 在【游程检验】窗口中，将待检验变量“观测值”选入到【检验变量列表】框中；选取【中位数】为分割点，如图 6-3 所示。

03 点击【确定】按钮，SPSS 自动进行计算并将结果输出到查看器窗口中（见表 6-4）。

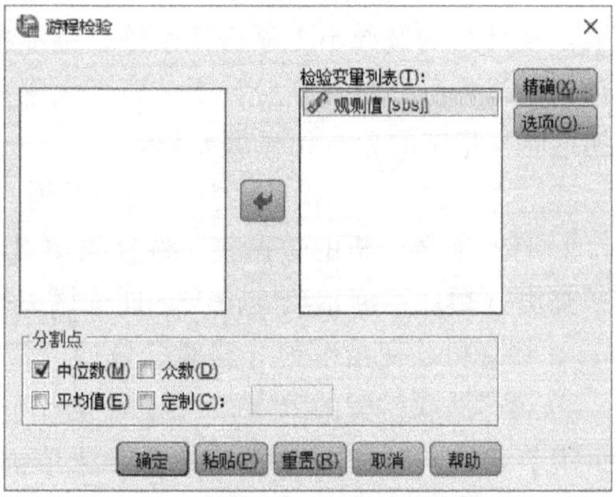

图 6-3　【游程检验】对话框

表 6-4　设备运转游程检验结果

	观测值
检验值[a]	207. 20
个案数 < 检验值	12
个案数 > = 检验值	13
总个案数	25
游程数	16
Z	. 827
渐近显著性（双尾）	. 408

a. 中位数。

（4）输出结果解析

表6-4 中数据表明，一共 25 个样本，以中位数 207. 2 为分割点，大于或等于分割点的样本数为 13，小于分割点的样本数为 12，游程数为 16，连续性校正的检验统计量的观测值为 0. 827，对应的概率 P 值为 0. 408。如果显著性水平 α 为 0. 05，由于概率 P 值大于显著性水平 α，应接受原假设，认为该设备在这段时间内工作基本正常。

6. 1. 4　单样本 K－S 检验

（1）单样本 K－S 检验的功能

单样本 K－S 检验能够利用样本数据推断样本来自的总体是否服从某一特定的理论分布，是一种拟合优度的检验方法，适用于探索连续型随机变量的分布。这种检验过程通过分析观测的经验累积频率分布与理论累积频率分布的偏离值来实现。

单样本 K－S 检验的原假设 H_0：样本来自的总体与指定的理论分布无显著差异。SPSS 的理论分布主要包括正态分布、均匀分布、指数分布、泊松分布等。

单样本 K－S 检验的检验统计量 D 是差值中的最大绝对差值，也称 K－S 统计量。如果 D 统计量的概率小于显著性水平，则应拒绝原假设，认为样本来自的总体与指定的分布有显著差异；如果 D 统计量的概率大于显著性水平，则应接受原假设，认为样本来自的总体与指定的分布无显著差异。

（2）单样本 K－S 检验的基本操作及说明

① 打开所要分析的数据集，选择菜单【分析→非参数检验→旧对话→单样本 K－S】，弹出【单样本柯尔莫戈洛夫－斯米诺夫检验】对话框。

② 将待检验变量选到【检验变量列表】中。

③ 选择所要检验的分布，在【检验分布】选项组提供了正态、均匀、泊松和指数分布四个选项。另外，也可通过点击【精确】按钮设定检验的计算方法，在【选项】中可以选择显示相应的统计结果。

④ 点击【确定】，等待输出结果。

（3）案例分析

例 6-4　现有某年级两个班级 100 名学生的身高数据（见数据集：学生身高 . sav），试用单样本 K－S 检验方法判断其是否服从正态分布。

本例中，原假设 H_0：学生身高服从正态分布。具体操作过程如下：

01 打开数据文件“学生身高 . sav”，选择菜单【分析→非参数检验→旧对话框→单样本 K－S】，弹出【单样本柯尔莫戈洛夫－斯米诺夫检验】对话框。将待分析的“height”变量选到【检验变量列表】中；在【检验分布】列表框中选取【正态】，见图 6-4。

02 点击【确定】按钮，SPSS 自动计算 K－S 检验统计量的观测值和概率 P 值，并将结果输出（见表 6-5）。

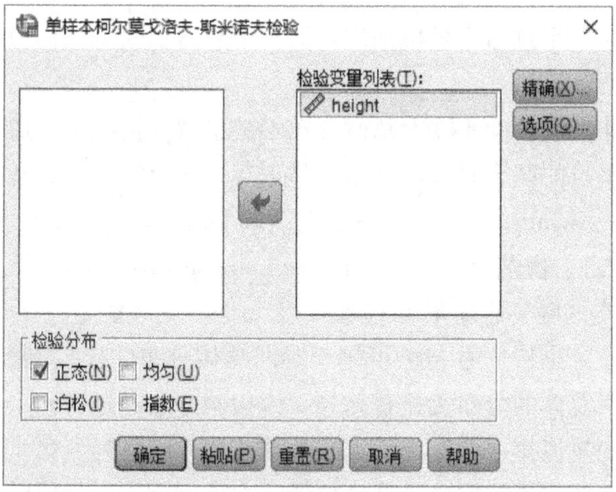

图 6-4　【单样本柯尔莫戈洛夫－斯米诺夫检验】对话框

表 6-5　学生身高的单样本 K－S 检验结果

		height
个案数		100
正态参数[a,b]	平均值	159.469
	标准偏差	15.5548
最极端差值	绝对	.047
	正	.047
	负	-.036
检验统计		.047
渐近显著性（双尾）		.200[c,d]

a. 检验分布为正态分布。
b. 根据数据计算。
c. 里利氏显著性修正。
d. 这是真显著性的下限。

（4）输出结果解析

表6-5给出了学生身高的单样本 K－S 检验结果，样本数为100，样本均值为159.469，标准差偏为15.5548，最大绝对差值为0.047，正极差值为0.047，负极差值为－0.036，检验统计量的观测值为0.047，其概率 P 值为0.2。如果显著性水平 α 为0.05，由于概率 P 值大于显著性水平 α，应接受原假设，即可以认为学生的身高服从正态分布。

6.2 两独立样本的非参数检验

6.2.1 两独立样本检验的功能

独立样本是指在一个总体中随机抽样对另一个总体中随机抽样没有影响的情况下获得的样本。

两独立样本的非参数检验是在对总体分布不甚了解的情况下，通过对两组独立样本的分析，推断样本来自的两个总体的分布等是否存在显著性差异，常用方法有：曼－惠特尼 U 检验（Mann－Whitney U）、K－S 检验（Kolmogorov－Smirnov Z）、W－W 游程检验（Wald－Wolfowitz）、极端反映检验（Moses Extreme Reactions）等。

（1）两独立样本的曼－惠特尼 U 检验

两独立样本的曼－惠特尼 U 检验可用于对两总体分布的比较判断。其原假设 H_0 是两独立样本来自的两总体的分布无显著差异。该检验方法通过对两个样本平均秩的研究实现推断。秩就是变量值排序的次位。可将数据按值升序排列，每个变量值都会有一个在整个变量值序列中的位置或次位，这个位置或次位就称为变量值的秩。

（2）K－S 检验

K－S 检验不仅能够检验单个总体的分布是否服从某一理论分布，还可以检验两总体的分布是否存在显著差异。其原假设 H_0 是两独立样本来自的两总体的分布无显著差异。

（3）两独立样本的 W－W 游程检验

单样本游程检验是用来检验变量值的出现是否随机，而两独立变量的游程检验则用来检验两独立样本来自的两总体的分布是否存在显著差异。其原假设 H_0 是两独立样本来自的两总体的分布无显著差异。

（4）极端反映检验

极端反映检验从另一个角度检验两独立样本来自的两总体分布是否存在显著差异。其原假设 H_0 是两独立样本来自的两总体的分布无显著差异。

极端反映检验是将一个样本作为控制样本，另一个样本作为实验样本。以控制样本作为对照，检验实验样本相对于控制样本是否出现了极端反映。这里所说的极端反映是指控制样本和实验样本的极值存在显著差异。如果没有出现极端反映，则不能拒绝原假设，认为两总体分布无显著差异；反之，如果出现极端反映，则认为两总体分布存在显著差异。

6.2.2　两独立样本的非参数检验的基本操作及说明

（1）打开所要分析的数据集，选择菜单【分析→非参数检验→旧对话框→2 个独立样本】，弹出【双独立样本检验】对话框。

（2）将待检验变量选到【检验变量列表】中，将分类变量选入【分组变量】框中，并点击【定义组】按钮定义分组变量的范围。

（3）在【检验类型】下面的选项中选择检验类型。另外，也可通过点击【精确】设定检验的计算方法，在【选项】中可以选择显示相应的统计结果及缺失值处理方法。

（4）点击【确定】，等待输出结果。

6.2.3　案例分析

例 6-5　考虑例 6-1 中数据：班级数学英语成绩 . sav，试用两个独立样本检验方法判断两个班级的数学成绩是否存在显著性差异。

本例运用两独立样本的非参数检验的四种方法进行检验，并将结果进行比较，具体操作如下：

01 打开数据文件“班级数学英语成绩 . sav”，选择菜单【分析→非参数检验→旧对话框→2 个独立样本】，打开【双独立样本检验】对话框。

02 将“高等数学”变量选入到【检验变量列表】中；将“班级”变量选入到【分组变量】中，如图 6-5 所示。然后单击【定义组】按钮，弹出如图 6-6 所示的【双独立样本：定义组】对话框；在【组 1】中输入 1，在【组 2】中输入 2；设置完毕后，单击【继续】按钮返回【双独立样本检验】对话框。

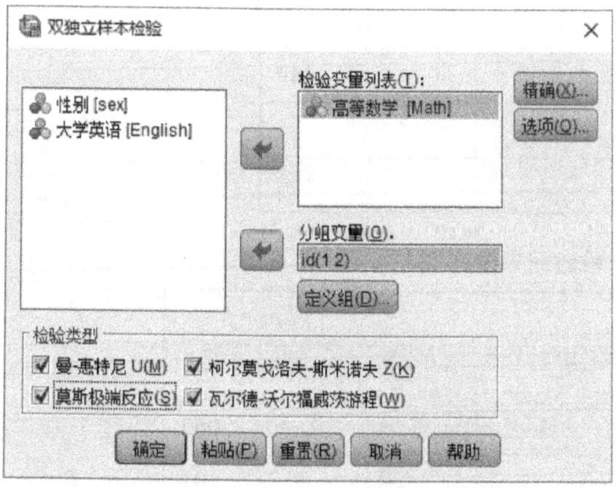

图 6-5　【双独立样本检验】对话框

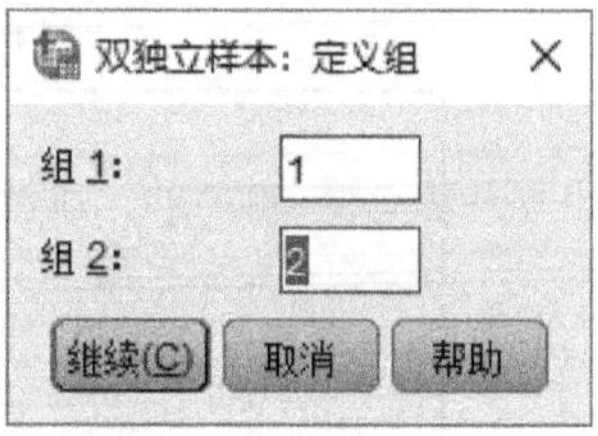

图 6-6　【双独立样本：定义组】对话框

03 在【检验类型】列表框中选中四种检验类型。

04 此处检验方法选取系统默认。同时，在【双独立样本：选项】中选择【描述】和【按检验排除个案】，点击【继续】按钮。

05 点击【确定】，SPSS 自动计算并将结果输出到查看器窗口中，如表 6-6 ~ 表 6-14 所示。

表 6-6　描述性统计量表

	个案数	平均值	标准偏差	最小值	最大值
高等数学	100	75. 12	9. 123	54	90
班级	100	1. 51	. 502	1	2

表 6-7　曼 – 惠特尼检验结果表（一）

	班级	个案数	秩平均值	秩的总和
高等数学	A 班	49	55. 79	2733. 50
	B 班	51	45. 42	2316. 50
	总计	100		

表 6-8　曼 – 惠特尼检验结果表（二）[a]

	高等数学
曼 – 惠特尼 U	990. 500
威尔科克森 W	2316. 500
Z	– 1. 789
渐近显著性（双尾）	. 074

a. 分组变量：班级。

表 6-9　Moses 检验结果表（一）

	班级	个案数
高等数学	A 班（控制）	49
	B 班（实验）	51
	总计	100

表 6-10　Moses 检验结果表（二）[a,b]

		高等数学
实测控制组范围		94
	Sig. （单尾）	. 062
剪除后控制组跨度		91
	Sig. （单尾）	. 655
在两端剪除了离群值		2

a. 莫斯检验。

b. 分组变量：班级。

表 6-11　Kolmogorov－Smirnov 检验结果（一）

	班级	个案数
高等数学	A 班	49
	B 班	51
	总计	100

表 6-12　Kolmogorov－Smirnov 检验结果（二）[a]

		高等数学
最极端差值	绝对	.226
	正	.226
	负	-.025
柯尔莫戈洛夫－斯米诺夫 Z		1.128
渐近显著性（双尾）		.157

a. 分组变量：班级。

表 6-13　Wald－Wolfowitz 游程检验结果（一）

	班级	个案数
高等数学	A 班	49
	B 班	51
	总计	100

表 6-14　Wald－Wolfowitz 游程检验结果（二）[a,b]

		游程数	Z	渐近显著性（单尾）
高等数学	最小可能值	23[c]	-5.627	.000
	最大可能值	68[c]	3.423	1.000

a. 瓦尔德－沃尔福威茨检验。

b. 分组变量：班级。

c. 存在 17 个组内绑定值，涉及 82 个个案。

6.2.4　输出结果解析

01 描述性统计量。

从表 6-6 描述统计中可以得到如下信息：接受检验的样本共 100 个，样本均值为 75.12，标准偏差是 9.123，最小值为 54，最大值为 90。

02 曼－惠特尼检验结果。

曼－惠特尼的检验结果包括两部分（见表 6-7、表 6-8）：第一部分是秩表，两个班级的秩平均值分别为 55.79 和 45.42，秩和分别为 2733.5 和 2316.5；第二部分是检验统计量表，曼－惠特尼 U 为 990.5，渐进显著性为 0.074（大于显著性水平 0.05）。应接受原假设，认为两个班级数学成绩的分布无显著差异。

03 Moses 检验结果。

Moses 的检验结果也包括两部分（见表 6-9、表 6-10）：第一部分是频数表，两个班级的样本数分别是 49 和 51；第二部分是检验统计量表，可知，实测控制组跨度是 94，显著性水平为 0.062，剪除控制组跨度为 91，显著性水平为 0.655。如果显著性水平 α 为 0.05，则不论是否剔除极端值，都可得出接受原假设的结论，认为两个班数学成绩的分布无显著差异。

04 Kolmogorov – Smirnov 检验结果。

如表 6-11、表 6-12 所示，Kolmogorov – Smirnov 检验结果也包括两部分：第一部分是频数表，两个班级的样本数分别是 49 和 51；第二部分是检验统计量表，Kolmogorov – Smirnov Z 统计量是 1.128，渐进显著性水平为 0.157（大于显著性水平 0.05）。应接受原假设，认为两个班数学成绩的分布无显著差异。

05 Wald – Wolfowitz 游程检验结果。

Wald – Wolfowitz 游程检验结果也包括两部分（见表 6-13、表 6-14）：第一部分是频数表；第二部分是检验统计量表，最大游程数是 68，Z 值最大可能是 3.423，显著性水平为 1.0（大于显著性水平 0.05）。应接受原假设，认为两个班数学成绩的分布无显著差异。

从以上 4 种检验方法得出的结果可知，P 值均大于显著性水平 0.05，所以两个班级的数学成绩不存在显著性差异。

6.3 多个独立样本的非参数检验

6.3.1 多独立样本非参数检验的功能

多个独立样本是指按照独立抽样方式获取的多个样本。SPSS 多独立样本的非参数检验是通过分析多个独立样本数据，推断样本来自的多个总体的中位数或分布是否存在显著差异。

SPSS 提供的多独立样本非参数检验的方法主要包括：Kruskal – Wallis 检验、中位数检验、Jonkheer – Terpstra 检验。

（1）Kruskal – Wallis 检验

多独立样本的 Kruskal – Wallis 检验实质上是两独立样本的曼 – 惠特尼检验在多个独立样本下的推广，用于检验多个总体的分布是否存在显著差异。其原假设 H_0 是多个独立样本来自的多个总体的分布无显著性差异。

（2）中位数检验

中位数检验是通过对多个独立样本的分析，检验它们来自的总体的中位数是否存在显著差异。其原假设 H_0 是多个独立样本来自的多个总体的中位数无显著性差异。

如果多个总体的中位数无显著差异，或者多个总体有共同的中位数，那么这个共同的中位数在各个样本中均应处在中间位置。于是，每个样本中大于该中位数或小于该中位数的样本量应大致相同。

（3）Jonkheer－Terpstra 检验

Jonkheer－Terpstra 检验也是用于检验多个总体的分布是否存在显著差异。其原假设 H_0 是多个独立样本来自的多个总体的分布无显著性差异。

6.3.2　多独立样本非参数检验的基本操作及说明

（1）打开所要分析的数据集，选择菜单【分析→非参数检验→旧对话框→K 个独立样本】，弹出【针对多个独立样本的检验】对话框。

（2）将待检验变量选到【检验变量列表】中，将分类变量选入【分组变量】框中，并通过点击【定义范围】定义分组变量的范围。

（3）在【检验类型】下面的选项中选择检验类型。另外，也可通过点击【精确】设定检验的计算方法，在【选项】中可以选择显示相应的统计结果及缺失值处理方法。

（4）点击【确定】，等待输出结果。

6.3.3　案例分析

例 6-6　为了对南京、上海、重庆、武汉 4 个城市的周岁儿童的身高进行比较分析，采用独立抽样方式获得 4 个独立样本数据（儿童身高 . sav），试用多独立样本检验方法分析 4 个城市的周岁儿童的身高是否存在显著性差异。

本例运用多独立样本的非参数检验的三种方法进行检验，并将结果进行比较，具体操作如下：

01 打开数据文件“儿童身高 . sav”，选择菜单【分析→非参数检验→旧对话框→K 个独立样本】，打开【针对多个独立样本的检验】对话框。

02 将“周岁儿童身高”变量选入【检验变量列表】中；将“城市标志”变量选入【分组变量】框中，如图 6-7 所示；再点击【定义范围】按钮，弹出【多个独立样本：定义范围】对话框，在【最小值】中输入 1，在【最大值】中输入 4，如图 6-8 所示；单击【继续】按钮返回【针对多个独立样本的检验】对话框。

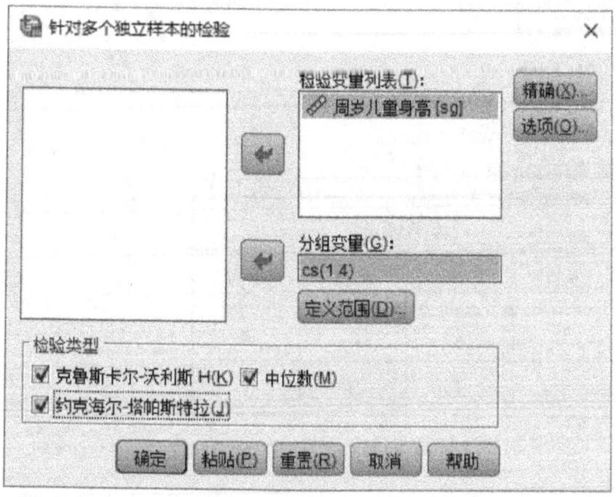

图 6-7　【针对多个独立样本的检验】对话框

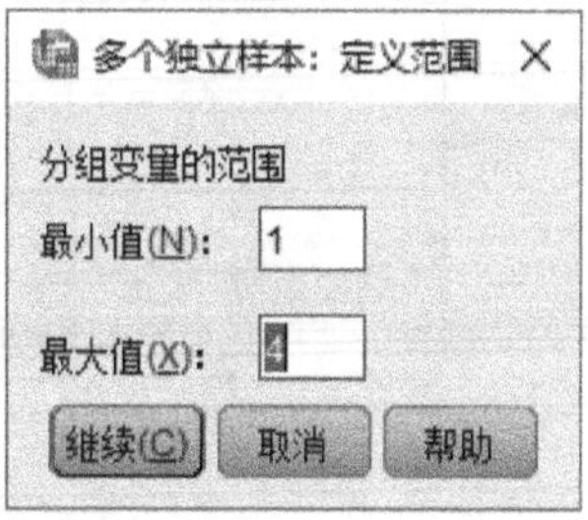

图 6-8　【多个独立样本：定义范围】对话框

03 在【检验类型】列表框中选择 3 种检验方法。通过点击【选项】选择输出描述性统计结果。

04 点击【确定】，SPSS 自动进行计算，并将结果进行输出，如表 6-15 ~ 表 6-20 所示。

表 6-15　描述性统计量

	个案数	平均值	标准偏差	最小值	最大值
周岁儿童身高	20	74.0500	3.01706	69.00	79.00
城市标志	20	2.5000	1.14708	1.00	4.00

表 6-16　Kruskal – Wallis 检验结果（一）

	城市标志	个案数	秩平均值
周岁儿童身高	南京	5	12.50
	上海	5	10.50
	重庆	5	10.60
	武汉	5	8.40
	总计	20	

表 6-17　Kruskal – Wallis 检验结果（二）[a,b]

	周岁儿童身高
克鲁斯卡尔 – 沃利斯 H（K）	1.217
自由度	3
渐近显著性	.749

a. 克鲁斯卡尔 – 沃利斯检验。

b. 分组变量：城市标志。

表 6-18　中位数检验结果（一）

		城市标志			
		南京	上海	重庆	武汉
周岁儿童身高	> 中位数	3	2	2	2
	<= 中位数	2	3	3	3

表 6-19　中位数检验结果（二）[a]

	周岁儿童身高
个案数	20
中位数	74.0000
卡方	.606[b]
自由度	3
渐近显著性	.895

a. 分组变量：城市标志。

b. 8 个单元格（100.0%）的期望频率低于 5。期望的最低单元格频率为 2.3。

表 6-20　Jonckheere – Terpstra 检验结果[a]

	周岁儿童身高
城市标志中的级别数	4
个案数	20
实测 J – T 统计	58.500
平均值 J – T 统计	75.000
J – T 统计的标准差	14.764
标准 J – T 统计	–1.118
渐近显著性（双尾）	.264

a. 分组变量：城市标志。

6.3.4　输出结果解析

原假设 H_0：4 个城市儿童身高无显著性差异。

01 描述性统计量表。

从表 6-15 描述统计中可以得到如下信息：接受检验的样本共 20 个，样本均值为 74.05，标准偏差是 3.01706，最小值为 69，最大值为 79。

02 Kruskal – Wallis 检验结果。

Kruskal – Wallis 检验结果包括两部分（见表 6-16、表 6-17）：第一部分是秩表，可知各组的秩平均值分别为 12.50、10.50、10.60 和 8.40；第二部分是检验统计量表，卡方值为 1.217，自由度为 3，概率 P 值为 0.749（大于显著性水平 0.05）。应接受原假设，认为 4 个城市周岁儿童身高的分布无显著性差异。

03 中位数检验结果。

中位数检验结果也包括两部分（见表6-18、表6-19）：第一部分是频数表，分别给出了以中值为分界线的各样本的频率；第二部分是检验统计量表，4 组共同的中位数是74，计算的卡方统计量为 0.606，自由度为 3，概率 P 值为 0.895（大于显著性水平 0.05）。应接受原假设，认为 4 个城市周岁儿童身高的分布有显著性差异。

04 Jonckheere – Terpstra 检验结果。

表 6-20 给出了 Jonckheere – Terpstra 检验结果。由此可知，观测的 J – T 值为 58.5，标准差为 14.764，观测的 J – T 值的标准化值为 – 1.118（即（58.5 – 75）/14.764），小于平均值且相距较大。J – T 统计量的概率 P 值为 0.264，大于显著性水平 0.05，应接受原假设，认为 4 个城市周岁儿童身高的分布无显著性差异。

以上 3 种分析方法各有侧重点，中位数检验强调位置，Kruskal – Wallis 检验重点分析平均秩，Jonckheere – Terpstra 检验则通过比较秩的大小方向来分析，各种方法各有所长。在应用时应尝试多种方法进行分析，并注意结合实际问题对分析结果进行解释。3 种检验方法均说明，4 个城市周岁儿童身高的分布无显著性差异。

6.4 两配对样本的非参数检验

6.4.1 两配对样本非参数检验的功能

两配对样本非参数检验是在对总体分布不甚了解的情况下，通过对两组配对样本的分析，推断样本来自的两个总体的分布是否存在显著性差异。SPSS 提供的两配对样本的非参数检验方法主要包括：符号检验、Wilcoxon 符号秩检验、McNemar 检验等。

（1）符号检验

两配对样本的符号检验可用于检验两配对样本来自的总体的分布是否存在显著性差异，其采用二项分布检验的方法，检验正号和负号个数的分布是否服从 P 为 0.5 的二项分布，注重对变化方向的分析，只考虑变化的性质，没有考虑变化幅度。其原假设 H_0 是两配对样本来自的两总体的分布无显著性差异。

（2）Wilcoxon 符号秩检验

两配对样本的 Wilcoxon 符号秩检验也是通过分析两配对样本，对样本来自的两个总体的分布是否存在显著性差异进行推断。其原假设 H_0 是两配对样本来自的两总体的分布无显著性差异。

（3）McNemar 检验

McNemar 检验是一种变化显著性检验，将研究对象自身作为对照者检验其“前后”的变化是否显著。McNemar 检验分析的变量是二值变量，实际情况下，如果不是二值变量，则应先进行数据转化后才可采用此方法，并且其数据的归纳是采用交叉列联表形式。McNemar 检验的原假设 H_0 是两配对样本来自的两总体的分布无显著性差异。

6.4.2　两配对样本非参数检验的基本操作及说明

（1）打开所要分析的数据集，选择菜单【分析→非参数检验→旧对话框→2 个相关样本】，弹出【双关联样本检验】对话框。

（2）将待检验的两个配对变量选到【检验对】框中。

（3）在【检验类型】下面的选项中选择检验类型。另外，也可通过点击【精确】按钮设定检验的计算方法，在【选项】中可以选择显示相应的统计结果及缺失值处理方法。

（4）点击【确定】，等待输出结果。

6.4.3　案例分析

例 6-7　某医疗机构针对肥胖病人研发了一种新药，为检验该药物的疗效是否显著，对 20 位病人进行为期半年的观察和测试，获得相关数据（服减肥药前后 . sav）。试用两配对样本检验方法判断该药能否引起患者体重的显著变化。

本例采用两种检验方法分别进行检验，原假设 H_0 是该药不能引起患者体重的显著变化。具体操作过程如下：

01 打开数据文件“服减肥药前后 . sav”，选择菜单【分析→非参数检验→旧对话框→2 个相关样本】，弹出【双关联样本检验】对话框。

02 将“服药前体重”和“服药后体重”两个变量选入到【检验对】中，在【检验类型】选项组勾选两种检验类型【威尔科克森】和【符号】，如图 6-9 所示。

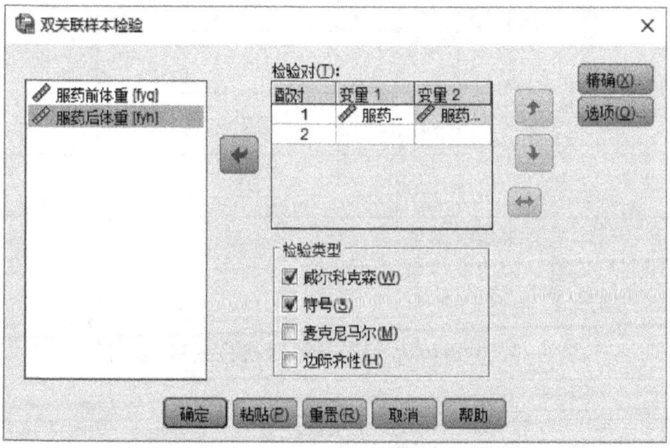

图 6-9　【双关联样本检验】对话框

03 点击【选项】按钮设置，在弹出的【双关联样本：选项】窗口中选择【描述】，缺失值采用默认的处理方式，如图 6-10 所示。点击【继续】按钮，返回【双关联样本】对话框。

04 点击【确定】，SPSS 将自动计算并输出结果到查看器窗口中，如表 6-21 ~ 表 6-25 所示。

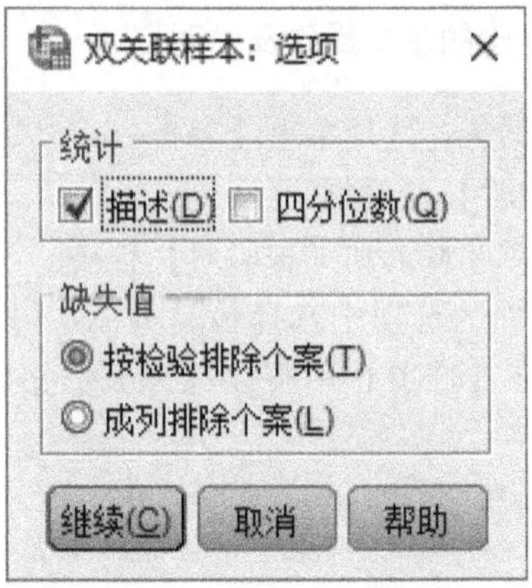

图 6-10 【双关联样本：选项】对话框

表 6-21 描述性统计量表

	个案数	平均值	标准偏差	最小值	最大值
服药前体重	20	190.1500	31.14867	127.00	257.00
服药后体重	20	188.0000	30.74684	140.00	249.00

表 6-22 Wilcoxon 带符号等级检验结果（一）

		个案数	秩平均值	秩的总和
服药后体重 - 服药前体重	负秩	14[a]	9.25	129.50
	正秩	6[b]	13.42	80.50
	绑定值	0[c]		
	总计	20		

a. 服药后体重 < 服药前体重。
b. 服药后体重 > 服药前体重。
c. 服药后体重 = 服药前体重。

表 6-23 Wilcoxon 带符号等级检验结果（二）[a]

	服药后体重 - 服药前体重
Z	-.918[b]
渐近显著性（双尾）	.358

a. 威尔科克森符号秩检验。
b. 基于正秩。

表 6-24　符号检验结果（一）

		个案数
服药后体重 - 服药前体重	负差值[a]	14
	正差值[b]	6
	绑定值[c]	0
	总计	20

a. 服药后体重 < 服药前体重。
b. 服药后体重 > 服药前体重。
c. 服药后体重 = 服药前体重。

表 6-25　符号检验结果（二）[a]

	服药后体重 - 服药前体重
精确显著性（双尾）	.115[b]

a. 符号检验。
b. 使用了二项分布。

6.4.4　输出结果解析

01 描述性统计量。

表 6-15 是描述性统计结果，由此可以得到如下信息：接受检验的样本共 20 个，服药前的样本均值为 190.15，标准偏差是 31.14867，最小值为 127，最大值为 257；服药后的样本均值为 188，标准偏差是 30.74684，最小值为 140，最大值为 249。

02 Wilcoxon 带符号等级检验。

表 6-22、表 6-23 是 Wilcoxon 检验结果，包括两部分：第一部分是秩表，可知共有 20 对样本参与了检验，服药前体重比服药后大的共有 14 对，秩均值为 9.25，服药前体重比服药后小的共有 6 对，秩均值为 13.42；第二部分是检验统计量表，Z 值为 -0.918，概率 P 值为 0.358（大于显著性水平 0.05）。应接受原假设，认为该药不能引起患者体重的显著变化。

03 符号检验结果。

表 6-24 是符号检验结果，也包括两部分：第一部分是频数表，内容类似于 Wilcoxon 带符号秩检验结果中的秩表；第二部分是检验统计量表，概率 P 值为 0.115（大于显著性水平 0.05）。应接受原假设，认为该药不能引起患者体重的显著变化。

从以上两种检验方法得出的结果可知，概率 P 值均大于 0.05，所以该药不能引起患者体重的显著变化。

6.5　多配对样本的非参数检验

6.5.1　多配对样本非参数检验的功能

SPSS 多配对样本的非参数检验是通过分析多个配对样本数据，推断样本来自的多个总体的中位数或分布是否存在显著差异，主要方法有：Friedman 检验、Cochran's Q 检验、Kendall 协同系数检验等。

（1）Friedman 检验

多配对样本的 Friedman（傅莱德曼）检验是利用秩推断多个总体分布是否存在显著性差异。其原假设 H_0 是多个配对样本来自的多个总体的分布无显著性差异。

（2）Cochran's Q 检验

多配对样本的 Cochran's Q（柯克兰）检验是通过对多个配对样本的分析，推断样本来自的多个总体的分布是否存在显著性差异。其原假设 H_0 是多个配对样本来自的多个总体的分布无显著性差异。

（3）Kendall's W 检验

多配对样本的 Kendall's W（肯德尔）检验，也称 Kendall 协同系数检验，与 Friedman 检验方法相结合，可对评判者的评判标准是否一致进行分析。其原假设 H_0 是评判者的评判标准不一致。

6.5.2 多配对样本非参数检验的基本操作及说明

（1）打开所要分析的数据集，选择菜单【分析→非参数检验→旧对话框→K 个相关样本】，SPSS 弹出【针对多个相关样本的检验】对话框。

（2）将待检验的变量选入【检验变量】框中。

（3）选择检验类型，在【检验类型】选项组提供了 3 种检验方法，根据需要进行选择。

（4）设定检验方法，在【精确】对话框中设定检验的计算方法，在【选项】中可以选择显示相应的统计结果。

（5）设定完毕后，点击【确定】，等待输出结果。

6.5.3 案例分析

例 6-8 为了进一步改进脑损伤患者的研究方法，研究人员考察了 10 个额叶损伤病人对不同类别物体的图片和名称的配对情况。物体分为三类：动物、水果和交通工具。给被测试者呈现物体图片和名称，要求被测试者将其一一配对起来，通过测试得到相关数据：不同物体识别 . sav，试用多配对样本非参数检验方法判断患者对这 3 种物体的识别是否一致。

本例采用两种检验方法分别进行检验，原假设 H_0 是患者对这 3 种物体的识别是一致的。具体操作过程如下：

01 打开数据文件“不同物体识别 . sav”，选择菜单【分析→非参数检验→旧对话框→K个相关样本】，SPSS 弹出【针对多个相关样本的检验】对话框（见图 6-11）。

02 将“动物”“水果”和“交通工具”三个变量选入【检验变量】列表中。在【检验类型】选择【傅莱德曼】、【肯德尔】，如图 6-11 所示。由于柯克兰检验要求检验变量为分类变量，故此处不选。

03 采取系统默认的计算方法，点击【统计】按钮，在弹出的窗口中选择【描述】显示相应的统计结果（见图 6-12）；点击【继续】按钮返回【针对多个相关样本的检验】对话框。

04 点击【确定】，SPSS 将自动计算并输出结果到查看器窗口中，如表 6-26 到表 6-30。

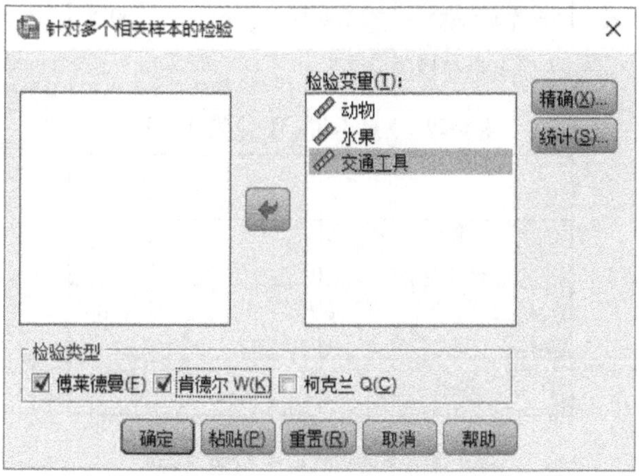

图 6-11　【针对多个相关样本的检验】对话框

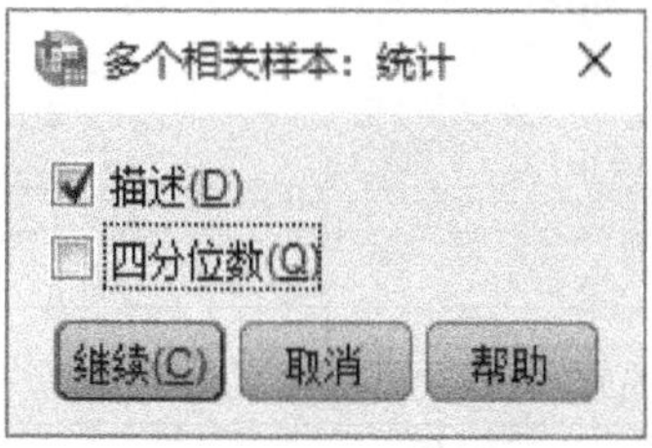

图 6-12　【多个相关样本：统计】对话框

表 6-26　描述性统计量

	个案数	平均值	标准偏差	最小值	最大值
动物	10	7. 50	2. 593	4	12
水果	10	6. 60	3. 098	2	11
交通工具	10	7. 40	2. 633	4	12

表 6-27　Friedman 检验结果（一）

	秩平均值
动物	2. 05
水果	1. 90
文通工具	2. 05

表 6-28　Friedman 检验结果（二）[a]

个案数	10
卡方	.162
自由度	2
渐近显著性	.922

a. 傅莱德曼检验。

表 6-29　Kendall's W 检验（一）

	秩平均值
动物	2.05
水果	1.90
交通工具	2.05

表 6-30　Kendall's W 检验（二）

个案数	10
肯德尔 W[a]	.008
卡方	.162
自由度	2
渐近显著性	.922

a. 肯德尔协同系数。

6.5.4　输出结果解析

01 描述性统计量。

表 6-26 是描述性统计结果，由此可以看出，10 名患者识别动物的均值为 7.50、标准偏差为 2.593、最小值为 4、最大值为 12；识别水果的均值为 6.60、标准偏差为 3.098、最小值为 2、最大值为 11；识别交通工具的均值为 7.40、标准偏差为 2.633、最小值为 4、最大值为 12。

02 Friedman 检验结果。

表 6-27、表 6-28 是 Friedman 检验结果，包括两部分：第一部分是秩表，从中可以看出患者对不同物品识别数据的秩均值；第二部分是检验统计量表，卡方统计量为 0.162，自由度为 2，概率 P 值为 0.922（大于显著性水平 0.05）。故接受原假设，认为患者对这 3 种物体的识别是一致的。

03 Kendall's W 检验。

表 6-29、表 6-30 是 Kendall's W 检验结果，也包括两部分：第一部分是秩表；第二部分是检验统计量，计算所得的协同系数为 0.008，卡方统计量为 0.162，自由度为 2，概率 *P* 值为 0.922（大于显著性水平 0.05）。故接受原假设，认为患者对这 3 种物体的识别是一致的。

从以上两种检验结果可知，患者对这 3 种物体的识别是一致的。

第 7 章　SPSS 相关分析

在自然界和社会中，由于受各种因素的影响，变量之间的关系有时表现为一种确定性的关系，即自变量发生变化，因变量就会有一个确定的值与之相对应，如函数关系。但有时也表现为一种非确定性的关系，即虽然变量之间存在着某种程度的依存关系，但却不能由一个变量的变化精确地推断出另一个变量发生多大变化。如受众教育程度与收看电视节目的内容有关，但由于受多种因素的影响，又很难由教育程度的高低准确地推断出受众行为的强度。这种非确定性的关系，就是相关关系。相关关系是变量数值间的一种不确定的相互依存关系。

相关分析是研究两个或两个以上处于同等地位的随机变量间的相关关系的统计分析方法。它是对总体中确实具有联系的标志进行分析，其主体是对总体中具有因果关系标志的分析。它是描述客观事物相互间关系的密切程度并用适当的统计指标表示出来的过程。例如，人的身高和体重之间、空气中的相对湿度与降雨量之间的相关关系都是相关分析研究的问题。相关分析与回归分析之间的区别：回归分析侧重于研究随机变量间的依赖关系，以便用一个变量去预测另一个变量；相关分析侧重于发现随机变量间的种种相关特性。相关分析在工农业、水文、气象、社会经济和生物学等方面都有应用。

变量之间的相关程度是由相关系数来度量的，其中皮尔逊积差相关系数（Pearson product-moment correlation coefficient）是应用最广的一种，常用于检验连续型变量之间的线性相关程度。相关系数 r 介于 -1 到 1 之间，其绝对值越趋近于 1，表明相关程度越高；绝对值越趋近于 0，表明相关程度越低。相关系数的正负号代表相关方向，分别表示正相关和负相关。相关系数 r 达到多少可认为高相关，需要根据研究的具体问题而定。通常，把 0.1 视为低相关，0.3 视为中等相关，0.5 以上视为高相关。

相关分析包括简单相关分析、偏相关分析和距离分析等。

7.1　简单相关分析

7.1.1　简单相关分析的功能

简单相关分析是对两个变量间的相关关系进行分析的方法，可通过散点图和相关系数两个途径有效揭示事物之间统计关系的强弱程度。

(1) 散点图

散点图是相关分析过程中非常直观的分析方式，是通过观察数据点的大致走向探索变量间的统计关系及其强弱程度。虽然散点图可以直观地展现变量之间的统计关系，但并不精确。

(2) 相关系数

相关系数是以数值的方式精确地反映两个变量之间线性相关的强弱程度，对不同类型的变量应采用不同的相关系数来度量。常用的相关系数有 Pearson 简单相关系数、Spearman 等级相关系数和 Kendall τ 相关系数。Pearson 简单相关系数用来度量两数值型变量间的线性相关性，Spearman 等级相关系数用来度量定序型变量间的线性相关关系，Kendall τ 相关系数采用非参数检验方法度量定序型变量间的线性相关关系。

利用相关系数检验时，其原假设 H_0 是两总体无显著线性相关，存在零相关。

7.1.2　简单相关分析的基本操作及说明

(1) 绘制散点图的基本操作及说明

① 打开需要绘制散点图的数据集，选择菜单【图形→旧对话框→散点图/点图】，SPSS 弹出【散点图/点图】对话框。

② 选择散点图的类型。选择【简单散点图】可绘制简单散点图，表示一对变量间的统计关系；选择【重叠散点图】可绘制重叠散点图，是在一张图上用不同颜色的点反映多对变量两两间统计关系；选择【矩阵散点图】可绘制矩阵散点图，是以图形矩阵的形式分别显示多对变量两两间统计关系；选择【三维散点图】可绘制三维散点图，是以立体图的形式展现 3 对变量间的统计关系。

③ 根据所选择的散点图类型，点击【定义】按钮，可对散点图做具体定义，如 Y 轴、X 轴、标记设置依据、个案标注依据等参数。

④ 点击【确定】按钮，SPSS 会自动计算、绘制散点图，并将结果输出到查看器窗口。

(2) 计算相关系数的基本操作及说明

① 打开待分析数据，选择菜单【分析→相关→双变量】，SPSS 弹出【双变量相关性】对话框。

② 选择参与计算相关系数的变量到【变量】框中。

③ 在【相关系数】下面列表中选择需要计算哪种相关系数。其中，选择【皮尔逊(Pearson)】是计算皮尔逊积差相关系数并做显著性检验，适用于两列变量均为正态性分布的连续变量；选择【斯皮尔曼 (Spearman)】是计算斯皮尔曼等级相关系数并做显著性检验，对数据没有严格要求，适用于等级变量，或者等距变量不满足正态分布的情况；选择【肯德尔 tau - b (Kendall tau - b)】是计算肯德尔 tau - b 相关系数并做显著性检验，对数据分布没有严格要求，用于检验等级变量之间的关联程度。

④ 在【显著性检验】列表中选择输出相关系数检验的是双侧概率 P 值还是单侧概率 P 值。【双尾】表示输出相关系数检验的是双侧概率 P 值；【单尾】表示输出相关系

数检验的是单侧概率 P 值。

⑤ 确定是否选中【标记显著性相关】，选中表示分析结果中除了显示检验统计量的概率 P 值以外，还会输出星号标记，以标明变量间的相关性是否显著；不选则表示不输出星号标记。

⑥ 点击【选项】按钮，选择需要输出的统计量及对缺失值的处理方式；设置完成之后点击【继续】按钮，返回【双变量相关性】对话框。

⑦ 点击【确定】按钮，SPSS 将自动计算相关系数和进行统计检验，并将结果输出到查看器窗口中。

7.1.3 案例分析

例 7-1 语音意识是指个体对语音的敏感程度，可以通过对语音的分解、组合、辨别等能力来衡量语音意识的好与不好。为了考察儿童的语音意识、识字量与阅读能力之间的关系，研究者随机选择了 30 个小学生（在实际研究中，通常需要更多的被测试者，此处以 30 个为例），分别采用语音意识测验和阅读水平测验进行测试，并统计了每个学生的识字量，得到数据“儿童能力 . sav”。根据该数据样本，试判断语音意识与阅读能力之间是否存在相关性。

本例借助散点图和相关系数两种方式来检验儿童的语音意识与阅读能力之间是否存在相关性。

首先，给出语音意识与阅读能力之间的散点图，具体操作过程如下：

01 打开数据文件“儿童能力 . sav”，选择菜单【图形→旧对话框→散点图/点图】，SPSS 弹出【散点图/点图】对话框，如图 7-1 所示。

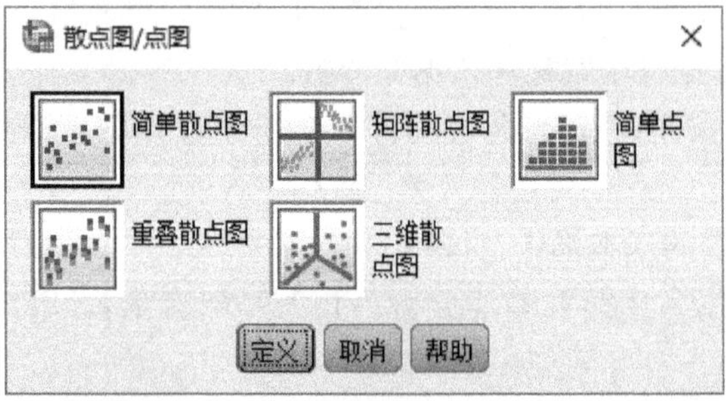

图 7-1 【散点图/点图】对话框

02 选择【简单散点图】。

03 点击【定义】按钮，SPSS 弹出【简单散点图】对话框，将变量“阅读能力”选入【Y 轴】框中，将变量“语音意识”选入【X 轴】框中，如图 7-2 所示。

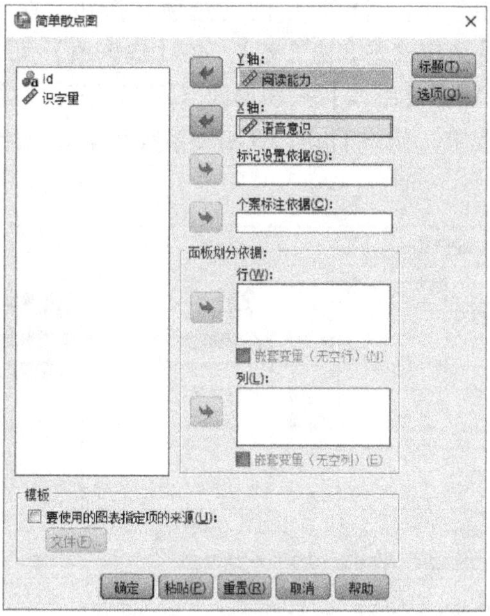

图 7-2　【简单散点图】对话框

04 点击【确定】按钮，SPSS 会自动计算、绘制散点图，并将结果输出到查看器窗口中，如图 7-3 所示。

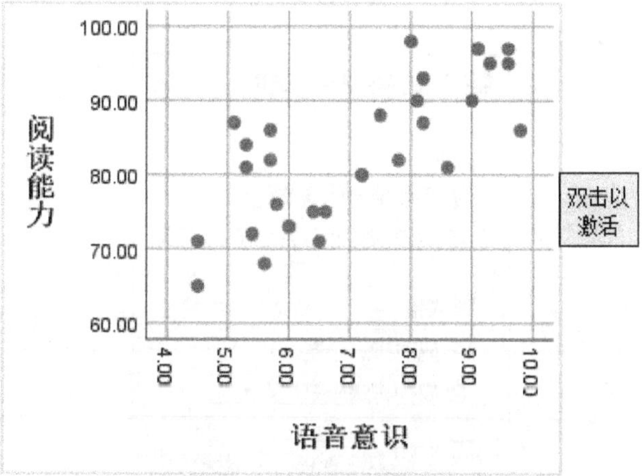

图 7-3　儿童语音意识与阅读能力散点图

其次，计算语音意识与阅读能力之间的相关系数，具体操作过程如下：

01 打开数据文件“儿童能力 . sav”，选择菜单【分析→相关→双变量】，打开【双变量相关性】对话框。

02 选择“语音意识”和“阅读能力”两个变量进入到右侧的【变量】列表中；由于此处是等距变量，选择【相关系数】中的“皮尔逊”；【显著性检验】中选择【双尾】；勾选【标记显著性相关性】，如图 7-4 所示。

03 单击【双变量相关性】对话框中的【选项】按钮，在【统计】选项组中选中【平均值和标准差】与【叉积偏差和协方差】。在【缺失值】列表框中选择【成对排除个案】，如图 7-5 所示。单击【继续】按钮返回【双变量相关性】对话框。

04 单击【确定】按钮，SPSS 自动计算相关系数和相关统计量，并输出结果，如表 7-1 和表 7-2 所示。

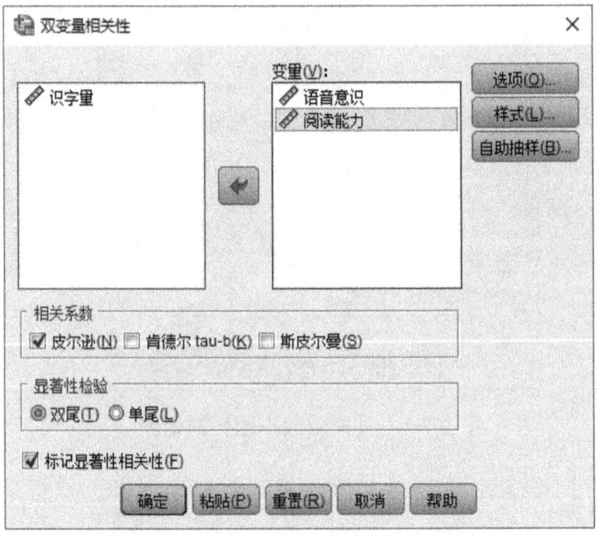

图 7-4 【双变量相关性】对话框

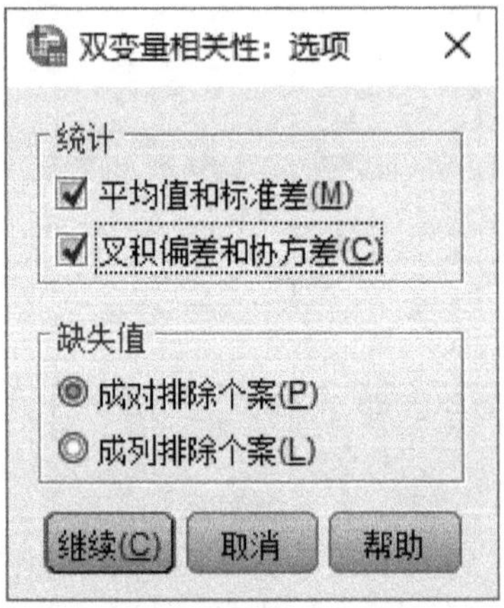

图 7-5 【双变量相关性：选项】对话框

表 7-1 儿童语音意识与阅读能力描述性统计量

	平均值	标准偏差	个案数
语音意识	7. 1567	1. 66458	30
阅读能力	83. 4000	9. 52890	30

表 7-2　儿童语音意识与阅读能力相关分析结果

		语音意识	阅读能力
语音意识	皮尔逊相关性	1	.758**
	Sig.（双尾）		.000
	平方和与叉积	80.354	348.820
	协方差	2.771	12.028
	个案数	30	30
阅读能力	皮尔逊相关性	.758**	1
	Sig.（双尾）	.000	
	平方和与叉积	348.820	2633.200
	协方差	12.028	90.800
	个案数	30	30

**. 在 0.01 级别（双尾），相关性显著。

7.1.4　输出结果解析

01 散点图。

图 7-3 是儿童语音意识与阅读能力的散点图，由此可知，儿童语音意识与阅读能力之间存在线性相关关系。

02 描述性统计量。

表 7-1 是描述性统计结果，由此得到如下信息：语音意识的均值为 7.1567，标准偏差是 1.66458；接受检验的样本量都是 30，阅读能力的均值为 83.4，标准偏差是 9.5289。

03 相关分析结果。

表 7-2 是语音意识与阅读能力的皮尔逊检验结果。由此可知，语音意识与阅读能力的相关系数为 0.758，对应的概率 P 值为 0.000，小于显著性水平 0.01，故应拒绝原假设，认为语音意识与阅读能力之间存在显著的线性相关关系，且为正向。

7.2　偏相关分析

7.2.1　偏相关分析的功能

很多情况下，需要考虑到进行相关分析的两变量取值会同时受到其他变量的影响，这时就需要把其他变量控制住，然后输出控制其他变量影响后的相关系数。SPSS 的偏相关分析就能实现这一过程。

7.2.2 偏相关分析的基本操作及说明

（1）打开需要分析的数据文件，选择菜单【分析→相关→偏相关】，SPSS 弹出【偏相关性】对话框。

（2）将参与相关分析的变量选入【变量】列表框中，将一个或多个控制变量选入【控制】框中。

（3）设定显著性检验的类型。通常，默认的选项为【双尾检验】。

（4）选择是否标记实际显著相关性水平。

（5）选择相关统计量的输出和缺失值的处理方法。单击【偏相关性】对话框中的【选项】按钮，在弹出的对话框中，选择需要输出的统计量和缺失值处理方式。选择完毕后，点击【继续】按钮，返回【偏相关性】对话框。

（6）单击【确定】按钮，SPSS 将自动进行偏相关分析和统计检验，并将结果输出到查看器窗口。

7.2.3 案例分析

例 7-2 以例 7-1 中数据为例，因为语音意识和阅读能力都受识字量的影响，试用偏相关分析考虑语音意识与阅读能力的相关性。

语音意识和阅读能力是参与分析的变量，识字量是控制变量，具体操作过程如下：

01 打开数据文件“儿童能力 . sav”，选择菜单【分析→相关→偏相关】，SPSS 弹出【偏相关性】对话框。

02 在【偏相关性】对话框中，选择“语音意识”和“阅读能力”两个变量进入【变量】列表框中；选择“识字量”进入【控制】列表框中；在【显著性检验】一栏中，勾选【双尾】；选中【显示实际显著性水平】，如图 7-6 所示。

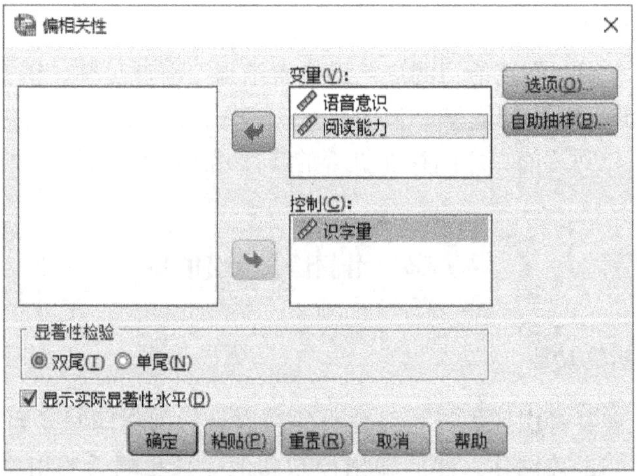

图 7-6 【偏相关性】对话框

03 单击【偏相关性】对话框中的【选项】按钮，在弹出对话框中选择【平均值和标准差】与【零阶相关性】；【缺失值】列表中选择【成对排除个案】，如图 7-7 所示。单击【继续】按钮，返回【偏相关性】对话框。

04 单击【确定】按钮，SPSS 自动进行偏相关分析并将结果输出到查看器窗口中，如表 7-3 和表 7-4 所示。

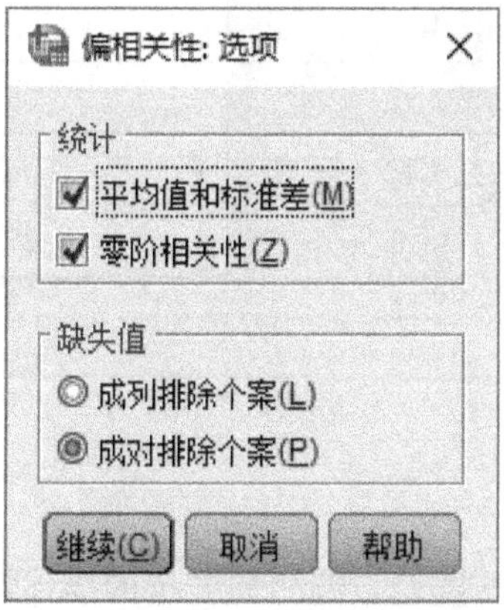

图 7-7　【偏相关性：选项】对话框

表 7-3　描述性统计量

	平均值	标准偏差	个案数
语音意识	7.1567	1.66458	30
阅读能力	83.4000	9.52890	30
识字量	2667.0000	304.30418	30

表 7-4　儿童语音意识和阅读能力偏相关分析结果

控制变量			语音意识	阅读能力	识字量
－无－[a]	语音意识	相关性	1.000	.758	.389
		显著性（双尾）	.	.000	.034
		自由度	0	28	28
	阅读能力	相关性	.758	1.000	.548
		显著性（双尾）	.000	.	.002
		自由度	28	0	28
	识字量	相关性	.389	.548	1.000
		显著性（双尾）	.034	.002	.
		自由度	28	28	0

续表

控制变量			语音意识	阅读能力	识字量
识字量	语音意识	相关性	1.000	.708	
		显著性（双尾）	.	.000	
		自由度	0	27	
	阅读能力	相关性	.708	1.000	
		显著性（双尾）	.000	.	
		自由度	27	0	

a. 单元格包含零阶（皮尔逊）相关性。

7.2.4 输出结果解析

01 描述性统计量表。

表 7-3 是儿童语音意识和阅读能力偏相关分析的描述性统计结果。由此可得，接受检验的样本数是 30，语音意识的均值为 7.1567，标准偏差是 1.66458；阅读能力的均值为 83.4，标准偏差是 9.5289。

02 偏相关分析结果表。

表 7-4 是儿童语音意识和阅读能力偏相关分析结果。由此可知，考虑控制变量的情况下，语音意识与阅读能力的相关系数为 0.708，且偏相关系数对应的概率 P 值接近于 0（小于显著性水平 0.01）。故拒绝原假设，认为语音意识与阅读能力之间具有显著的线性相关关系，且为正向相关。同时，可以看到，与未考虑控制变量相比（相关系数为 0.758），相关系数减小，但减小幅度不大，说明识字量对儿童语音意识和阅读能力之间的关系有一定影响，但影响不大。

7.3 距离分析

7.3.1 距离分析的功能

简单相关分析和偏相关分析有一个共同点，就是对所分析的数据背景要有一定程度的了解。但是在实际问题中有时会遇到一种情况，即在分析前对数据所代表的专业背景知识尚不充分了解，本身就属于探索性的研究。这时就需要先对各个指标或者案例的差异性、相似程度进行考察，进而对数据有一个初步了解，再根据结果考虑如何进行深入分析。

距离相关分析是对观测量之间或变量之间相似或不相似程度的一种测量，可用于同一变量内部各个取值间，以考察其相互接近程度；也可以用于变量间，以考察预测值对实际值的拟合优度。

距离相关分析根据统计量不同，分为不相似性测量和相似性测量两种。

不相似性测量是通过计算样本之间或变量之间的距离来表示，它根据不同类型的变量，采用不同的统计量进行计算。对连续变量的样本，常用的统计量有：欧氏距离、欧氏距离平方、Chebychev距离、Block距离、Minkowski距离、Customized距离。对顺序或名义变量的样本，常用的统计量有：Chi-square measure、Phi-square measure等。

相似性测量是通过计算Pearson相关系数或Cosine相关系数来表示。

距离相关分析根据分析对象不同，可分为样本间分析和变量间分析两种。样本间分析是指样本和样本之间的距离相关分析；变量间分析是指变量和变量之间的距离相关分析。

7.3.2 距离分析的基本操作及说明

（1）打开数据文件，选择菜单【分析→相关→距离】，SPSS弹出【距离】对话框。

（2）将参与距离分析的变量选入【变量】列表框中。

（3）将标注个案的变量选入【个案标注依据】列表框中。本步骤是为了方便数据的查找。

（4）在【计算距离】一栏中选择距离分析的类型，即选【个案间】还是【变量间】。

（5）在【测量】一栏中选择测量标准，即选【相似性】还是【非相似性】。

（6）点击【测量】按钮选择具体的距离测量指标等。设定好之后，单击【继续】按钮返回【距离】对话框。

（7）单击【确定】按钮，等待输出结果。

7.3.3 案例分析

例7-3 现有2016年南京、上海、徐州三个城市每个月的平均气温数据（三个城市平均气温.sav），使用距离分析法研究这三个城市月平均气温的相似程度。

本例题是进行相似性分析，具体操作过程如下：

01 打开数据文件“三个城市平均气温.sav”，选择菜单【分析→相关→距离】，SPSS弹出【距离】对话框。

02 将参与距离分析的变量“南京”“徐州”和“上海”选入【变量】列表框中；将“月份”变量选入【个案标注依据】列表框；在【计算距离】一栏中选择“变量间”；在【测量】一栏中选择【相似性】，如图7-8所示。

03 单击【测量】按钮，弹出【距离：相似性测量】对话框。由于样本是等距数据，所以在【测量】选项组中选中【区间】，同时在【测量】下拉菜单中选择【皮尔逊相关性】。由于本例不需要进行数据转换及转换度量，因此在【转换值】选项中的【标准化】下拉菜单中选择【无】，【转换测量】选项中不做勾选。设置完毕的【距离：相似性测量】对话框如图7-9所示。单击【继续】按钮返回【距离】对话框。

04 单击【确定】按钮，SPSS自动进行距离分析，并将结果输出到查看器窗口中，如表7 5和表7-6。

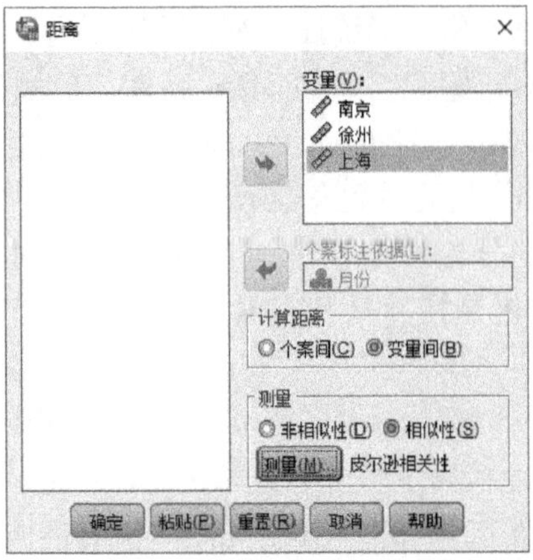

图 7-8 【距离】对话框

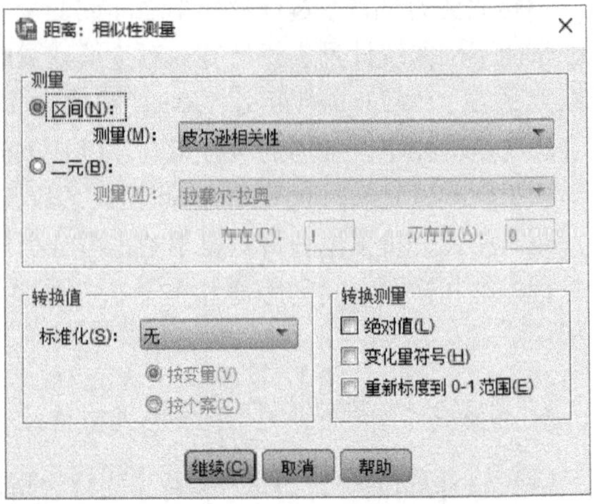

图 7-9 【距离：相似性测量】对话框

表 7-5 三个城市平均气温距离分析汇总情况

有效		缺失		总计	
个案数	百分比	个案数	百分比	个案数	百分比
12	100.0%	0	0.0%	12	100.0%

表 7-6 三个城市平均气温近似值矩阵

	值的向量之间的相关性		
	南京	徐州	上海
南京	1.000	.990	.986
徐州	.990	1.000	.992
上海	.986	.992	1.000

7.3.4 输出结果解析

01 个案处理摘要。

表 7-5 是 2016 年三个城市平均气温距离分析汇总结果，从中可以看出个案数为 12，无缺失值。

02 近似值矩阵。

表 7-6 给出的是 2016 年三个城市平均气温的近似值矩阵，是一个 3×3 矩阵。从中可以看出，南京和徐州的月平均气温的相关系数是 0.990，南京和上海的月平均气温的相关系数是 0.986，上海和徐州的月平均气温的相关系数是 0.992，所以上海和徐州的月平均气温更接近，相似度更高。

第 8 章　SPSS 回归分析

回归分析（regression analysis）是确定两种或两种以上变量间相互依赖的定量关系的一种统计分析方法，运用十分广泛。回归分析按照涉及变量的多少，分为一元回归分析和多元回归分析；按照自变量的多少，可分为简单回归分析和多重回归分析；按照自变量和因变量之间的关系类型，可分为线性回归分析和非线性回归分析。如果在回归分析中，只包括一个自变量和一个因变量，且二者的关系可用一条直线近似表示，那么这种回归分析称为一元线性回归分析。如果回归分析中包括两个或两个以上的自变量，且自变量之间存在线性相关，那么这种回归分析称为多重线性回归分析。

在大数据分析中，回归分析是一种预测性的建模技术，研究的是因变量（目标）与自变量（预测器）之间的关系。这种技术通常用于预测分析、时间序列模型及发现变量之间的因果关系。

8.1　线性回归分析

8.1.1　线性回归分析的功能

在线性回归分析中，如果只有一个解释变量（自变量），就是一元线性回归分析，旨在建立一元线性回归模型，揭示被解释变量（因变量）与解释变量（自变量）之间的关系。

在线性回归分析中，如果有两个或两个以上的解释变量（自变量），就是多元线性回归分析。多元线性回归分析又称为多重线性回归分析，通过建立多元线性回归模型，揭示被解释变量（因变量）与解释变量（自变量）之间的关系。多元线性回归分析涉及多个自变量，用来处理一个因变量和多个自变量之间的线性关系，建立变量之间的线性模型并根据模型作出评价和预测。

事实上，一种现象常常是与多个因素相联系的，由多个自变量的最优组合共同来预测或估计因变量，比只用一个自变量进行预测或估计更有效，更符合实际。因此，多元线性回归比一元线性回归的实用意义更大。

8.1.2　线性回归分析的基本操作及说明

SPSS 中一元线性回归分析和多元线性回归分析是集成在一起的，具体操作步骤如下：

（1）打开 SPSS 数据文件，选择菜单【分析→回归→线性】，SPSS 弹出【线性回归】对话框。

（2）选择被解释变量进入【因变量】框。

（3）选择一个或多个解释变量进入【自变量】框。

（4）在【方法】框中选择回归分析中解释变量的筛选策略。其中，【输入】表示所选变量强行进入回归方程，是 SPSS 默认的策略方法，通常用在一元线性回归分析中；【步进】表示逐步筛选策略；【除去】表示从回归方程中剔除所选变量；【后退】表示向后筛选策略；【前进】表示向前筛选策略。

（5）第三步和第四步中确定解释变量及变量筛选策略可放置在不同的块中。通常在回归分析中有不止一组的待进入方程的解释变量和相应的筛选策略，可以单击【上一个】和【下一个】按钮设置多组解释变量和变量筛选策略并放置在不同的块中。SPSS 将首先在当前块（默认为 1）中按照指定的策略筛选解释变量和建立回归方程，然后自动按照下一个块中指定的策略筛选解释变量，并在上个回归方程的基础上做进一步的拟合工作，直到结束。可见，第四步中的删除方法只可能放在第二个以后的块中。块设置便于进行各种探索性的回归分析。

（6）选择一个变量作为条件变量到【选择变量】框中，并单击【规则】按钮给定一个判定条件。只有变量值满足给定条件的样本数据才参与线性回归分析。

（7）选择作为数据点的标志变量进入【个案标签】框中，该变量的值将标在回归分析的输出图形中。

（8）当存在异方差时，采用加权最小二乘法替代普通最小二乘法估计回归参数，并将作为权重的变量选入【WLS 权重】框中。

（9）可通过点击【线性回归】对话框右侧的按钮对数据进行进一步的深入分析，掌握更多有用的信息。例如，点击【统计】按钮，可选择输出统计量，SPSS 默认输出项是【估算值】；点击【图】按钮，可输出用于残差分析的图形；点击【保存】按钮，可将回归分析的某些结果以 SPSS 变量的形式保存到数据编辑器窗口中，并可同时生成 XML 格式的文件，便于分析结果的网络发布；点击【选项】按钮，可设置多元线性回归分析中解释变量筛选的标准及缺失值的处理方式。

（10）点击【确定】按钮，SPSS 将自动进行回归分析并输出结果到查看器窗口。

8.1.3 案例分析

例 8-1（一元线性回归分析案例） 现有某单位 30 名职工的情况统计表（职工满意度 . sav），其中五项指标 Q_1、Q_2、Q_3、Q_4、P 分别表示心理素质、身体素质、学习能力、价值观、满意度。试建立以满意度为因变量，心理素质为自变量的一元线性回归模型。

本案例自变量为心理素质，因变量为满意度，建立一元线性回归的具体操作如下：

01 打开数据文件“职工满意度 . sav”，选择菜单【分析→回归→线性】，SPSS 弹出【线性回归】对话框。

02 选择“满意度”变量进入【因变量】列表框，选择“心理素质”变量进入

【自变量】列表框，如图 8-1 所示。

03 其他设置使用系统默认设置。

04 点【确定】按钮，SPSS 自动进行回归分析并输出结果到查看器窗口中，如表 8-1 ~ 表 8-3 所示。

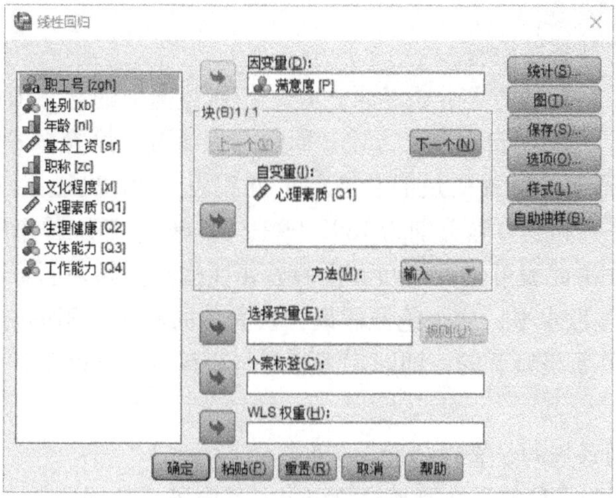

图 8-1　【线性回归】对话窗

表 8-1　模型拟合情况

模型	R	R 方	调整后 R 方	标准估算的错误
1	.455[a]	.207	.179	8.222

a. 预测变量：(常量)，心理素质。

表 8-2　方差分析[a]

模型		平方和	自由度	均方	F	显著性
1	回归	495.287	1	495.287	7.326	.011[b]
	残差	1892.999	28	67.607		
	总计	2388.286	29			

a. 因变量：满意度。

b. 预测变量：(常量)，心理素质。

表 8-3　回归系数[a]

模型		未标准化系数		标准化系数	t	显著性
		B	标准错误	Beta		
1	(常量)	22.047	8.204		2.687	.012
	心理素质	.444	.164	.455	2.707	.011

a. 因变量：满意度。

8.1.4 输出结果解析

01 模型拟合情况。

表 8-1 给出了模型的拟合情况，它反映了模型的拟合能力。调整后的 R 平方越大，模型的解释能力越强。

02 回归方程的显著性检验。

表 8-2 中给出了变量的方差分析结果，其中各列数据项的含义依次是：被解释变量的变差来源、离差平方和、自由度、方差、回归方程显著性检验中 F 统计量的观测值与概率 P 值。可以看到：被解释变量的总离差平方和为 2388.286，回归平方和及方差均为 495.287，残差平方和及方差分别为 1892.999、67.607，F 统计量的观测值为 7.326，概率 P 值为 0.011。由此表可进行回归方程的显著性检验。如果显著性水平为 0.05，由于概率 P 值小于显著性水平，应拒绝原假设，认为各回归系数不同时为 0，被解释变量与解释变量的线性关系是显著的，即职工满意度与心理素质之间的线性关系显著，可建立线性模型。

03 回归方程的系数的显著性检验。

表 8-3 给出了回归方程的系数及其检验结果，其中各列数据项的含义依次是：回归系数、回归系数的标准误差、标准化回归系数、回归系数的显著性检验 t 统计量的观测值、概率 P 值。由此表可以进行回归系数显著性检验，写出回归方程。可以看到，如果显著性水平为 0.05，则变量的回归系数显著性 T 检验的概率 P 值均小于显著性水平，因此应拒绝原假设，认为回归系数与 0 有显著差异，解释变量与被解释变量的线性关系显著。

04 模型综述。

经过对数据进行简单线性回归分析可知：

① 利用回归方程的系数，可以写出模型的表达式（8.1），这就意味着心理素质每增加 1，满意度就增加 0.444；

$$P(\text{满意度}) = 22.047 + 0.444 * Q_1(\text{心理素质}) \tag{8.1}$$

② 由于调整后的 R 平方为 0.179，因此模型的拟合优度，也就是对数据的解释能力一般。

③ 由于模型的显著性水平为 0.011，小于 0.05，因此模型是显著的。

④ 模型中常数项为 22.047，t 值是 2.687，显著性水平为 0.012；心理素质的系数是 0.444，t 值是 2.707，显著性水平为 0.011。所以，两个结果都是显著的。

8.1.5 案例分析

例 8-2（多元线性回归分析案例） 现有一汽车数据文件（汽车数据.sav），变量包括制造商、销售量、价格、4 年转售价值及车辆的各种物理规格特征，试分析汽车特征跟汽车销售量的关系，并建立多元线性回归模型。

本例中汽车销售量不仅与汽车特征有关，还受其他因素的影响，需要建立多元线性回归模型，进行多元线性回归分析，具体操作如下：

01 打开数据文件“汽车数据 .sav”，选择菜单【分析→回归→线性】，SPSS 弹出【线性回归】对话框。

02 在【线性回归】对话框中，选择变量“销售量”进入【因变量】列表框，选择“引擎大小”“马力”“轴距”“宽度”“长度”“空车重量”“燃料箱容量”“燃油效率”8 个特征变量进入【自变量】列表框，在【方法】对应的对话框中选择【步进】，选择“价格”变量进入【个案标签】框中，如图 8-2 所示。

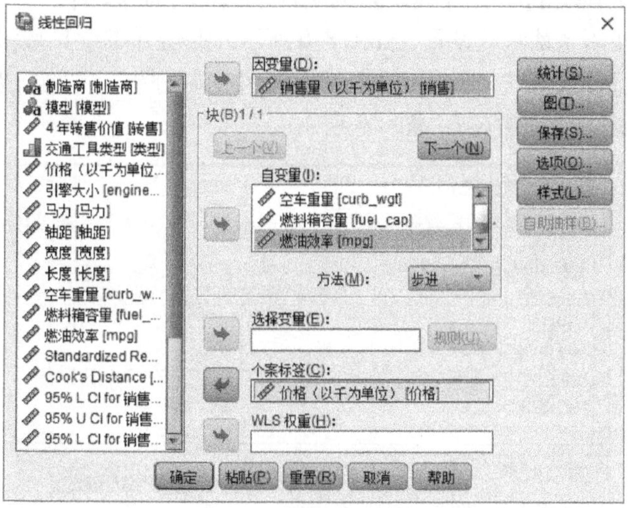

图 8-2　【线性回归】对话框

03 点击【统计】按钮，弹出【线性回归：统计】对话框。在【回归系数】下面勾选【估算值】；在右侧勾选【模型拟合】和【共线性诊断】两个选项；在【残差】下面勾选【个案诊断】，并点击【离群值】，取默认值“3”（设定异常值的依据，只有当残差超过 3 倍标准差的观测才会被当做异常值），如图 8-3 所示。点击【继续】按钮。

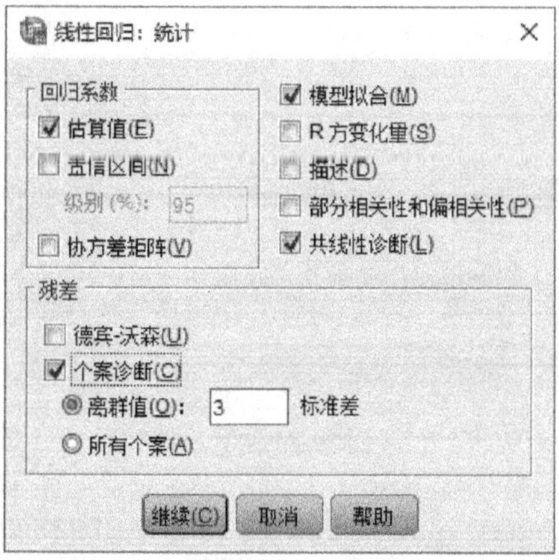

图 8-3　【线性回归：统计】对话框

04 点击【图】按钮，弹出【线性回归：图】对话框。将“ZPRED（标准化预测值）

选作“X”轴，分别用“SDRESID（学生化剔除残差）”和“ZRESID（标准化残差）作为Y轴，分别作为两组绘图变量，如图8-4所示；在【标准化残差图】下面勾选【直方图】和【正态概率图】。设置完毕后所示，如图8-5所示。点击【继续】按钮。

05 点击【保存】按钮，弹出【线性回归：保存】对话框。勾选【距离】下面的【库克距离】选项（库克距离主要是指：把一个个案从计算回归系数的样本中剔除时所引起的残差大小，库克距离越大，表明该个案对回归系数的影响也越大），在【预测区间】勾选【平均值】和【单值】，在【残差】列表框中选择【标准化】，并选中【包括协方差矩阵】，其他设置使用系统默认设置，如图8-6所示。点击【继续】按钮。

06 点【确定】按钮，SPSS自动进行多元线性回归分析，并将结果输出到查看器窗口中，如表8-4～表8-7和图8-7、图8-8所示。

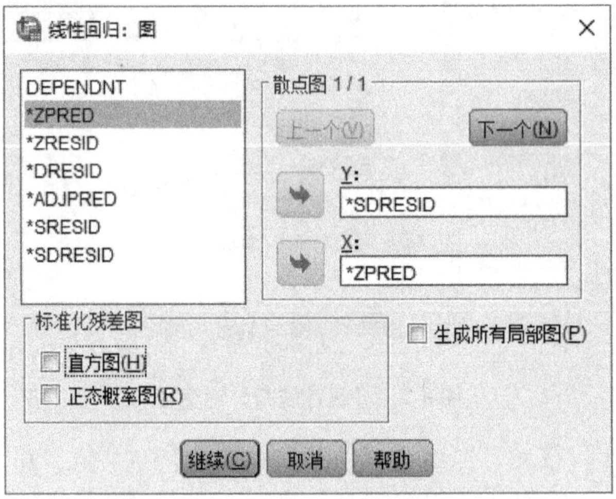

图 8-4　【线性回归：图】对话框（一）

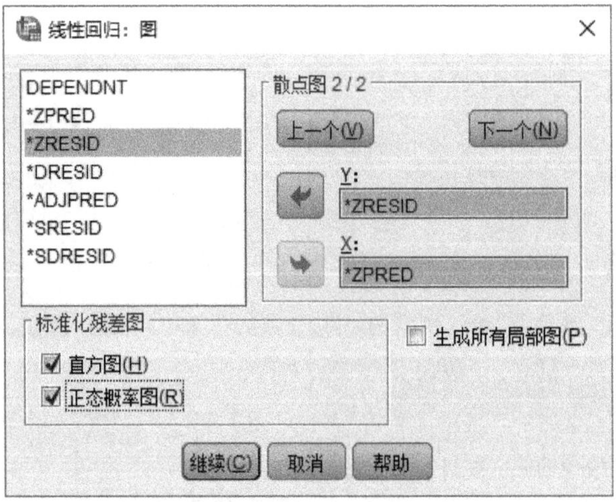

图 8-5　【线性回归：图】对话框（二）

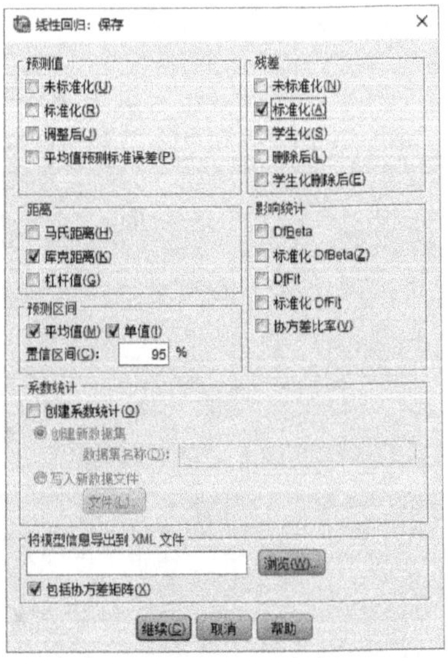

图 8-6　【线性回归：保存】对话框

表 8-4　变量进入回归模型或者退出模型的情况[a]

模型	输入的变量	除去的变量	方法
1	轴距	.	步进（条件：要输入的 F 的概率 < = . 050，要除去的 F 的概率 > = . 100）。
2	马力	.	步进（条件：要输入的 F 的概率 < = . 050，要除去的 F 的概率 > = . 100）。
3	引擎大小	.	步进（条件：要输入的 F 的概率 < = . 050，要除去的 F 的概率 > = . 100）。
4	空车重量	.	步进（条件：要输入的 F 的概率 < = . 050，要除去的 F 的概率 > = . 100）。

a. 因变量：销售量（以千为单位）。

表 8-5　模型拟合情况[a]

模型	R	R 方	调整后 R 方	标准估算的错误
1	. 360[b]	. 130	. 124	64. 383505
2	. 474[c]	. 225	. 214	60. 965800
3	. 503[d]	. 253	. 238	60. 028890
4	. 557[e]	. 310	. 292	57. 884982

a. 因变量：销售量（以千为单位）。
b. 预测变量：（常量），轴距。
c. 预测变量：（常量），轴距，马力。
d. 预测变量：（常量），轴距，马力，引擎大小。
e. 预测变量：（常量），轴距，马力，引擎大小，空车重量。

表 8-6　变量的方差分析结果[a]

模型		平方和	自由度	均方	F	显著性
1	回归	93227. 048	1	93227. 048	22. 490	. 000[b]
	残差	625930. 595	151	4145. 236		
	总计	719157. 644	152			
2	回归	161633. 329	2	80816. 664	21. 743	. 000[c]
	残差	557524. 315	150	3716. 829		
	总计	719157. 644	152			
3	回归	182240. 969	3	60746. 990	16. 858	. 000[d]
	残差	536916. 675	149	3603. 468		
	总计	719157. 644	152			

续表

模型		平方和	自由度	均方	F	显著性
4	回归	223258.319	4	55814.580	16.658	.000[e]
	残差	495899.325	148	3350.671		
	总计	719157.644	152			

a. 因变量：销售量（以千为单位）。
b. 预测变量：（常量），轴距。
c. 预测变量：（常量），轴距，马力。
d. 预测变量：（常量），轴距，马力，引擎大小。
e. 预测变量：（常量），轴距，马力，引擎大小，空车重量。

表 8-7　回归方程的系数检验[a]

模型		未标准化系数		标准化系数	t	显著性	共线性统计	
		B	标准误差	Beta			容差	VIF
1	（常量）	-292.699	73.103		-4.004	.000		
	轴距	3.219	.679	.360	4.742	.000	1.000	1.000
2	（常量）	-307.437	69.307		-4.436	.000		
	轴距	4.028	.670	.450	6.013	.000	.921	1.086
	马力	-.390	.091	-.321	-4.290	.000	.921	1.086
3	（常量）	-232.037	75.174		-3.087	.002		
	轴距	3.232	.739	.361	4.375	.000	.734	1.362
	马力	-.709	.161	-.585	-4.410	.000	.285	3.513
	引擎大小	22.706	9.495	.345	2.391	.018	.240	4.164
4	（常量）	-284.565	74.028		-3.844	.000		
	轴距	4.705	.828	.526	5.686	.000	.544	1.838
	马力	-.679	.155	-.560	-4.369	.000	.284	3.524
	引擎大小	37.643	10.102	.573	3.726	.000	.197	5.069
	空车重量	-46.469	13.281	-.429	-3.499	.001	.310	3.222

a. 因变量：销售量（以千为单位）。

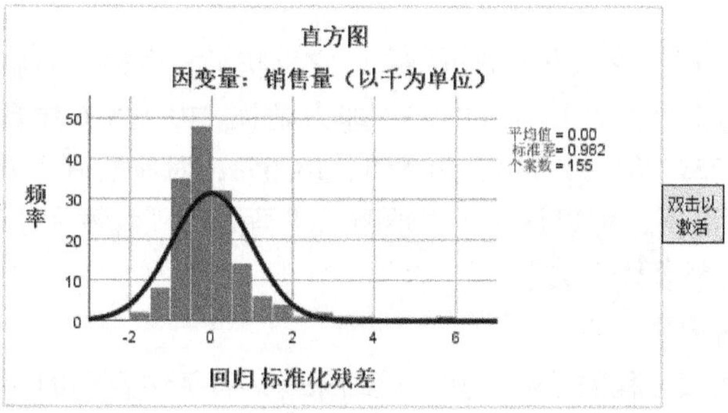

图 8-7　回归标准化残差的直方图

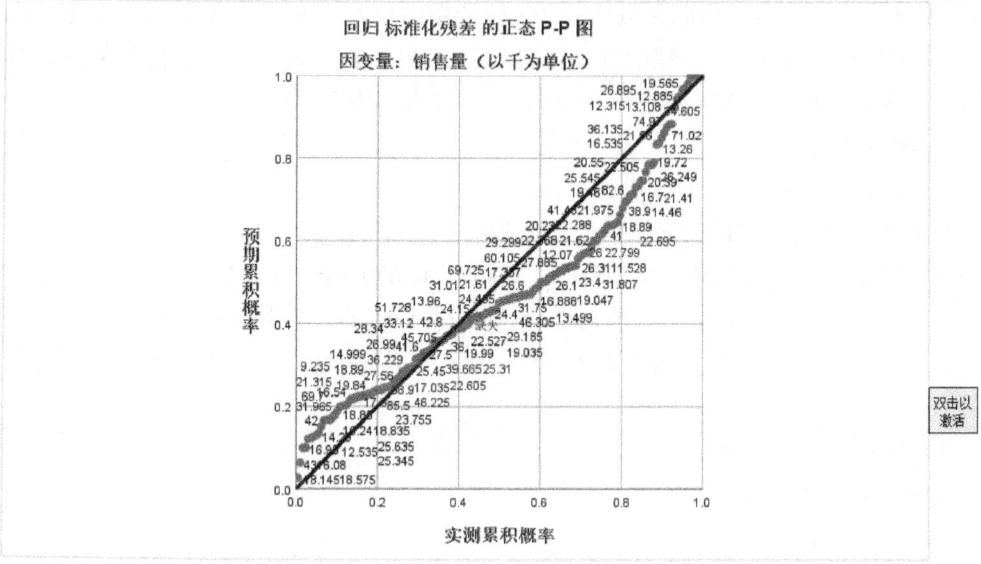

图 8-8　回归标准化残差的正态 P－P 图

8.1.6　输出结果解析

01 引入/剔除变量情况。

表 8-4 给出了变量进入回归模型或者退出模型的情况，由于采取的是步进方法，所以本例中显示的是依次进入模型的变量及变量进入与剔除的判别标准。经过逐步的引入和剔除过程，8 个变量中剔除了 4 个变量："宽度""长度""燃料箱容量""燃油效率"，最终模型中保留了 4 个变量："轴距""马力""引擎大小""空车重量"。

02 模型汇总。

表 8-5 给出了模型的拟合情况，可以看出，4 个模型调整后的 R 平方依次递增，模型的解释能力逐渐增强。这是由于 R 平方越大，模型的拟合情况越理想。同时，可以看到，模型的标准误差逐渐减小，也说明拟合效果越来越好；说明 4 个变量"轴距""马力""引擎大小""空车重量"可以很好地解释被解释变量"销售量"。

03 方差分析。

表 8-6 给出了分析变量的方差分析结果，它反映了模型整体的显著性。一般将模型的检验 P 值与 0. 05 比较，如果小于 0. 05，即为显著。由表 8-6 中数据可知，4 个模型的 F 统计量分别为 22. 490、21. 743、16. 858、16. 658，对应的概率 P 值均为 0。在显著性水平为 0. 05 的情况下，可以认为，“轴距”“马力”“引擎大小”“空车重量”与“销售量”之间具有显著线性关系。

04 回归系数的检验结果。

表 8-7 给出了回归方程的系数及其检验结果。表 8-7 中各列的含义依次：模型的偏回归系数、标准误差、标准化偏回归系数、回归系数检验的 t 统计量和相应的概率 P 值、共线性统计检验的变量容差和方差膨胀因子。可以看到，在显著性水平为 0. 05 的情况下，4 个模型中各个回归系数检验的 t 统计量的概率 P 值均小于显著性水平，说明 4 个模型的所有自变量的回归系数都显著异于 0。根据容差可以发现，自变量间共线性问题不严重，这是因为 VIF 均在 1 到 10 之间，最大的为 5. 069。

05 模型综述。

经过对表 8-4 ~ 表 8-7 的分析可知：

① 模型 4 是最终的回归模型，回归方程为：

$$y(\text{销售量}) = -284.565 + 4.705 * x_1(\text{轴距}) - 0.679 * x_2(\text{马力}) + 37.643 * x_3(\text{引擎大小}) - 46.469 * x_4(\text{空车重量})$$

② 由于调整后的 R 平方为 0. 292，因此模型的拟合优度，也就是对数据的解释能力一般。

③ 模型本身是显著的。

④ 模型的系数都是显著的。

06 图形解释。

图 8-7 是回归标准化残差的直方图，正态曲线也被显示在直方图上，用于判断标准化残差是否呈正态分布。由图可知，标准化残差呈正态分布。

图 8-8 是回归标准化的正态 P - P 图。该图给出了观测值的残差分布与假设的正态分布的比较。由图可知，标准化残差散点分布靠近直线，因而可以判断标准化残差呈正态分布。

8. 2 曲线回归

在分析变量间的相关关系时，变量之间的关系并不总表现为线性关系，非线性关系也是极为常见的，此时可以借助散点图来粗略考察这种非线性关系。对于这种非线性关系，通常无法直接通过线性回归来分析，无法直接建立线性模型。变量之间的非线性关系分为两种：本质线性关系和本质非线性关系。本质线性关系是指变量关系形式上虽然是非线性关系，但可通过变量变换转化为线性关系，并可最终进行线性回归分析建立线性模型。本质非线性关系是指变量关系不仅形式上是非线性关系，而且也无法通过变量变换转化为线性关系，最终无法进行线性回归分析建立线性模型。

8.2.1　曲线回归的功能

SPSS 的曲线回归，又称曲线估计，是针对本质线性关系的数据进行分析，适用于模型只有一个自变量且可以简化为线性形式的情形。其基本思想就是先将因变量或者自变量进行变量转换，然后对新变量进行线性回归分析，最后将新变量还原为原变量，得出变量之间的非线性关系。

8.2.2　曲线回归的基本操作及说明

可通过绘制观察样本数据的散点图粗略确定被解释变量和解释变量之间的相关关系，为曲线回归中的模型选择提供依据。SPSS 曲线回归的基本操作如下：

（1）打开数据文件，选择菜单【分析→回归→曲线估算】，SPSS 弹出【曲线估算】对话框。

（2）选择被解释变量到【因变量】框中。

（3）曲线估计的解释变量可以是相关因素变量，也可以是时间变量。如果是相关因素变量，则选择【变量】选项，并指定一个解释变量到【变量】框；如果选择【时间】选项，则解释变量为时间。

（4）在【模型】选项组中选择模型类型。

（5）选择【模型绘图】绘制回归曲线；选择【在方程中包括常量】表示模型中就会含有常数项；选择【显示 ANOVA 表】表示输出各个模型的方差分析结果和各回归系数的显著性检验结果。

（6）设置完毕后，点【确定】按钮，SPSS 将根据选择的模型自动进行曲线估计，并将结果输出到查看器窗口中。

8.2.3　案例分析

例 8-3　现有一地区某一年 12 个月的月平均气温等气象资料（城市气象资料 . sav），试用曲线回归分析方法拟合月份与平均气温之间的曲线。

本例以月份为解释变量，以平均气温为被解释变量，进行曲线回归，具体过程如下：

01 打开数据文件“城市气象资料 . sav”，选择菜单【分析→回归→曲线估算】，SPSS 弹出【曲线估算】对话框。

02 选择变量“月平均气温”进入【因变量】列表框，选择变量“月份”进入【独立：变量】列表框，如图 8-9 所示。

03【模型】选项组中选择【二次】、【复合】、【三次】和【逆】，如图 8-9 所示。

04 选择【在方程中包括常量】和【模型绘图】选项，如图 8-9 所示。

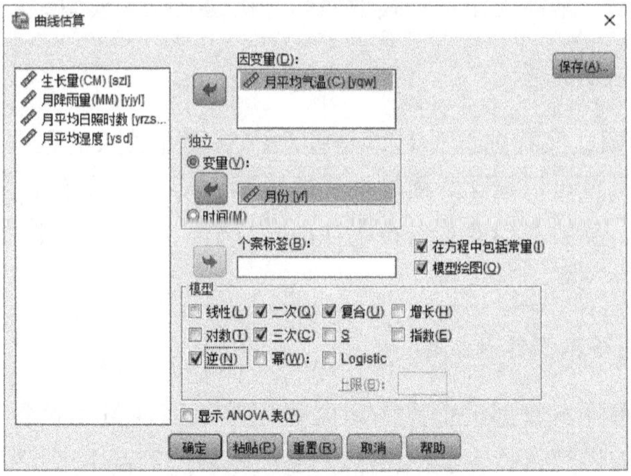

图 8-9 【曲线估算】对话框

05 其他采用系统设置。

06 点击【确定】按钮，SPSS 将根据选择的模型自动对月份与平均气温进行曲线估计，并将结果输出到查看器窗口中，如表 8-8、表 8-9、图 8-10 所示。

表 8-8 模型描述

模型名称		MOD_ 1
因变量	1	月平均气温（℃）
方程	1	逆
	2	二次
	3	三次
	4	复合[a]
自变量		月份
常量		包括
值用于在图中标注观测值的变量		未指定
有关在方程中输入项的容差		.0001

a. 此模型要求所有非缺失值均为正。

表 8-9 模型情况[a]

因变量：月平均气温（℃）

方程	模型摘要					参数估算值			
	R 方	F	自由度 1	自由度 2	显著性	常量	b1	b2	b3
逆	.389	6.373	1	10	.030	20.567	-17.756		
二次	.946	79.180	2	9	.000	-7.152	8.808	-.630	
三次	.978	119.714	3	8	.000	-1.515	4.452	.175	-.041
复合	.125	1.425	1	10	.260	9.553	1.060		

a. 自变量为月份。

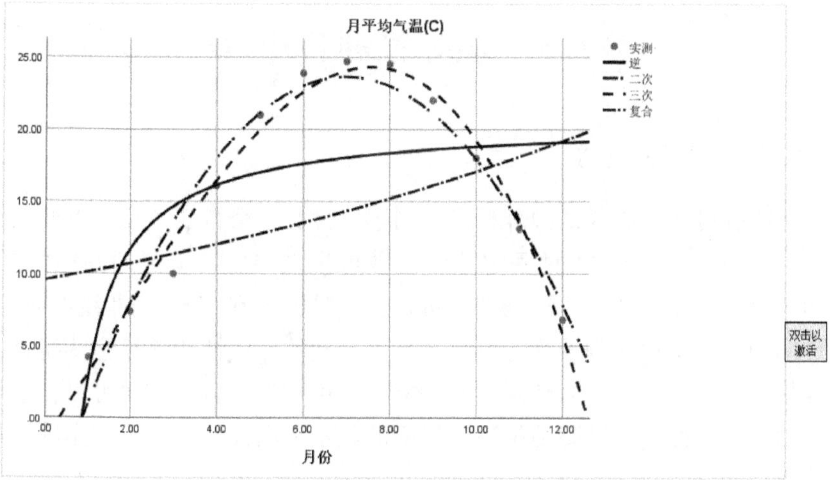

图 8-10　拟合曲线

8. 2. 4　输出结果解析

01 模型拟合情况。

表 8-8 给出了模型的描述内容，列出了选中的 4 个模型，指出了因变量和自变量，且模型都包含常数。

02 模型摘要及参数估计。

表 8-9 是选中的 4 个模型的拟合优度及参数估计。从中可以看出，三次模型的 R 平方最大，为 0. 978，其次是二次模型的，为 0. 946，这两个模型的 F 统计量分别为 119. 714、79. 180，相应的概率 P 值均为 0。在显著性水平 α 为 0. 05 的情况下，三次模型和二次模型对应的检验统计量的概率 P 值均小于显著性水平，应接受原假设，认为三次模型和二次模型都非常显著，而且均具有很好的拟合性。逆模型虽然也具有显著性，但是拟合优度不高。复合模型既不具有显著性，拟合优度也较差。因此，本例中月份与平均气温之间的曲线回归模型应选取三次模型。

03 拟合曲线图形。

图 8-10 给出了回归曲线拟合情况，此图中的圆圈表示实际值，从中也可以发现，三次和二次模型的拟合效果都不错，但三次模型的吻合度最好。这一现象与表 8-9 中结果相符合。

04 模型综述。

经过对数据进行曲线回归分析可知：最佳拟合模型为三次曲线模型：

$$y(\text{满意度}) = -1.515 + 4.452 * x(\text{月份}) + 0.175 * x\hat{}2 - 0.041 * x\hat{}3。$$

⁘ 8.3　非线性回归分析 ⁘

8.3.1　非线性回归分析的功能

由 8.2 节内容可知，曲线回归分析只适用于仅含有一个自变量且可以简化为线性形式的建模情形，而且它只有 11 种固定曲线函数可供选择，但实际问题往往会更复杂，使用曲线回归分析方法无法作出准确的分析，这就需要用到 SPSS 的非线性回归分析。

非线性回归分析是探讨因变量与一组自变量之间的非线性相关模型的统计方法，可以估计因变量与自变量之间具有任意关系的模型。用户根据自身需要可以任意设定估计方程的基本形式，从而更加准确地描述变量间的关系。因此，本方法在实际应用中有很大的实用价值。

8.3.2　非线性回归分析的基本操作及说明

（1）打开数据文件，选择菜单【分析→回归→非线性】，SPSS 弹出【非线性回归】对话框。

（2）选择因变量。将被解释变量作为因变量选入【因变量】框中。

（3）设置参数变量和初始值。点击【参数】按钮，打开【非线性回归：参数】窗口，在【名称】框中输入参数名称，在【开始值】框中输入参数的初始值。输入参数名称和初始值后，单击【添加】按钮，则定义的变量及其初始值将显示在下方的参数框中。参数的初始值可根据给定模型中参数定义范围的具体情况而定。若需要修改已经定义的参数变量，则先将其选中，然后在【名称】和【开始值】框中进行修改，修改完成后点击【更改】按钮确认修改。若需要删除已经定义的参数变量，则先将其选中，然后点击【除去】按钮删除。如果勾选【使用上一分析的开始值】，则表示使用前一次分析确定的初始值；当算法的收敛速度减慢时，可以选择它继续进行搜索。完成后单击【继续】按钮返回【非线性回归】对话框。

（4）设置回归方程。在【模型表达式】框中输入需要拟合的方程式，该方程式中包含自变量、参数变量和常数等。自变量从左侧的候选变量中选入，参数变量从左侧的【参数】框中选入。同时，拟合模型中的函数可以从【函数组】框中选入。模型中的运算符号用鼠标从窗口“数字符号”显示区中点击输入。

（5）选择迭代条件。单击【损失】按钮，打开【非线性回归：损失函数】窗口，可通过选择损失函数来确定参数的迭代算法。【残差平方和】是系统默认项，表示基于残差平方和最小化的迭代算法；【用户定义的损失函数】是自定义选项，表示设置其他统计量为迭代条件，并在下方的文本框中输入相应统计量的表达式。左侧候选变量列表中，“RESID_ ”表示所选变量的残差，“PRED_ ”表示预测值。可以从左下角【参数】列表框中选择已经定义好的参数进入损失函数。

（6）选择参数取值范围。单击【约束】按钮，打开【非线性回归：参数约束】窗口，设置回归方程中参数的取值范围。【未约束】是系统默认项，表示无约束条件；【定义参数约束】可以对选定的参数变化范围通过“=”“<=”“>=”来定义。

（7）选择输出结果。单击【保存】按钮，打开【非线性回归：保存新变量】窗口，表示要保存到数据文件中的统计量。【预测值】表示输出回归模型的预测值；【残差】表示输出回归模型的残差；【导数】表示输出模型各个参数的一阶导数值；【损失函数值】表示输出损失函数值。

（8）选择迭代方法。单击【选项】按钮，打开【非线性回归：选项】窗口，用于选择各种迭代算法。【标准误差的自助抽样估算】表示采用样本重复法计算标准误差，而样本重复法需要序列二次规划算法的支持。当选中该项时，SPSS 将自动选中【估算方法】中的【序列二次规划】，并激活下面的【序列二次规划】框。该框内可以设置相关参数，【步骤限制】是指最大步长；【最优性容差】是指目标函数的迭代误差限；【函数精度】应比目标函数的迭代误差限小；【无限步长】是指，当一次迭代中参数值的变化小于设置值时，迭代停止。若在【估算方法】中选中【利文贝格-马夸特】，则激活下面的【利文贝格-马夸特】框，该框内可以设置相关参数。【平方和收敛】是指，在一步迭代中目标函数残差平方和的变化比例小于设置值时，迭代停止；【参数收敛】是指，在一步迭代中参数的变化比例小于设置值时，迭代停止。选择完毕后，点击【继续】按钮返回【非线性回归】对话框。

（9）设置完毕后，点击【确定】按钮，等待输出结果。

8.3.3　案例分析

例 8-4　除了月份与平均气温以外，例 8-3 中的数据（城市气象资料.sav）还含有其他数据，如某种植物的生长量和月平均降雨量。请使用非线性回归分析方法拟合植物生长量与月平均降雨量之间的曲线。

具体操作过程如下：

01 打开数据文件“城市气象资料.sav”，选择菜单【分析→回归→非线性】，SPSS 弹出【非线性回归】对话框。

02 选择“生长量”进入【因变量】列表框，在【模型表达式】中输入“EXP（a-b*yjyl）”，其中“yjyl”是“月平均降雨量”对应的变量；点击【参数】按钮，弹出【非线性回归：参数】对话框，在名称中输入“a”，在【初始值】中输入“3”，单击添加，同样方法设置“b”的初始值“-0.3”。设置完成的【非线性回归：参数】对话框如图 8-11 所示。设置完毕，点击【继续】按钮，返回【非线性回归】对话框，如图 8-12 所示。

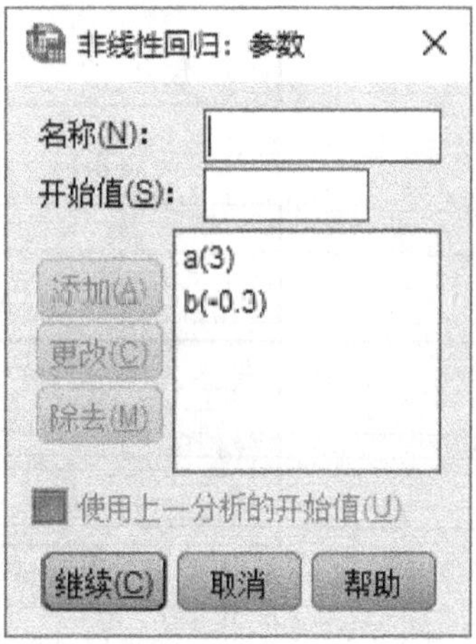

图 8-11　【非线性回归：参数】对话框

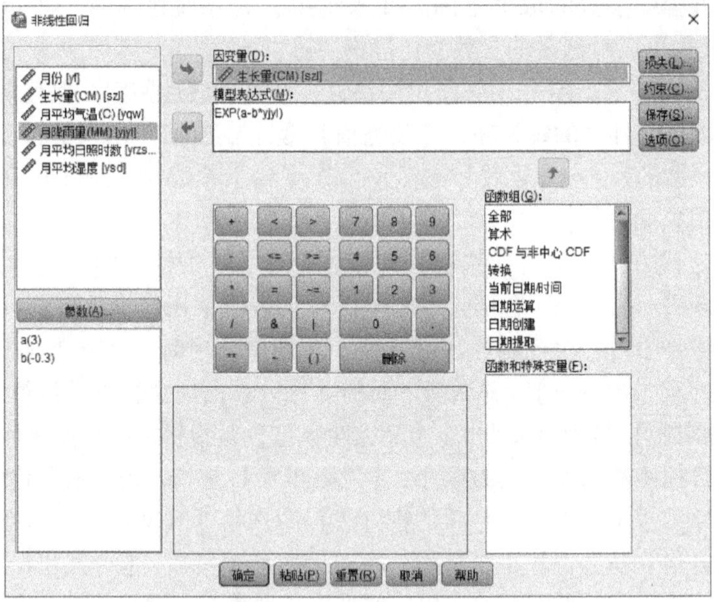

图 8-12 【非线性回归】对话框

03 点击【确定】按钮，SPSS 根据选取的模型表达式和设置的参数自动进行非线性回归分析，并输出结果到查看器窗口中，如表 8-10 和表 8-11 所示。

表 8-10 植物生长量与月平均降雨量参数估计值

参数	估算	标准误差	95% 置信区间	
			下限	上限
a	1.837	.304	1.159	2.515
b	-.004	.002	-.007	-.001

表 8-11 植物生长量与月平均降雨量方差分析表[a,b]

源	平方和	自由度	均方
回归	1318.791	2	659.396
残差	321.659	10	32.166
修正前总计	1640.450	12	
修正后总计	566.740	11	

a. 因变量：生长量（cm）。
b. R 平方 = 1 -（残差平方和）/（修正平方和）=.432。

8.3.4 输出结果解析

01 参数估计。

表 8-10 给出了两个参数的估计值、标准误差和 95% 置信区间。从中可以看出，两

个参数的置信区间都不含 0，所以两个参数值都具有统计学意义。

02 模型检验结果。

表 8-11 给出了非线性回归模型的检验结果。从中可以发现，R 平方值为 0.432，表明模型的拟合效果较好。

03 模型综述。

经过对数据进行非线性分析可知：

① 借助于参数估计及模型检验结果，由于设置的公式为 $y = \exp(a - b * x)$，所以模型的最终结果为

$$y = \exp(1.837 + 0.004 * x)。$$

② 由于模型的 R 平方值为 0.432，这说明模型对数据的解释能力较好。

第 9 章　SPSS Logistic 回归分析

第 8 章所讨论的回归分析在探索被解释变量与解释变量之间的相关性时，要求被解释变量是数值型变量。但是，在实际应用中并不是所有的被解释变量都是数值型的，有许多问题分析的是一个或多个变量如何对一个非数值型变量产生影响。如研究吸烟、性别、年龄等对患肺癌的影响时，是否患肺癌作为被解释变量是一个二分类型变量；研究消费者对某种商品的品牌选择取向时，品牌作为一个被解释变量，是一个多分类型变量。

当二分类型或多分类型变量以被解释变量的角色出现在回归分析中时，一方面，不满足一般回归模型对被解释变量的取值要求，另一方面，也违背了回归模型的前提假设。这时，如果建立一般的回归模型，就会导致一系列的问题，如模型的残差不再满足等方差，从而使得回归方程的 F 检验、回归系数的 T 检验及回归系数的置信区间估计失效。

针对被解释变量是二分类型或多分类型变量的情况，通常采用的方法是 Logistic 回归分析。当被解释变量是二分类型变量时，采用二项 Logistic 回归模型；当被解释变量是多分类型变量时，采用多项 Logistic 回归模型。Logistic 回归分析是多元线性回归分析方法不断发展的成果。

9.1　二项 Logistic 回归分析

9.1.1　二项 Logistic 回归分析的功能

二项 Logistic 回归分析用于分析二分类型被解释变量与解释变量之间的关系，建立关于二分类型被解释变量与解释变量的统计模型。

9.1.2　二项 Logistic 回归分析的基本操作及说明

（1）打开 SPSS 数据文件，选择菜单【分析→回归→二元 Logistic】，SPSS 弹出【Logistic 回归】对话框。

（2）选择被解释变量进入【因变量】框中，选择一个或多个解释变量进入【协变量】框中；也可以将不同的解释变量组放在不同的块中，进而分析不同解释变量组对被解释变量的贡献。

（3）在【方法】框中选择 Logistic 回归分析中解释变量的筛选策略。其中，【输入】

表示将所选变量全部强行进入回归方程；【向前：有条件】表示逐步筛选策略，且变量进入方程的依据是比分检验统计量（该统计量服从卡方分布，其检验结果与似然比卡方一致），剔除出方程的依据是条件参数估计原则下的似然比卡方（条件参数估计原则是计算分别剔除各解释变量后模型对数似然比卡方的变化量，首先选择使变化量最小的解释变量并剔除出方程）；【向前：LR】表示逐步筛选策略，且变量进入方程的依据是比分检验统计量，剔除出方程的依据是极大似然估计原则下的似然比卡方；【向前：瓦尔德】表示向前逐步筛选策略，且变量进入或剔除出方程的依据是 Wald 统计量；【向后：有条件】表示向后筛选策略，且变量剔除出方程的依据是条件参数估计原则下的似然比卡方；【向后：LR】表示向后筛选策略，且变量剔除出方程的依据是极大似然估计原则下的似然比卡方；【向后：瓦尔德】表示向后筛选策略，且变量剔除出方程的依据是 Wald 统计量。

（4）如果希望分析解释变量的交互影响是否对被解释变量产生显著影响，可选择相应的变量，并单击【 >a * b >】按钮到【协变量】框中。

（5）可选择一个变量作为条件变量到【选择变量】框中，并单击【规则】按钮给定一个判定条件。只有变量值满足给定条件的样本数据才参与回归分析。

（6）如果解释变量是分类型变量，可单击【分类】按钮指定如何生成虚拟变量。选择【协变量】框中的分类变量到【分类协变量】框中，在【更改对比】框的【对比】选项中选择参照类，并单击【变化量】按钮。其中各选项的含义如下：

①【指示符】为默认的（虚拟变量取值为 0 或 1），且应在【参考类别】选项中指定参考水平。【第一个】表示类别值按字母顺序排在第一的为参照水平；【最后一个】表示类别值按字母顺序排在最后的为参照水平。

②【简单】同【指示符】选项，主要区别在 β_0。如果不考虑其他解释变量，β_0 反映的是该变量所有类别对 Logit P 的平均影响（其余的【差异】、【赫尔默特（Helmert）】、【重复】同此），而【指示符】中反映的是参照水平（类别）对 Logit P 的影响。

③【差异】除第一个类别外，均以前几个类别对 Logit P 影响的平均水平作为参照水平。此时，【参考类别】选项无效。

④【赫尔默特】除最后一个类别外，均以后几个类别对 Logit P 影响的平均水平作为参照水平。此时，【参考类别】选项无效。

⑤【重复】以前个类别对 Logit P 影响的平均水平作为参照水平。此时，【参考类别】选项无效。

（7）可通过点击【Logistic 回归】对话框右侧的按钮对数据进行进一步的深入分析，掌握更多有用的信息。例如，点击【选项】按钮，可指定输出内容和设置建模中的某些参数。其中各选项的含义如下：

①【统计和图】框中，【分类图】选项表示绘制被解释变量的预测类别图；【霍斯默 - 莱梅肖拟合优度】表示输出霍斯默 - 莱梅肖拟合优度指标；【个案残差列表】表示输出各观测的非标准化残差、标准化残差等指标；【Exp（B）的置信区间】表示输出优势比默认 95% 的置信区间。

②【显示】框中，【在每个步骤】表示输出模型建立过程中的每一步结果；【在最后一个步骤】表示只输出最终的结果。

③【步进概率】框中，指定解释变量进入方程或剔除出方程的显著性水平 α。【进入】表示回归系数比分检验的概率 P 值小于 0.05（默认）时相应变量可进入回归方程；【除去】表示回归系数比分检验的概率 P 值大于 0.10（默认）时相应变量应剔除出回归方程。

④【分类分界值】表示设置概率分界值。预测概率值大于 0.5（默认）时判定被解释变量的分类预测值为 1，小于 0.5 时判定分类预测值为 0。可以根据实际问题对预测精度的要求修改该参数。

⑤【最大迭代次数】是指极大似然估计的最大迭代次数，大于 20（默认值）时迭代结束。

（8）通过点击【保存】按钮，将预测结果、残差及强影响点的探测值等以 SPSS 变量的形式保存到数据编辑器窗口中。其中各选项的含义如下：

①【预测值】框中，【概率】表示保存被解释变量取 1 的概率预测值；【组成员】表示保存类别预测值。

②【残差】框和【影响】框表示保存残差、库克距离、杠杆值等。

（9）点击【确定】按钮，SPSS 将自动进行 Logistic 回归分析并输出结果到查看器窗口。

9.1.3 案例分析

例 9-1 为了研究年龄、性别、收入不同的人群对某一商品购买的影响，选取了部分研究对象进行调查，并将调查结果整理成 SPSS 数据集（消费行为 .sav），其中 1 表示购买，0 表示不购买。试用 Logistic 回归分析探讨年龄、性别、收入对购买该商品的影响，并建立 Logistic 回归模型。

本案例的被解释变量“是否购买”是二分类型变量，故运用二项 Logistic 回归分析，采取逐步筛选策略（向前：LR），同时通过单击【选项】对模型做进一步的分析，并保存预测概率值和类别预测值。具体操作如下：

01 打开数据文件“消费行为 .sav”，选择菜单【分析→回归→二元 Logistic】，SPSS 弹出【Logistic 回归】对话框。

02 选择变量“是否购买”进入【因变量】列表框，选择“年龄”“性别”“收入”三个变量进入【协变量】列表框，如图 9-1 所示。

03 单击【分类】按钮打开【Logistic 回归：定义分类变量】窗口；指定性别以“男性”作为参照类，操作方法：鼠标放在【分类协变量】框中的“性别［gender］”变量上，在【更改对比】框中，【对比】下拉菜单中选中【指示符】，在【参考类比】中选中【第一个】，点击【变化量】按钮；收入以“低收入”作为参照类，操作方法同性别，如图 9-2 所示。点击【继续】按钮。

04 单击【选项】按钮，在打开的【Logistic 回归：选项】窗口中勾选需要的选项，如图 9-3 所示；设置完毕，点击【继续】按钮。

05 单击【保存】按钮，在打开的【Logistic 回归：保存】窗口中勾选需要保存的选项，如图 9-4 所示；设置完毕，点击【继续】按钮。

06 点击【确定】按钮，SPSS 自动进行 Logistic 回归分析并输出结果到查看器窗口中，如表 9-1 ~ 表 9-12 和图 9-5 所示，其中表 9-2 ~ 表 9-4 是第**04**步分析的结果。

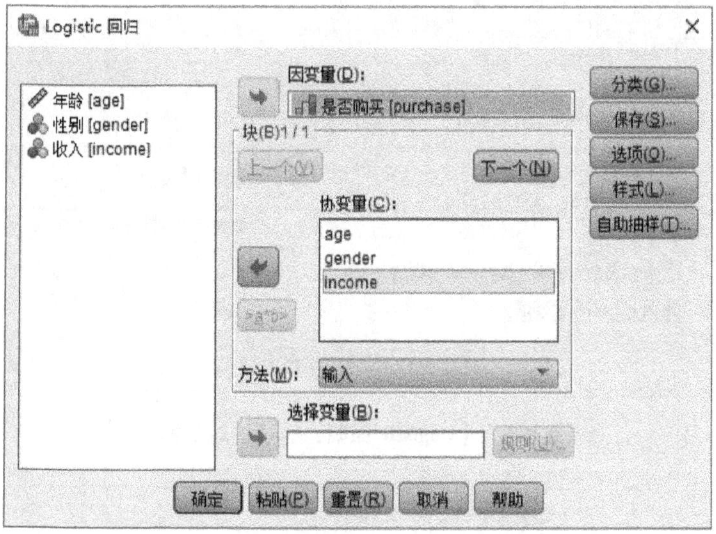

图 9-1　【Logistic 回归】对话框

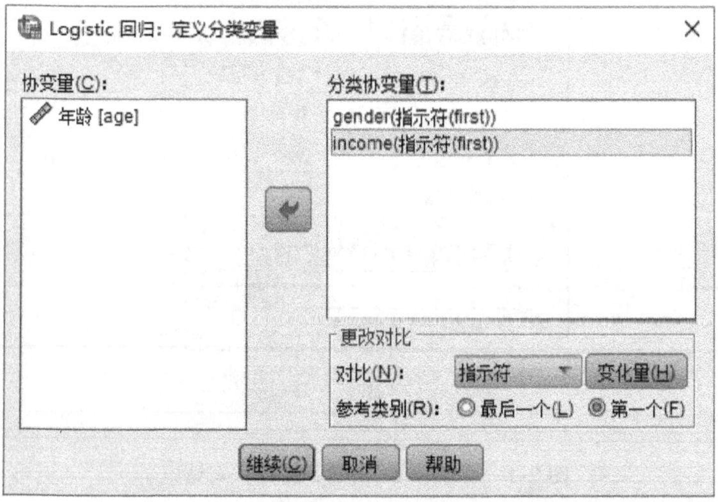

图 9-2　【Logistic 回归：定义分类变量】对话框

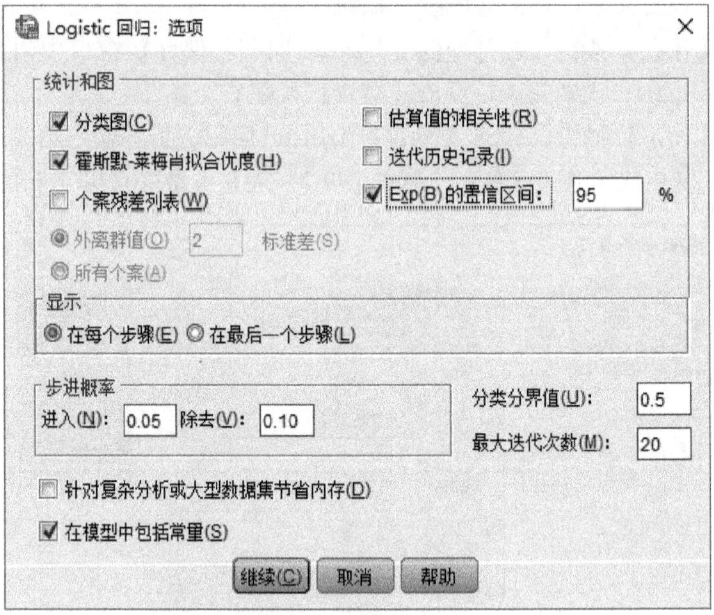

图 9-3　【Logistic 回归：选项】对话框

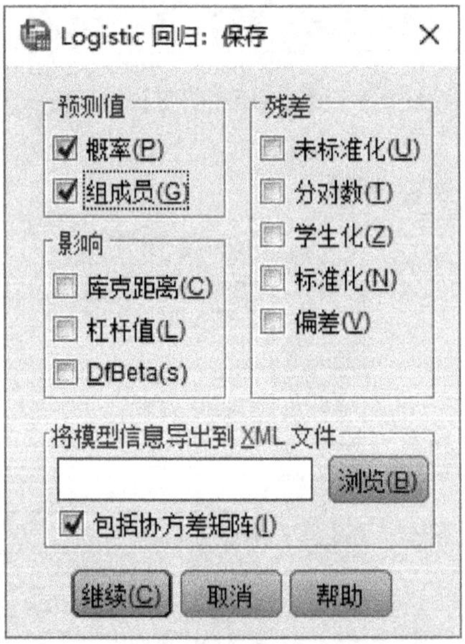

图 9-4　【Logistic 回归：保存】对话框

表 9-1　分类变量编码

		频率	参数编码	
			(1)	(2)
收入	低收入	132	.000	.000
	中收入	144	1.000	.000
	高收入	155	.000	1.000
性别	男	191	.000	
	女	240	1.000	

表 9-2　分类表[a,b]

块 0：起始块

	实测		预测		
			是否购买		正确百分比
			不购买	购买	
步骤 0	是否购买	不购买	269	0	100.0
		购买	162	0	.0
	总体百分比				62.4

a. 常量包括在模型中。
b. 分界值为 .500。

表 9-3　方程中只有常数项时回归系数检验

方程中的变量

	B	标准误差	瓦尔德	自由度	显著性	Exp（B）
步骤 0　常量	-.507	.099	26.002	1	.000	.602

表 9-4　待进入方程的各解释变量

未包括在方程中的变量

块 1：方法 = 输入

			得分	自由度	显著性
步骤 0	变量	年龄	1.268	1	.260
		性别（1）	4.667	1	.031
		收入	10.640	2	.005
		收入（1）	2.935	1	.087
		收入（2）	10.640	1	.001
	总体统计		18.273	4	.001

表 9-5　模型综合检验结果（一）

模型系数的综合检验

块 1：方法 = 向前步进（似然比）

		卡方	自由度	显著性
步骤 1	步骤	10. 543	2	. 005
	块	10. 543	2	. 005
	模型	10. 543	2	. 005
步骤 2	步骤	5. 917	1	. 015
	块	16. 459	3	. 001
	模型	16. 459	3	. 001

表 9-6　模型综合检验结果（二）

如果移去项则建模

		模型对数似然	-2 对数似然的变化	自由度	变化量的显著性
步骤 1	收入	-285. 325	10. 543	2	. 005
步骤 2	性别	-280. 053	5. 917	1	. 015
	收入	-282. 976	11. 761	2	. 003

表 9-7　回归系数检验结果（一）

方程中的变量

		B	标准误差	瓦尔德	自由度	显著性	Exp(B)	EXP(B)的 95% 置信区间	
								下限	上限
步骤 1[a]	收入			10. 512	2	. 005			
	收入(1)	. 006	. 259	. 001	1	. 982	1. 006	. 606	1. 670
	收入(2)	. 672	. 247	7. 424	1	. 006	1. 958	1. 208	3. 174
	常量	-. 762	. 187	16. 634	1	. 000	. 467		
步骤 2[b]	性别(1)	. 504	. 209	5. 824	1	. 016	1. 656	1. 099	2. 493
	收入			11. 669	2	. 003			
	收入(1)	. 096	. 263	. 134	1	. 714	1. 101	. 658	1. 843
	收入(2)	. 761	. 251	9. 147	1	. 002	2. 139	1. 307	3. 502
	常量	-1. 113	. 240	21. 432	1	. 000	. 329		

a. 在步骤 1 输入的变量：收入。
b. 在步骤 2 输入的变量：性别。

表 9-8 回归系数检验结果（二）

不在方程中的变量

			得分	自由度	显著性
步骤 1	变量	年龄	1.848	1	.174
		性别（1）	5.865	1	.015
		总体统计	7.824	2	.020
步骤 2	变量	年龄	1.984	1	.159
		总体统计	1.984	1	.159

表 9-9 模型的拟合优度检验

模型汇总

步骤	-2 对数似然	考克斯-斯奈尔 R 方	内戈尔科 R 方
1	560.107[a]	.024	.033
2	554.190[b]	.037	.051

a. 由于参数估算值的变化不足 .001，因此估算在第 3 次迭代时终止。
b. 由于参数估算值的变化不足 .001，因此估算在第 4 次迭代时终止。

表 9-10 模型的霍斯默-莱梅肖检验（一）

步骤	卡方	自由度	显著性
1	.000	1	1.000
2	8.943	4	.063

表 9-11 模型的霍斯默-莱梅肖检验（二）

		是否购买 = 不购买		是否购买 = 购买		总计
		实测	期望	实测	期望	
步骤 1	1	90	90.000	42	42.000	132
	2	98	98.000	46	46.000	144
	3	81	81.000	74	74.000	155
步骤 2	1	35	32.363	8	10.637	43
	2	58	53.602	15	19.398	73
	3	55	57.637	34	31.363	89
	4	40	44.398	31	26.602	71
	5	37	44.035	38	30.965	75
	6	44	36.965	36	43.035	80

表 9-12　分类表[a]

			是否购买		正确百分比
			不购买	购买	
步骤 1	是否购买	不购买	269	0	100. 0
		购买	162	0	. 0
	总体百分比				62. 4
步骤 2	是否购买	不购买	225	44	83. 6
		购买	126	36	22. 2
	总体百分比				60. 6

a. 分界值为 . 500。

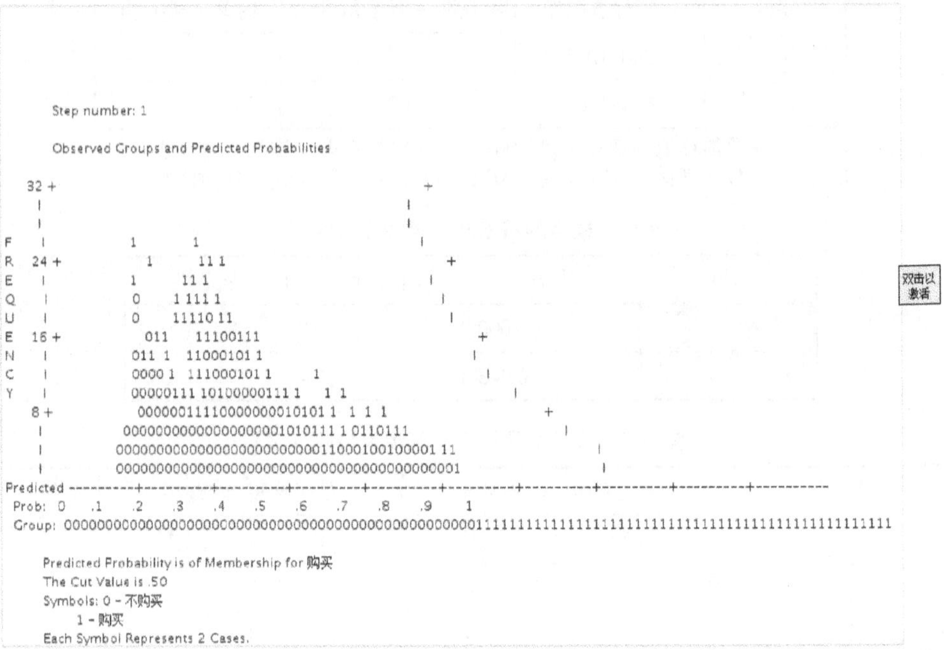

图 9-5　Logistic 回归分析的预测类别图

9. 1. 4　输出结果解析

01 分类变量编码。

表 9-1 给出了虚拟解释变量的取值编码及分布情况，对由分类型变量派生出来的虚拟解释变量，SPSS 自动命名为原变量名（编码）。表 9-1 说明，收入派生出的两个虚拟变量分别命名为 Income（1）和 Income（2），依次表示“是否中收入”和“是否高收入”，两变量均为 0 表示“低收入”；性别派生出的一个虚拟变量为 Gender（1），表示“是否女性”，取值为 0 表示男性。

02 二项 Logistic 回归分析初始步。

表 9-2 是零模型（第 0 步，方程中只有常数项，其他回归系数约束为 0）的混淆矩阵，显示了二项 Logistic 回归分析初始步。可以看出，269 人实际没购买，且模型预测准确，正确率为 100%；162 人实际购买了，但模型预测错误，正确率为 0%。模型总的预测正确率为 62.4%。

03 模型只有常数项时回归系数检验。

表 9-3 给出了方程中只有常数项时回归系数的检验结果，各数据项的含义依次是：回归系数、回归系数标准误差、瓦尔德检验统计量、自由度、瓦尔德检验统计量的概率值及优势比。由于此时模型中不包含任何解释变量，故该表无实际意义。

04 待进入方程的各解释变量。

表 9-4 对待进入方程的各解释变量进行了描述，各数据项的含义依次是：比分检验统计量、自由度、概率 P 值。可以看出，如果下一步“年龄”进入方程，则比分检验统计量为 1.268，概率 P 值为 0.26。如果显著性水平 α 为 0.05，由于概率 P 值大于显著性水平 α，所以不能进入方程。这里选择的策略是“输入”，表示所有解释变量将强行进入方程。

05 模型的综合检验。

表 9-5 给出了模型筛选过程中似然比卡方检验结果，用于回归方程的显著性检验，需结合表 9-6 分析。步骤 1 中，模型中包含常数项和“收入”。如果此时剔除“收入”，则 −2 倍的对数似然将增大 10.543（似然比卡方值），所以 10.543 是由于“收入”进入模型而减少的。−285.325 就是第 0 步模型的对数似然。步骤 2 中，模型中包含常数项、“收入”和“性别”。如果此时剔除性别，则 −2 倍的对数似然将增大 5.917，所以 5.917 是在步骤 1 基础上由于性别进入模型而减少的。−280.053 是步骤 1 模型的对数似然，此时 $2 \times (-280.053 + 285.325) = 10.543$，是由“收入”进入第 0 步模型引起的。其他同理。SPSS 给出的最终模型是步骤 2 的结果。可以看到，如果显著性水平 α 为 0.05，由于各概率 P 值均小于显著性水平 α，应拒绝原假设，认为所有回归系数显著异于 0。此时，模型中的解释变量全体与 Logit P 之间具有显著的线性关系，采用该模型是合理的。

06 模型的回归系数检验。

表 9-7 给出了解释变量筛选的过程，以及各解释变量的回归系数的检验结果。由此可以看出，最终的模型（步骤 2）中包含了变量“性别”和“收入”，各自回归系数显著性检验的瓦尔德统计量的概率 P 值分别为 0.016、0.003，均小于显著性水平 $\alpha = 0.05$。故拒绝原假设，认为这两个变量与 Logit P 之间具有显著的线性关系，应保留在方程中。同时，Exp（B）是相应解释变量变化一个单位导致的优势比，最后两列是优势比的 95% 的置信区间。表 9-8 表明，如果把变量“年龄”引入方程，则相应的比分检验的概率 P 值大于显著性水平 α，不应拒绝原假设，说明年龄与 Logit P 之间无显著的线性关系，因此，该变量不应进入方程。

07 模型的拟合优度检验。

表 9-9 是模型的拟合优度检验结果。由此表可知，最终模型的 -2 倍的对数似然函数值为 554.190，内戈尔科 R 平方较小，说明模型的拟合优度不高。

08 模型的霍斯默 - 莱梅肖检验。

表 9-10 和表 9-11 是模型的霍斯默 - 莱梅肖检验结果。在最终模型中，霍斯默 - 莱梅肖检验统计量的观测值为 8.943，其概率 P 值为 0.063，大于显著性水平 $\alpha=0.05$，因此不应拒绝原假设，认为被解释变量实际类别值的分布与预测类别值的分布无显著差异，模型拟合优度较好。虽然与内戈尔科的结果看似不一致，但该结果是从统计检验的角度得到的，而内戈尔科只是一般的描述性指标。

09 模型的混淆矩阵。

表 9-12 给出了各模型的混淆矩阵。第一个模型的总体正确率为 62.4%，对不购买人群预测的准确率较高，但对购买人群预测的准确率较低；第二个模型的总体正确率为 60.6%，对不购买人群预测的准确率下降，但对购买人群预测的准确率提高了。因此，从应用角度来看，第二个模型的应用性略强于第一个模型。这是因为，尽管总的预测正确率下降了，但是却大大提高了对购买人群预测的正确率。

10 Logistic 回归分析的预测类别图。

图 9-5 是 Logistic 回归分析的预测类别图。图中符号 0 表示实际未购买，1 表示实际购买，每个符号代表 10 个观测，概率预测值大于 0.5 的样本属于购买类，小于 0.5 的属于未购买类。可以看出，模型预测出的购买样本中，仍有部分样本的实际值是未购买的；同样，模型预测出的未购买样本中，仍有实际购买的。模型的预测效果并不理想。

综上可知，该模型的预测效果并不能令人满意，其原因可能是仅仅通过“性别”和“收入”两个变量预测是否购买该商品是不全面的，除此之外，还要考虑其他因素。但是，该模型可以用于解释是否购买与“性别”“收入”之间的关系。由表 9-7 可得 Logistic 回归方程。

低收入顾客群的回归方程为

$$\text{Logit P} = -1.113 + 0.504 * \text{性别}(1)$$

中收入顾客群的回归方程为

$$\text{Logit P} = -1.113 + 0.504 * \text{性别}(1) + 0.096 * \text{收入}(1)$$

高收入顾客群的回归方程为

$$\text{Logit P} = -1.113 + 0.504 * \text{性别}(1) + 0.761 * \text{收入}(2)$$

由此可知，年龄对是否购买并无显著影响。

9.2 多项 Logistic 回归分析

9.2.1 多项 Logistic 回归分析的功能

多项 Logistic 回归分析用于分析多分类型被解释变量与解释变量之间的关系，建立关于多分类型被解释变量和解释变量的统计模型。

9.2.2　多项 Logistic 回归分析的基本操作及说明

（1）打开 SPSS 数据文件，选择菜单【分析→回归→多元 Logistic】，SPSS 弹出【多元 Logistic 回归】对话框。

（2）选择被解释变量进入【因变量】框中，单击【参考类别】按钮指定被解释变量的参考类别，默认的是“最后一个类别”。

（3）选择分类型解释变量进入【因子】框中，选择数值型解释变量到【协变量】框中。

（4）单击【模型】按钮打开【多元 Logistic 回归：模型】窗口，在该窗口中指定模型类型，默认的模型类型为主效应模型。选中【主效应】选项，表示模型中只包含解释变量自身，即只分析解释变量对被解释变量的独立效应；【全因子】选项，表示建立饱和模型，即对解释变量对被解释变量的独立效应及交互效应进行分析。【定制/步进】选项，表示用户需自行指定参与建立模型的解释变量和它们的交互作用及解释变量的筛选策略。强行进入模型的解释变量应选入【强制进入项】框中；而非强行进入模型的解释变量，应指定到【步进项】框中，并说明模型的解释变量筛选策略。设置完毕，点击【继续】按钮。

（5）单击【统计】按钮，打开【多元 Logistic 回归：统计】窗口，指定输出哪些统计量。其中，【个案处理摘要】选项表示输出各分类型变量的边缘分布表。【模型】框中：【伪 R 方】选项表示输出模型拟合优度检验指标；【模型拟合信息】表示输出回归方程显著性检验结果；【分类表】选项表示输出广义 Logit 模型样本预测的混淆矩阵。【参数】框中：【估算值】选项表示输出回归系数的估计值和默认 95% 的置信区间；【似然比检验】选项表示输出回归方程显著性检验结果。设置完毕，点击【继续】按钮。

（6）点击【保存】按钮，打开【多元 Logistic 回归：保存】窗口，将预测结果以变量的形式存储到数据编辑器窗口中。【保存的变量】框中：【估计响应概率】选项表示保存各自类别的概率预测值，变量名为 ESTm_n，n 表示操作分析执行的次数，m 为被解释变量的类别编码，各概率值之和为 1；【预测类别】选项表示保存预测类别，变量名以 PRE 开头；【预测类别概率】选项表示保存预测类别的概率值，变量名以 PCP 开头；【实际类别概率】选项表示保存样本实际类别的概率值，变量名以 ACP 开头。设置完毕，点击【继续】按钮。

（7）点击【确定】按钮，SPSS 将自动进行多项 Logistic 回归分析并按照要求将结果输出到查看器窗口。

9.2.3　案例分析

例 9-2　为了研究和预测顾客的品牌选择取向，收集到一些历史数据并将其整理成 SPSS 数据文件（品牌选择 .sav），其中变量包含职业（三种职业）、性别（1 为男，0

为女)、顾客选购的品牌（A、B、C 三种）。试建立客户品牌选择取向的多项 Logistic 预测模型，并分析影响因素。

本例中，购买品牌为被解释变量，其余变量为解释变量，多项 logistic 回归分析的具体操作步骤如下：

01 打开数据文件“品牌选择 . sav”，选择菜单【分析→回归→多元 Logistic】，SPSS 弹出【多元 Logistic 回归】对话框。

02 选择被解释变量“购买品牌”进入【因变量】框中，单击【参考类别】选择默认的【最后一个类别】，即 C 类别；“职业”“性别”都是分类型解释变量，都选入【因子】框中，如图 9-6 所示。

03 单击【模型】按钮打开【多元 Logistic 回归：模型】对话框，选择【定制/步进】选项，将解释变量“职业”“性别”选入【强制进入项】框中，并在【构建项】下拉列表中选择【交互】，勾选【在模型中包括截距】，如图 9-7 所示。点击【继续】按钮。

04 单击【统计】按钮，打开【多元 Logistic 回归：统计】窗口，选择【个案处理摘要】、【伪 R 方】、【步骤摘要】、【模型拟合信息】、【分类表】、【估算值】、【似然比检验】等选项。【定义子群体】框中选择默认的【由因子和协变量定义的协变量模式】，如图 9-8 所示。点击【继续】按钮。

05 点击【保存】按钮，打开【多元 Logistic 回归：保存】窗口，在【保存的变量】框中勾选【估算响应概率】、【预测类别】、【实际类别概率】，并选中【包括协方差矩阵】，如图 9-9 所示。点击【继续】按钮。

06 点击【确定】按钮，SPSS 将自动进行多元 Logistic 回归分析并按照要求将结果输出到查看器窗口中，如表 9-13 ~ 表 9-18 所示。

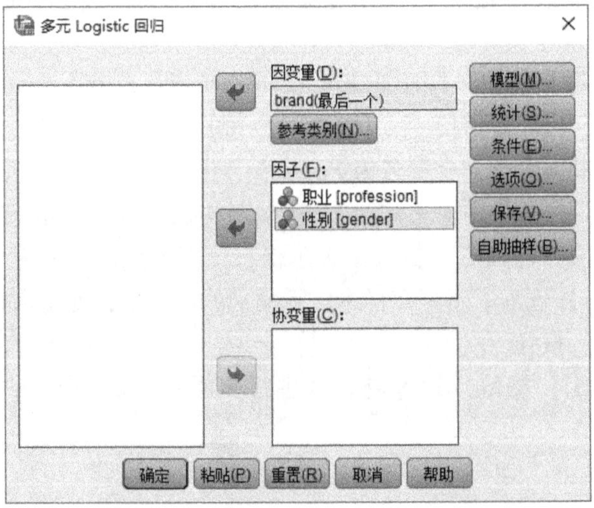

图 9-6 【多元 Logistic 回归】对话框

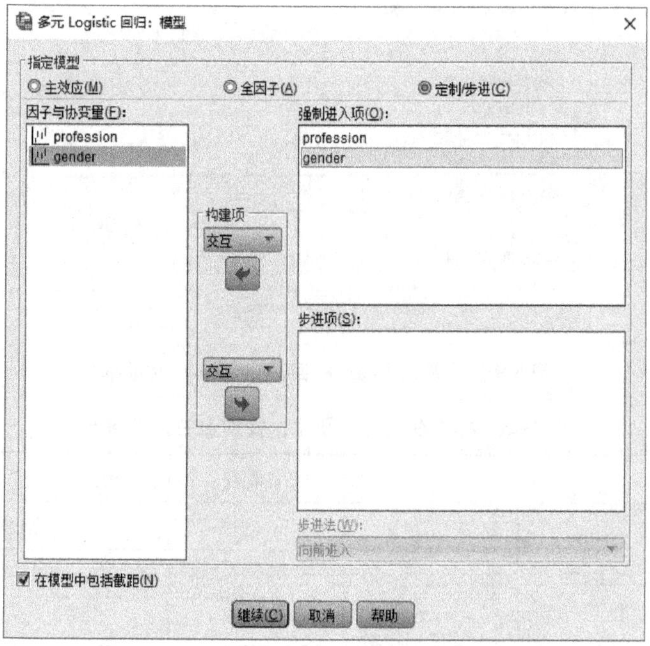

图 9-7　【多元 Logistic 回归：模型】对话框

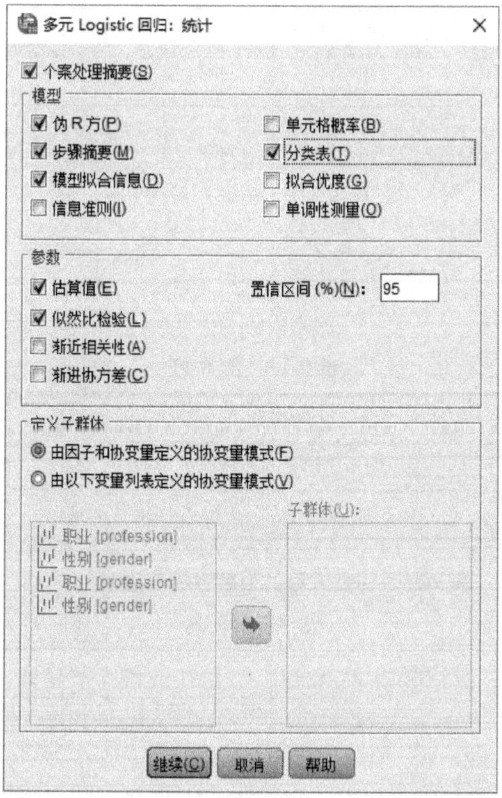

图 9-8　【多元 Logistic 回归：统计】对话框

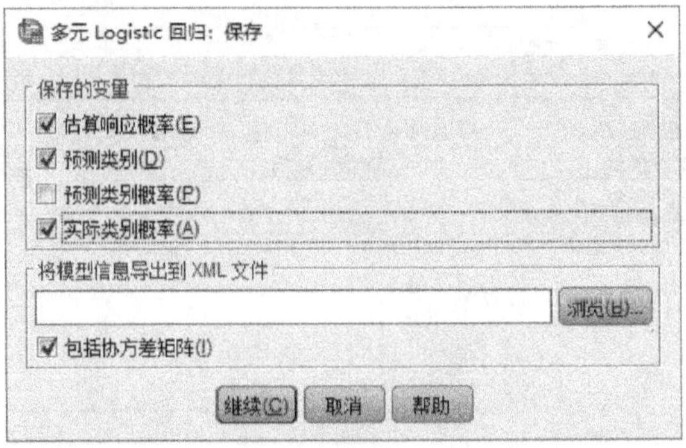

图 9-9 【多元 Logistic 回归：保存】对话框

表 9-13 样本在品牌、职业、性别上的分布情况

		个案数	边际百分比
购买品牌	A	79	23.4%
	B	85	25.1%
	C	174	51.5%
职业	职业一	120	35.5%
	职业二	128	37.9%
	职业三	90	26.6%
性别	男	163	48.2%
	女	175	51.8%
有效		338	100.0%
缺失		0	
总计		338	
子群体		6	

表 9-14 伪 R 方

考克斯－斯奈尔	.081
内戈尔科	.093
麦克法登	.041

表 9-15 回归方程的显著性检验结果（一）

模型拟合信息

模型	模型拟合条件	似然比检验		
	－2 对数似然	卡方	自由度	显著性
仅截距	78.915			
最终	50.445	28.470	6	.000

表 9-16　回归方程的显著性检验结果（二）[a]

似然比检验

效应	模型拟合条件	似然比检验		
	简化模型的 -2 对数似然	卡方	自由度	显著性
截距	50.445[b]	.000	0	.
职业	66.830	16.385	4	.003
性别	61.539	11.094	2	.004

a. 卡方统计是最终模型与简化模型之间的 -2 对数似然之差。简化模型是通过在最终模型中省略某个效应而形成的。原假设是，该效应的所有参数均为 0。

b. 因为省略此效应并不会增加自由度，所以此简化模型相当于最终模型。

表 9-17　模型参数估计

购买品牌[a]		B	标准错误	瓦尔德	自由度	显著性	Exp(B)	Exp(B)的 95% 置信区间	
								下限	上限
A	截距	-.656	.296	4.924	1	.026			
	[职业 =1.00]	-1.315	.384	11.727	1	.001	.269	.127	.570
	[职业 =2.00]	-.232	.333	.486	1	.486	.793	.413	1.522
	[职业 =3.00]	0[b]	.	.	0	.	.	.	.
	[性别 =1.00]	.747	.282	7.027	1	.008	2.112	1.215	3.670
	[性别 =2.00]	0[b]	.	.	0	.	.	.	.
B	截距	-.653	.293	4.986	1	.026			
	[职业 =1.00]	-.656	.339	3.730	1	.053	.519	.267	1.010
	[职业 =2.00]	-.475	.344	1.915	1	.166	.622	.317	1.219
	[职业 =3.00]	0[b]	.	.	0	.	.	.	.
	[性别 =1.00]	.743	.271	7.533	1	.006	2.101	1.237	3.571
	[性别 =2.00]	0[b]	.	.	0	.	.	.	.

a. 参考类别：^1。

b. 此参数冗余，因此设置为零。

表 9-18　模型预测结果

实测	预测			
	A	B	C	正确百分比
A	15	0	64	19.0%
B	15	0	70	0.0%
C	16	0	158	90.8%
总体百分比	13.6%	0.0%	86.4%	51.2%

9.2.4 输出结果解析

01 个案处理结果。

表 9-13 给出了样本在品牌、职业、性别上的分布情况，样本总数为 338，无缺失值。选择 C 品牌的人较多，选择 A 品牌和 B 品牌的人数差不多。职业和性别上的分布较为均匀。

02 模型的拟合优度检验。

表 9-14 给出了当前模型的拟合优度指标，前两项统计量的含义和二项 Logistic 回归分析相同。可以看出，模型的拟合优度较低，第三个统计量麦克法登统计量又称为伪 R 方。一般而言，伪 R 方在 0.3 和 0.5 之间比较理想，而本例中伪 R 方为 0.041，模型拟合效果不佳。

03 模型的显著性检验。

表 9-15 给出了零模型和当前模型的回归方程显著性检验结果。可以看出，零模型的 -2 倍的对数似然为 78.915，当前模型为 50.445，似然比卡方值为 28.470（即 78.915 - 50.445），概率 P 值为 0.00。如果显著性水平 α 为 0.05，则应拒绝原假设，认为解释变量全体与广义 Logit P 之间存在显著的线性关系，模型选择是合理的。

表 9-16 给出了模型引入（或剔除）各解释变量后似然比卡方值。表中“简化模型”是指当前模型中的某个解释变量被剔除后的模型。可以看出，当前模型的 -2 倍的对数似然值为 50.445。剔除“职业”后模型的 -2 倍的对数似然值为 66.830，与当前模型（最终模型）相比，似然比卡方值为 16.385（即 66.830 - 50.445），因此，16.385 是由于职业进入模型而带来的。同理可知，剔除“性别”后模型的 -2 倍的对数似然值为 61.539，与当前模型（最终模型）相比，似然比卡方值为 11.094（即 61.539 - 50.445），因此，11.094 是由于性别进入模型而带来的。职业和性别的卡方检验的概率 P 值分别为 0.003、0.004，如果显著性水平 α 为 0.05，则应拒绝回归系数为 0 的假设，认为职业和性别与广义 Logit P 之间存在显著的线性关系。

04 模型参数估计。

表 9-17 是模型参数及其检验结果。第二列是各自变量不同分类水平在模型中的系数，正负符号表示他们与品牌选择是正相关还是负相关。第六列是瓦尔德检验统计量对应的概率 P 值，若此值小于 0.05，则说明对应自变量的系数具有统计学意义，对因变量不同分类水平的变化有显著影响。

由此可得选择 A 品牌和选择 C 品牌的概率比的自然对数模型

$$\text{Logit}\ P_A = -0.656 - 1.315X_1(1) - 0.232X_1(2) + 0.747X_2(1)$$

性别相同时，职业 1 的概率比自然对数较职业 3（参照类）平均减少了 1.315 个单位，职业 1 的概率比是职业 3 的 0.269 倍。职业 1 的 A 品牌取向低于职业 3，且统计上显著，即职业 1 选择 A 品牌的倾向与职业 3 有显著差异。职业相同时，男性的概率比自然对数较女性（参照类）平均多了 0.747 个单位，男性的概率比是女性的 2.112 倍。男性较女性更倾向于选择 A 品牌，且统计上显著，即男性选择 A 品牌的倾向与女性有显著差异。

同时，还可得到选择 B 品牌和选择 C 品牌的概率比的自然对数模型

$$\text{Logit } P_B = -0.653 - 0.656X_1(1) - 0.475X_1(2) + 0.743X_2(1)$$

性别相同时，职业 1 的概率比自然对数较职业 3（参照类）平均减少了 0.656 个单位，职业 1 的概率比是职业 3 的 0.519 倍。职业 1 的 B 品牌取向低于职业 3，且统计上不显著，即职业 1 选择 B 品牌的倾向与职业 3 无显著差异。职业相同时，男性的概率比自然对数较女性（参照类）平均多了 0.743 个单位，男性的概率比是女性的 2.101 倍。男性较女性更倾向于选择 B 品牌，且统计上显著，即男性选择 B 品牌的倾向与女性有显著差异。

05 模型预测结果。

表 9-18 是模型样本预测的混淆矩阵。由此可以看出，实际选择 A 品牌且正确预测的样本量是 15，正确率为 19.0%；实际选择 B 品牌且正确预测的样本量是 0，正确率为 0%；实际选择 C 品牌且正确预测的样本量是 158，正确率为 90.8%。模型的总体预测准确率为 51.2%。可见，模型对 C 品牌的预测准确率较高，与样本在品牌上的分布有一定关系，样本中 C 品牌的比例远高于其他两个品牌。

第 10 章　SPSS 因子分析与对应分析

在研究实际问题时往往需要尽可能多的收集相关变量，以便能对问题有比较全面、完整的把握和认识。虽然这样收集到的数据能够较为全面、精确地描述客观事物，但是在实际建模时却会遇到各种各样的问题。例如，① 由于收集的变量较多，如果所有的变量都参与数据建模，必然会增加分析过程中的计算量；② 收集到的诸多变量之间通常会存在或多或少的相关性，而变量间信息的高度重叠和高度相关会给统计方法的应用带来许多障碍。众多解释变量的多重共线性会给回归方程的参数估计带来许多麻烦，使得回归方程参数不准确甚至模型不可用。

如何才能既削减变量个数，又不会造成信息的大量流失，因子分析就是一种有效的工具。因子分析以最少的信息丢失为前提，将众多的原有变量综合成较少的几个综合指标，名为因子。由此可知，因子具有下面几个特点：① 因子个数远远少于原有变量的个数；② 因子能够反应原有变量的绝大部分信息；③ 因子之间的线性关系不显著；④ 因子具有命名解释性。

同时，社会科学的数量研究中经常会对分类型变量进行分析，研究两个或多个分类型变量之间的相互关系。分析分类型变量之间的关系通常从编制两变量的交叉列联表入手，并通过对列联表的进一步研究探究变量间的联系。常见的方法有基于列联表的卡方检验等。在变量分类值较多时，上述分析方法通常较难直观地揭示变量之间的联系以及变量各分类之间的联系，主要表现在以下几个方面：

首先，由于变量的分类值较多，使得交叉列联表行列数剧增，列联表庞大，不易于对列联表直观观察。更主要的是，由于列联表的单元格数较多，极不易于揭示列联表中行列变量之间的联系。

其次，在变量分类值较多但样本量却不够大时，生成的交叉列联表中会出现大量的稀疏数据，不利于卡方检验等分析方法的运用。

另外，在以图形方式直观展示变量间关系方面，以往常见的图形不尽如人意。

再有，常见方法侧重揭示两变量间的关联，但却淡化了变量各分类间的内在联系。事实上不同变量不同分类间的关系是普遍存在的。

对应分析正是解决该类问题的一种基于图形分析的直观有效的多元统计分析方法。

10.1　因子分析

10.1.1　因子分析的功能

因子分析是将多个实测变量转换为少数几个综合指标（或称潜变量），它反映了一种降维的思想。通过降维将相关性高的变量聚在一起，从而减少需要分析的变量的个数。

因子分析就是将较少的、彼此不相关的综合指标分别综合存在于各变量中的各类信息，再根据专业知识和指标所反映的独特含义对这些综合指标予以命名，这种分析方法称为因子分析，代表各类信息的综合指标称为因子或主成分。

10.1.2　因子分析的基本操作及说明

（1）打开数据文件，选择菜单【分析→降维→因子】，打开【因子分析】对话框。

（2）选择参与因子分析的样本；选择参与因子分析的变量到【变量】列表框；把作为条件变量的变量选到【选择变量】列表框中，并单击【值】按钮输入变量值。只有满足相应条件的数据才参与因子分析。

（3）单击【描述】按钮打开【因子分析：描述】对话框，指定输出结果。其中【统计】框中指定输出哪些基本统计量，包括输出各个变量的基本描述统计量及因子分析的初始解。【相关性矩阵】框中指定考察因子分析条件的方法和输出结果，其中【系数】表示输出相关系数矩阵；【显著性水平】表示输出相关系数检验的概率 P 值；【决定因子】表示输出相关系数矩阵的行列式值；【逆】表示输出相关系数矩阵的逆矩阵；【反映像】表示输出反映像相关矩阵；【KMO 和巴特利特球形度检验】表示进行 KMO 检验和巴特利特球形度检验。

（4）单击【提取】按钮打开【因子分析：提取】对话框，指定提取因子的方法。在【方法】下拉列表中给出了多种因子提取方法；【分析】框中指定因子提取的依据；【提取】框中选择如何确定因子数目；【输出】框中选择输出哪些与因子提取有关的信息，包括输出未旋转因子解和碎石图。

（5）单击【旋转】按钮打开【因子分析：旋转】对话框，选择因子旋转方法。在【方法】框中选择因子旋转方法；在【输出】框中指定输出与因子旋转相关的信息。

（6）单击【得分】按钮打开【因子分析：因子得分】窗口，选择计算因子得分的方法。其中，选择【保存为变量】表示将因子得分保存到 SPSS 变量中，生成几个因子便产生几个 SPSS 变量，变量名的形式为 FACn_ m，n 是因子编号，m 是第几次分析的结果，还可以指定输出因子得分函数中各因子得分系数；在【方法】框中指定计算因子得分的方法。

（7）单击【选项】按钮打开【因子分析：选项】窗口，指定缺失值的处理方法和因子载荷矩阵的输出方法。在【缺失值】框中指定如何处理缺失值，在【系数显示格式】框中指定因子载荷矩阵的输出方式。

（8）点击【确定】按钮，等待输出结果。

10.1.3 案例分析

例 10-1 现有某市 2008—2017 年经济发展的相关数据（某市经济指标 . sav），涉及 9 个经济指标：总 GDP（亿元）、地方财政收入（亿元）、海关出口总额（万元）、固定资产投资（亿元）、基本建设投资（万元）、工业增加值（万元）、第三产业增加值（亿元）、社会消费品零售总额（亿元）、居民消费增加值（亿元）。试用因子分析法对数据集中 9 个经济指标进行因子分析，并写出提取的因子与这些指标之间的表达式。

具体操作步骤如下：

01 打开数据文件"某市经济指标 . sav"，选择菜单【分析→降维→因子】，打开【因子分析】对话框。

02 依次选择"总 GDP""地方财政收入""海关出口总额""固定资产投资""基本建设投资""工业增加值""第三产业增加值""社会消费品零售总额""居民消费增加值"9 个变量进入【变量】列表框，如图 10-1 所示。

03 单击【描述】按钮，弹出【因子分析：描述】对话框。在【统计】框中选中【初始解】，在【相关性矩阵】选项组选中【系数】和【KMO 和巴特利特球形度检验】，如图 10-2 所示。单击【继续】。

04 单击【提取】按钮，弹出【因子分析：提取】对话框。在【输出】框中选择【未旋转因子解】和【碎石图】选项，其他选项采用默认值，如图 10-3 所示。单击【继续】按钮。

05 单击【旋转】按钮，弹出【因子分析：旋转】对话框。在【方法】选项组选择【最大方差法】，其他选项采用系统默认，如图 10-4 所示。单击【继续】按钮。

06 单击【得分】按钮，弹出【因子分析：因子得分】对话框。勾选【显示因子得分系数矩阵】，其他选项采用系统默认值，如图 10-5 所示。单击【继续】按钮。

07 设置完毕后，单击【确定】按钮，SPSS 自动进行因子分析并输出结果到查看器窗口中，如表 10-1 ~ 表 10-9 和图 10-6 所示。

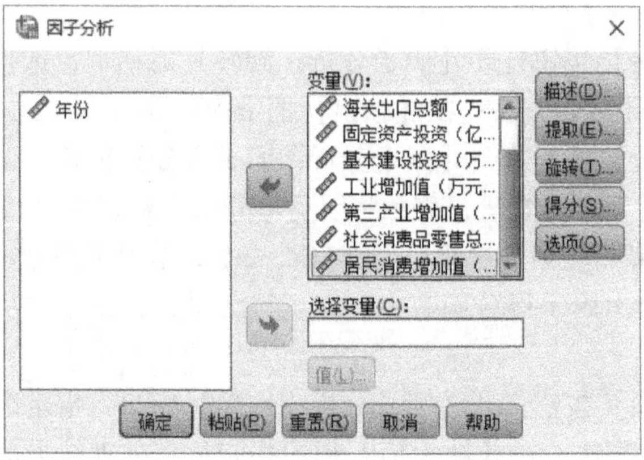

图 10-1 【因子分析】对话框

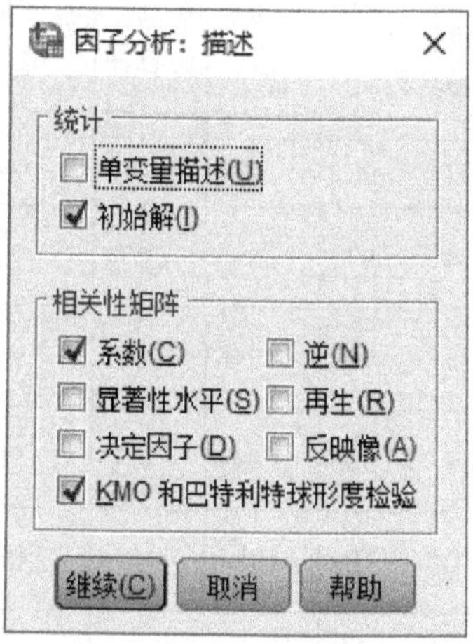

图 10-2　【因子分析：描述】对话框

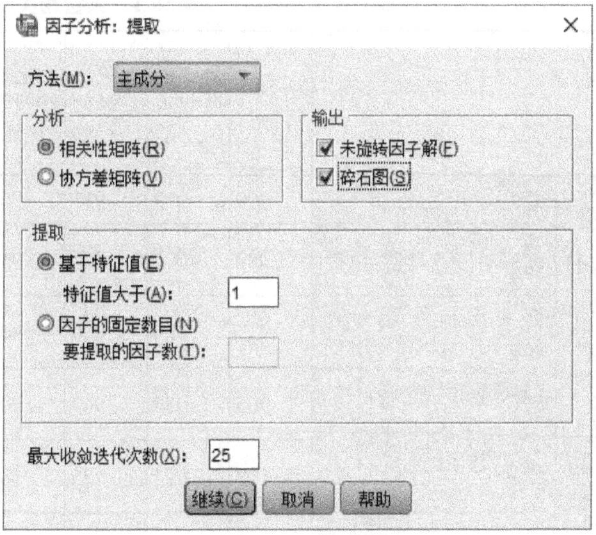

图 10-3　【因子分析：提取】对话框

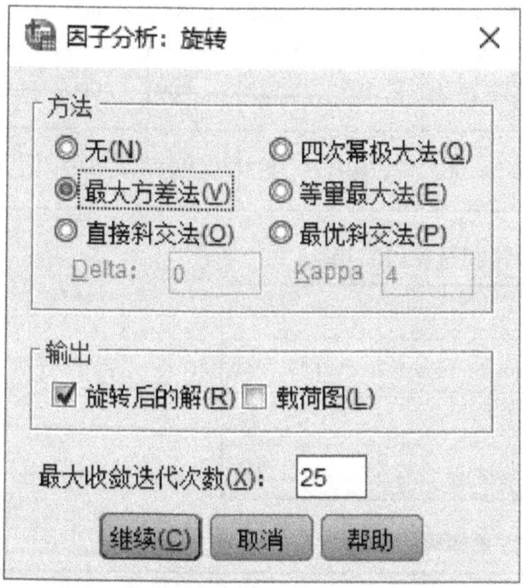

图 10-4　【因子分析：旋转】对话框

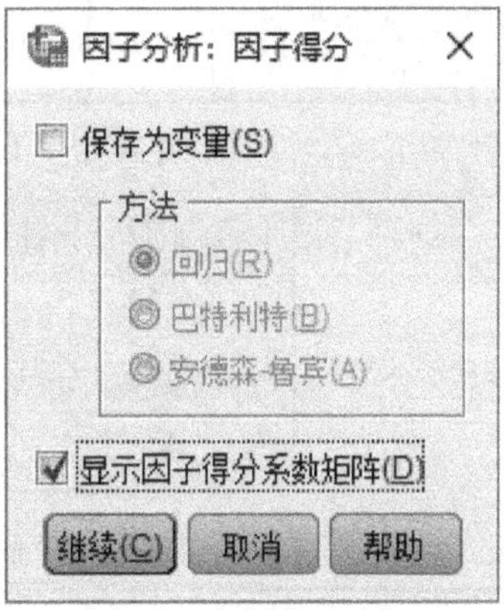

图 10-5　【因子分析：因子得分】对话框

表 10-1　系数相关矩阵

		总 GDP（亿元）	地方财政收入（亿元）	海关出口总额（万元）	固定资产投资（亿元）	基本建设投资（万元）	工业增加值（万元）	第三产业增加值（亿元）	社会消费品零售总额（亿元）	居民消费增加值（亿元）
相关性	总 GDP（亿元）	1.000	.989	.917	.965	.102	.982	.914	-.613	.989
	地方财政收入（亿元）	.989	1.000	.900	.954	.014	.972	.886	-.574	.989
	海关出口总额（万元）	.917	.900	1.000	.949	.125	.962	.946	-.363	.908
	固定资产投资（亿元）	.965	.954	.949	1.000	.184	.983	.949	-.430	.963
	基本建设投资（万元）	.102	.014	.125	.184	1.000	.103	.144	-.171	.089
	工业增加值（万元）	.982	.972	.962	.983	.103	1.000	.952	-.522	.967
	第三产业增加值（亿元）	.914	.886	.946	.949	.144	.952	1.000	-.409	.901
	社会消费品零售总额（亿元）	-.613	-.574	-.363	-.430	-.171	-.522	-.409	1.000	-.545
	居民消费增加值（亿元）	.989	.989	.908	.963	.089	.967	.901	-.545	1.000

表 10-2　KMO 和巴特利特检验结果

KMO 取样适切性量数		.664
巴特利特球形度检验	近似卡方	134.593
	自由度	36
	显著性	.000

表 10-3　总方差解释

成分	初始特征值			提取载荷平方和			旋转载荷平方和		
	总计	方差百分比	累积 %	总计	方差百分比	累积 %	总计	方差百分比	累积 %
1	7.000	77.783	77.783	7.000	77.783	77.783	6.897	76.638	76.638
2	1.028	11.419	89.202	1.028	11.419	89.202	1.131	12.564	89.202
3	.768	8.534	97.736						
4	.124	1.376	99.112						
5	.052	.579	99.692						
6	.021	.228	99.920						
7	.005	.053	99.973						

续表

成分	初始特征值			提取载荷平方和			旋转载荷平方和		
	总计	方差百分比	累积 %	总计	方差百分比	累积 %	总计	方差百分比	累积 %
8	.002	.017	99.990						
9	.001	.010	100.000						

提取方法：主成分分析法。

表 10-4　成分矩阵[a]

	组件	
	1	2
总 GDP（亿元）	.993	-.021
地方财政收入（亿元）	.979	-.113
海关出口总额（万元）	.949	-.058
固定资产投资（亿元）	.981	.009
基本建设投资（万元）	.139	.962
工业增加值（万元）	.994	-.046
第三产业增加值（亿元）	.948	-.023
社会消费品零售总额（亿元）	-.567	-.285
居民消费增加值（亿元）	.982	-.051

提取方法：主成分分析法。
a. 提取了 2 个成分。

表 10-5　旋转后的成分矩阵[a]

	成分	
	1	2
总 GDP（亿元）	.988	.110
地方财政收入（亿元）	.986	.016
海关出口总额（万元）	.948	.067
固定资产投资（亿元）	.971	.137
基本建设投资（万元）	.012	.972
工业增加值（万元）	.992	.085
第三产业增加值（亿元）	.943	.102
社会消费品零售总额（亿元）	-.525	-.357
居民消费增加值（亿元）	.980	.078

提取方法：主成分分析法。
旋转方法：凯撒正态化最大方差法。
a. 旋转在 3 次迭代后已收敛。

表 10-6 公因子方差

	初始	提取
总 GDP（亿元）	1.000	.987
地方财政收入（亿元）	1.000	.972
海关出口总额（万元）	1.000	.903
固定资产投资（亿元）	1.000	.962
基本建设投资（万元）	1.000	.944
工业增加值（万元）	1.000	.991
第三产业增加值（亿元）	1.000	.899
社会消费品零售总额（亿元）	1.000	.403
居民消费增加值（亿元）	1.000	.967

提取方法：主成分分析法。

表 10-7 总方差解释

成分	初始特征值			提取载荷平方和			旋转载荷平方和		
	总计	方差百分比	累积 %	总计	方差百分比	累积 %	总计	方差百分比	累积 %
1	7.000	77.783	77.783	7.000	77.783	77.783	6.897	76.638	76.638
2	1.028	11.419	89.202	1.028	11.419	89.202	1.131	12.564	89.202
3	.768	8.534	97.736						
4	.124	1.376	99.112						
5	.052	.579	99.692						
6	.021	.228	99.920						
7	.005	.053	99.973						
8	.002	.017	99.990						
9	.001	.010	100.000						

提取方法：主成分分析法。

表 10-8 成分得分协方差矩阵

成分	1	2
1	1.000	.000
2	.000	1.000

提取方法：主成分分析法。
旋转方法：凯撒正态化最大方差法。

表 10-9　成分得分系数矩阵

	成分	
	1	2
总 GDP（亿元）	.143	-.002
地方财政收入（亿元）	.153	-.091
海关出口总额（万元）	.142	-.038
固定资产投资（亿元）	.138	.027
基本建设投资（万元）	-.103	.930
工业增加值（万元）	.147	-.026
第三产业增加值（亿元）	.137	-.004
社会消费品零售总额（亿元）	-.044	-.285
居民消费增加值（亿元）	.146	-.031

提取方法：主成分分析法。
旋转方法：凯撒正态化最大方差法。

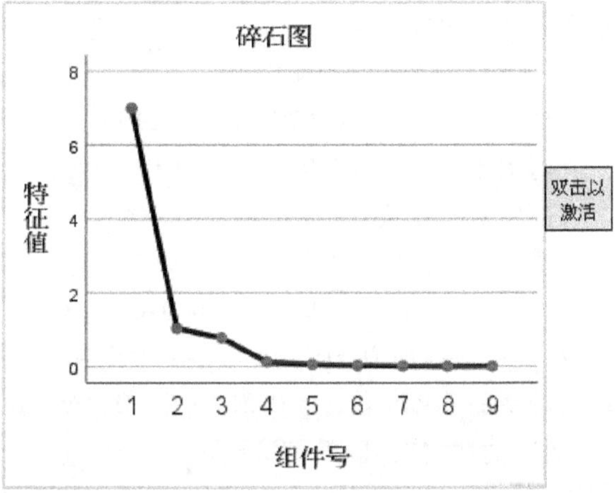

图 10-6　碎石图

10.1.4　输出结果解析

01 系数相关矩阵。

表 10-1 是相关系数矩阵。从此表中可以看出，各个变量之间都具有一定的相关关系，且有些相关系数还比较大，接近于 1。由此可知，数据间信息重叠程度较大，可以采用因子分析减少变量个数。

02 KMO 和巴特利特检验结果。

表 10-2 给出了 KMO 和巴特利特检验结果。KMO 检验是为了考察数据是否适合进行

因子分析，其取值范围是0～1，0.5以下表示不可接受。本例的KMO值为0.664，表明可以进行因子分析。巴特利特检验是为了考察数据是否来自于服从多元正态分布的总体。本例的Sig值为0.000，说明数据来自正态分布总体，适合进一步分析。

03 各成分的方差贡献率和累积贡献率。

表10-3给出的是各成分的方差贡献率和累积贡献率，采用的因子提取方法是主成分分析法。由此可以看出，只有前两个因子特征值大于1，所以SPSS只选择了两个主成分。第一个主成分的方差贡献率是77.783%，第二个主成分的方差贡献率是11.419，前两个主成分的累积贡献率为89.202%。由此可见，选择前两个主成分可以包含原来变量的绝大部分信息。

04 碎石图。

图10-6为碎石图，横坐标为因子编号，纵坐标为特征值。可以看出，第一个因子的特征值（方差贡献）很大，大于1，对解释原有变量的贡献最大；第二个因子的特征值（方差贡献）也较大，大于1，对解释原有变量的贡献也较大；从第三个因子开始，以后的特征值都较小，对解释原有变量的贡献很小，已经成为可以被忽略的“高山下的碎石”，因此，提取前两个因子是合理的。

05 因子载荷矩阵。

表10-4给出了因子载荷矩阵，是因子分析的核心计算结果，说明了每个变量在各个因子上的载荷，从而可得因子分析模型：

$$\text{总 GDP} = 0.993 * f_1 - 0.021 * f_2$$
$$\text{地方财政收入} = 0.979 * f_1 - 0.113 * f_2$$
$$\text{海关出口总额} = 0.949 * f_1 - 0.058 * f_2$$
$$\text{固定资产投资} = 0.981 * f_1 + 0.009 * f_2$$
$$\text{基本建设投资} = 0.139 * f_1 + 0.962 * f_2$$
$$\text{工业增加值} = 0.994 * f_1 - 0.046 * f_2$$
$$\text{第三产业增加值} = 0.948 * f_1 - 0.023 * f_2$$
$$\text{社会消费品零售总额} = -0.567 * f_1 - 0.285 * f_2$$
$$\text{居民消费增加值} = 0.982 * f_1 - 0.051 * f_2$$

其中，f_1、f_2为提取的因子。

06 旋转后的因子载荷矩阵。

表10-5是旋转后的因子载荷矩阵。由此表可以看出，9个变量中，除基本建设投资和社会消费品零售总额两个变量以外，其余7个变量在第一个因子上的载荷都较高，第一个因子主要解释了总GDP、地方财政收入、海关出口总额、固定资产投资、工业增加值、第三产业增加值、居民消费增加值这些变量，所以其反映的是除基本建设投资和社会消费品零售总额以外的其他变量的信息；第二个因子在基本建设投资和社会消费品零售总额上有较大的载荷。其反映的是这两个变量的信息。

07 变量共同度。

表10-6给出的是变量共同度。变量共同度是用来表示各变量中所含有原始信息能

被提取的公因子所解释的程度。本例中除了社会消费品零售总额以外的其他所有变量共同度都在 85% 以上，所以提取的公因子对各变量的解释能力很强。

08 总方差解释。

由表 10-7 可知，“初始特征值”一栏显示只有前两个特征值大于 1，所以 SPSS 只选择了前两个主成分；“提取载荷平方和”一栏显示第一主成分的方差贡献率为 77.783%，前两个主成分的累积方差贡献率为 89.202%。由此可见，前两个主成分包含原变量的大部分信息，可以代替原来的变量；“旋转载荷平方和”一栏显示的是旋转以后的因子提取结果，与未旋转之前差别不大。

09 因子协方差矩阵。

表 10-8 显示了两因子的协方差矩阵。可以看出，两个因子没有线性相关性，实现了因子分析的设计目标。

10 成分得分系数矩阵。

表 10-9 给出了因子得分系数矩阵，据此可以直接写出两个公因子的因子得分函数：

f_1 = 0.143 * 总 GDP + 0.153 * 地方财政收入 + 0.142 * 海关出口总额 + 0.138 * 固定资产投资 - 0.103 * 基本建设投资 + 0.147 * 工业增加值 + 0.137 * 第三产业增加值 - 0.044 * 社会消费品零售总额 + 0.146 居民消费增加值

f_2 = -0.002 * 总 GDP - 0.091 * 地方财政收入 - 0.038 * 海关出口总额 + 0.027 * 固定资产投资 + 0.930 * 基本建设投资 - 0.026 * 工业增加值 - 0.004 * 第三产业增加值 - 0.285 * 社会消费品零售总额 - 0.031 居民消费增加值

10.2 对应分析

10.2.1 对应分析的功能

对应分析也称关联分析、R-Q 型因子分析，是近年新发展起来的一种多元相依变量统计分析技术。它通过分析由定性变量构成的交互汇总表来揭示变量间的联系，既可以揭示同一变量的各个类别之间的差异，又可以揭示不同变量各个类别之间的对应关系。对应分析实际上也是一种降维思想。

10.2.2 对应分析的基本操作及说明

（1）打开数据文件，选择菜单【分析→降维→对应分析】，打开【对应分析】对话框。

（2）选择进行因子分析的变量。将行变量选择到【行】列表框内，将列变量选择到【列】列表框内，并分别单击【定义范围】按钮指定行列变量的分类值范围。在【最小值】框中输入分类最小值，在【最大值】框中输入分类最大值，并单击【更新】按钮。各分类值会依次显示在【类别约束】框中，其中【无】表示不再对分类值重新分组，【类别必须相等】表示指定将哪些分类值合并为一类，【类别为补充性】表示指定某些分类值不参与分析。

（3）单击【模型】按钮打开【对应分析：模型】对话框，进行参数设置。在【解中的维数】框后输入行列变量分类最终提取的因子个数，该数可以根据累计方差贡献率给定，或指定为2（默认）以便于将各分类点表示在二维平面上；在【距离测量】框中指定分类点之间距离的定义方式，对分类型变量通常选【卡方】；在【正态化方法】框中指定数据标准化的方式，其中【对称】表示重点分析行列变量各类别之间的联系，而不是每个变量各类别之间的差异，【行主成分】表示重点分析行变量各类别之间的差异，【列主成分】表示重点分析列变量各类别之间的差异，【主成分】表示同时分析行列变量各类别之间的差异，它们将影响到分类点的坐标值。

（4）单击【统计】按钮打开【对应分析：统计】对话框，指定输出哪些统计量。其中，【对应表】表示输出行列变量的交叉列联表；【行点概述】表示输出行变量的因子载荷及方差贡献等；【列点概述】表示输出列变量的因子载荷及方差贡献等；【行概要】表示输出频数的行百分比；【列概要】表示输出频数的列百分比。

（5）单击【图】按钮打开【对应分析：图】对话框，指定输出哪些图形。【散点图】框中是各种散点图，其中【双标图】是行列变量的对应分布图，【行点】为行变量各类别在第一因子和第二因子上的载荷图，【列点】为列变量各类别在第一因子和第二因子上的载荷图。【折线图】框中表示各种线图，其中【转换后行类别】为行变量各分类的因子载荷线图，【转换后列类别】为列变量各分类的因子载荷线图。

（6）设置完毕后，点击【确定】按钮，SPSS 将按照用户指令自动进行对应分析，并将分析结果输出到查看器窗口。

10.2.3 案例分析

例 10-2 现有一份居民储蓄调查数据（居民储蓄调查数据 . sav），包括收入水平、存取款金额、消费目的、存取款种类，以及职业、户口和年龄等信息。试根据这些数据分析居民的收入水平对存取款种类的偏好。

具体操作过程如下：

01 打开数据文件“居民储蓄调查数据 . sav”，选择菜单【分析→降维→对应分析】，打开【对应分析】对话框。

02 选择变量“收入水平”进入【行】列表框，点击【定义范围】，弹出【对应分析：定义行范围】对话框，在【最小值】对应的框内输入 1，【最大值】对应的框内输入 4，点击【更新】，如图 10-7 所示。点击【继续】。选择变量“存（取）款种类”进入【列】列表框，点击【定义范围】，在【最小值】对应的框内输入 1，【最大值】对应的框内输入 4，点击【更新】，如图 10-8 所示。点击【继续】。选择好变量的窗口如图 10-9 所示。

03 在图 10-9 所示窗口中依次进行如下操作：单击【模型】按钮打开【对应分析：模型】对话框，采用系统默认值（见图 10-10），单击【继续】按钮返回【对应分析】对话框；单击【统计】按钮打开【对应分析：统计】对话框，勾选【对应表】、【行概要】、【列概要】（见图 10-11），单击【继续】按钮返回【对应分析】对话框；单击【图】按钮打开【对应分析：图】对话框，采用默认的【双标图】（见图 10-12），单击【继续】按钮返回【对应分析】对话框。

04 设置完毕后，点击【确定】按钮，SPSS 按照指定要求进行对应分析并输出分析结果，如表 10-10 ~ 表 10-13 和图 10-13 所示。

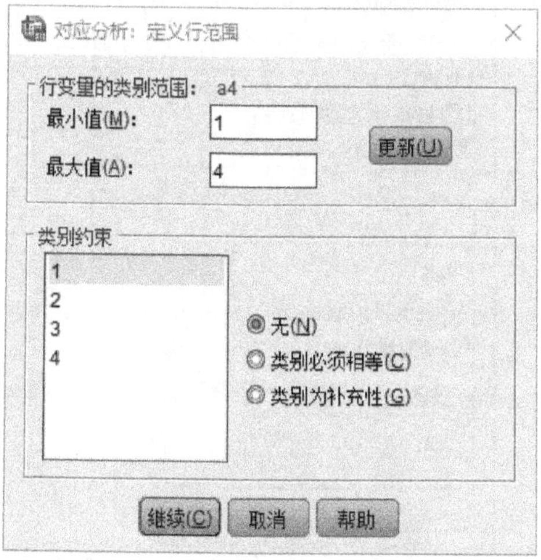

图 10-7　【对应分析：定义行范围】对话框

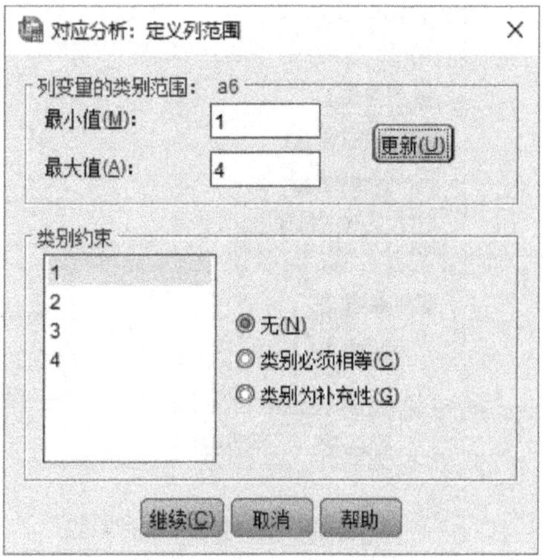

图 10-8　【对应分析：定义列范围】对话框

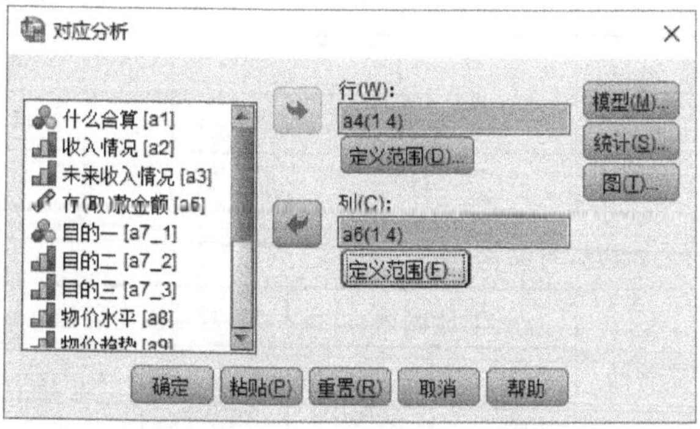

图 10-9　【对应分析】对话框

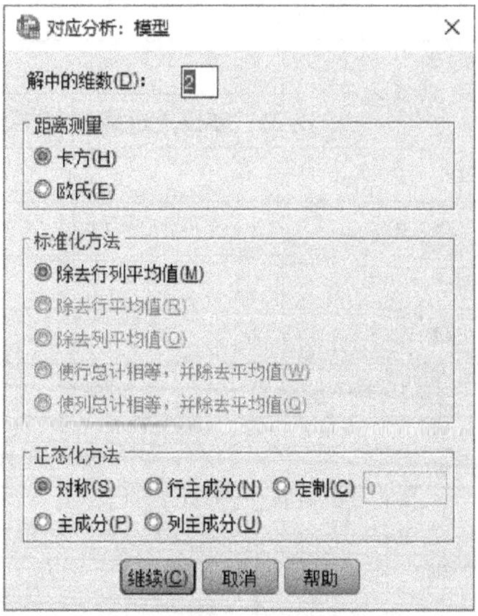

图 10-10　【对应分析：模型】对话框

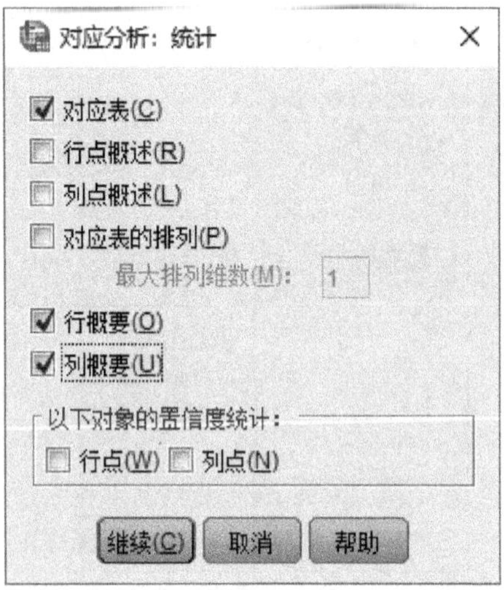

图 10-11 【对应分析：统计】对话框

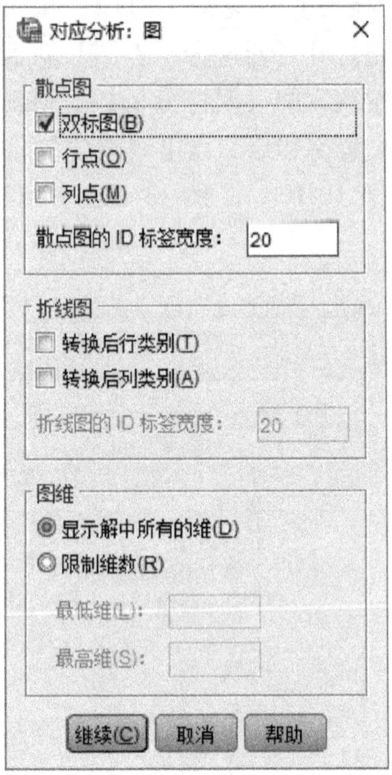

图 10-12 【对应分析：图】对话框

表 10-10 对应表

收入水平	存（取）款种类				
	三年以上定期	三年以下定期	活期	定活两便	活动边际
300 元以下	6	9	22	2	39
300～800 元	13	75	76	19	183
800～1500 元	9	32	11	2	54
1500 元以上	1	7	3	0	11
活动边际	29	123	112	23	287

表 10-11 对应分析摘要

维	奇异值	惯量	卡方	显著性	惯量比例		置信度奇异值	
					占	累积	标准差	相关性
								2
1	.252	.064			.713	.713	.054	-.069
2	.152	.023			.259	.972	.058	
3	.050	.002			.028	1.000		
总计		.089	25.567	.002[a]	1.000	1.000		

a. 9 自由度。

表 10-12　对应分析坐标值（一）[a]

收入水平	存（取）款种类				
	三年以上定期	三年以下定期	活期	定活两便	活动边际
300 元以下	.154	.231	.564	.051	1.000
300～800 元	.071	.410	.415	.104	1.000
800～1500 元	.167	.593	.204	.037	1.000
1500 元以上	.091	.636	.273	.000	1.000
数量	.101	.429	.390	.080	

a. 行概要。

表 10-13　对应分析坐标值（二）[a]

收入水平	存（取）款种类				
	三年以上定期	三年以下定期	活期	定活两便	数量
300 元以下	.207	.073	.196	.087	.136
300～800 元	.448	.610	.679	.826	.638
800～1500 元	.310	.260	.098	.087	.188
1500 元以上	.034	.057	.027	.000	.038
活动边际	1.000	1.000	1.000	1.000	

a. 列概要。

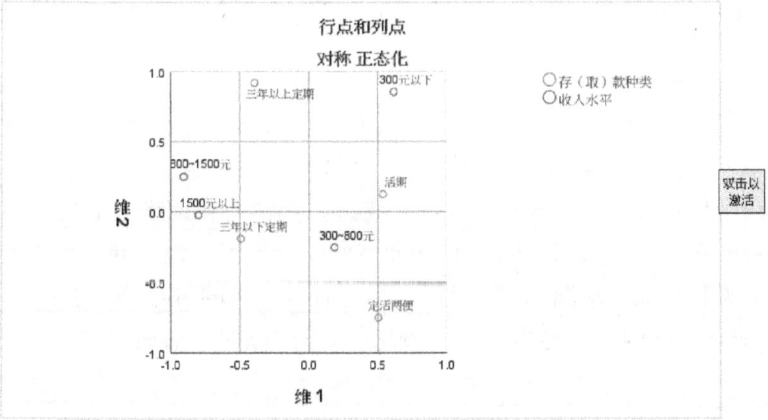

图 10-13　对应分析图

10.2.4　输出结果解析

01 对应表。

表 10-10 为对应分析表，是按照原始数据整理而成的行列表，反映收入水平与存取款种类不同的实际样本数。此表也是收入水平与存（取）款种类的交叉列联表，表中

数据为相应的频数，是相应的合计数据。可以看出，在 287 名客户中，收入水平在 300～800 元的客户所占比例较大。收入水平不同，偏好的存（取）款类型也有所不同，例如，收入水平 300 元以下的倾向于活期存款；收入水平在 300～800 元的倾向于三年以下定期和活期存款；收入水平在 800～1500 元之间与 1500 元以上的倾向于三年以下定期。

02 对应分析摘要。

表 10-11 为对应分析摘要表，是对应分析的核心部分。第 1 列是维度，也是特征值的编号，其个数等于变量的最小分类数减 1，收入水平共有 4 类，所以维度是 3；第 2～5 列分别是奇异值、惯量、卡方和显著性。交叉列联表作卡方检验的卡方观测值为 25.567，相应的概率 P 值为 0.002。如果显著性水平 $\alpha = 0.05$，由于概率 P 值小于显著性水平 α，故拒绝原假设，认为行变量和列变量有显著的线性关系。第 6 列给出了各个特征值的方差贡献率，从中可以看出，第 1 个特征值的贡献率最高，为 71.3%。第 7 列给出了各个特征值的累计方差贡献率，可以看出，3 个特征值的累计方差贡献率为 100%，而前两个特征值的累计方差贡献率已达 97.2%，可以解释各类别差异的绝大部分信息，因此最终提取两个因子是可行的。

03 对应分析坐标值及贡献值。

表 10-12 和表 10-13 是表 10-10 的补充，给出了各频数在本行（列）上的百分比，比表 10-10 更加直观清晰。由表 10-12 可以看出，三年以下定期存款和活期存款所占比例较大，分别为 42.9%、39%，定活两便的最少，为 8%。由表 10-13 可以看出，在各类存（取）款类型中，收入在水平在 300～800 元之间的所占比例最高，为 63.8%，收入水平在 300 元以下和 800～1500 元之间的所占比例接近，收入水平在 1500 以上的所占比例最小，仅有 3.8%。

04 对应分析图。

图 10-13 是收入水平与存（取）款类型的对应分布图，借助此图可以分析不同收入水平与存（取）款类型各类间的倾向性。可以从坐标轴和象限两个方面来解读对应分析图：如果在坐标轴方向上不同类别之间靠得近，则说明在该维数上这些类别之间的差别不大；如果把平面划分为以（0，0）为原点的 4 个象限，位于同一象限的不同变量的分类点之间的关联较强。从图 10-13 可以看出，月收入 1500 以上倾向于三年以下定期，月收入 300～800 元的倾向于定活两便，300 元以下的倾向于活期。

第 11 章　SPSS 聚类分析与判别分析

聚类分析和判别分析都是统计学中研究"物以类聚"问题的多元统计分析方法，在统计分析的应用领域得到了极为广泛的应用。聚类分析是采用定量数学方法，根据样品或指标的数值特征，对样品进行分类，从而判别各样品之间的亲属关系，是一种使用简单但很粗糙的分析方法；判别分析则是在已有分类结果的基础上提取信息，构造判别函数，然后根据判别函数对分类样本进行分类的一种方法。

聚类分析根据所采用的聚类方法不同，主要有二阶段聚类分析、K 中心聚类分析和层次聚类分析。

判别分析可以从不同角度进行分类。根据类别变量的类别个数，可分为两组判别分析和多组判别分析；根据所采用的数学模型，可分为线性判别分析和非线性判别分析；根据判别准则，可分为距离判别法、Fisher 判别法和 Bayes 判别法。

11.1　二阶段聚类分析

11.1.1　二阶段聚类分析的功能

二阶段聚类分析是一种新型的分层聚类方法，主要用于一般的数据挖掘和多元统计的交叉领域——模式分类，其算法适用于任何尺度的变量。

11.1.2　二阶段聚类分析的基本操作及说明

（1）打开数据文件，选择菜单【分析→分类→二阶聚类】，打开【二阶聚类分析】对话框。

（2）选择进行聚类分析的变量。将类别型变量选入【分类变量】列表框，将连续型变量选入【连续变量】列表框。在【距离测量】列表框中勾选距离测量方法，在【聚类数目】框中指定聚类数目确定的方式，在【聚类准则】框中选择相应的准则。

（3）设置二阶段聚类的参数。单击【选项】按钮，打开【二阶聚类：选项】对话框，在【离群值处理】中选择是否使用噪声处理。若使用噪声处理，需指定百分比。该窗口中可指定内存分配大小及需要进行标准化的向量。

（4）设置输出结果。单击【输出】按钮，打开【二阶聚类：输出】对话框，在【输出】框中指定输出的内容，在【工作数据文件】选项中选择是否"创建聚类成员变量"。

（5）设置完毕后，点击【确定】按钮，SPSS 将自动进行二阶段聚类分析并输出结果。

11.1.3 案例分析

例 11-1 请用二阶段聚类分析方法对例 8-2 中的汽车数据文件（汽车数据 . sav）按照“交通工具类型”“价格”“引擎大小”“马力”“轴距”“宽度”“长度”“空车重量”“燃料箱容量”和“燃油效率”10 个变量进行聚类。

具体操作过程如下：

01 打开数据文件“汽车数据 . sav”，选择菜单【分析→分类→二阶聚类】，打开【二阶聚类分析】对话框。

02 将类别型变量“交通工具类型”选入【分类变量】列表框，将 9 个连续型变量“价格”“引擎大小”“马力”“轴距”“宽度”“长度”“空车重量”“燃料箱容量”和“燃油效率”选入【连续变量】列表框，如图 11-1 所示。

03 单击【输出】按钮打开【二阶聚类：输出】对话框，在【工作数据文件】选项中勾选【创建聚类成员变量】，在【输出】框中勾选【图表和表】，如图 11-2 所示。单击【继续】，返回【二阶聚类分析】对话框。

04 其他设置使用系统默认。

05 设置完毕后，点击【确定】按钮，SPSS 自动进行二阶聚类分析并输出聚类结果，如图 11-3 和图 11-4 所示。

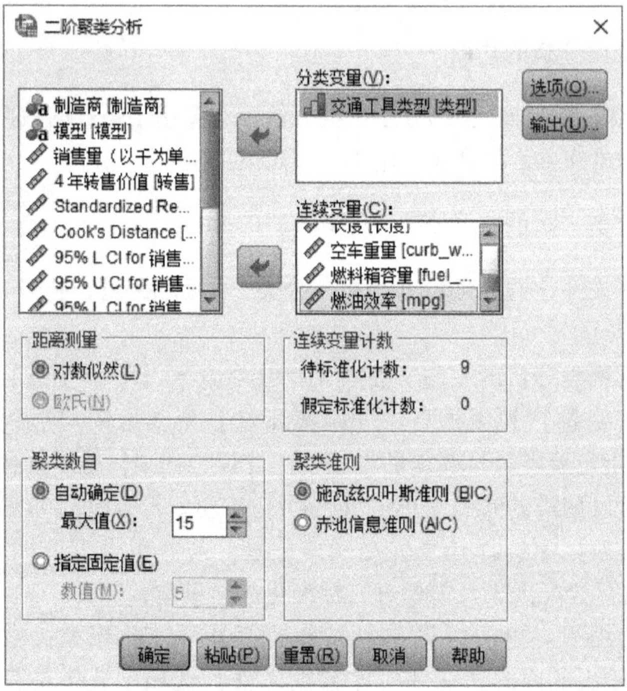

图 11-1 【二阶聚类分析】对话框

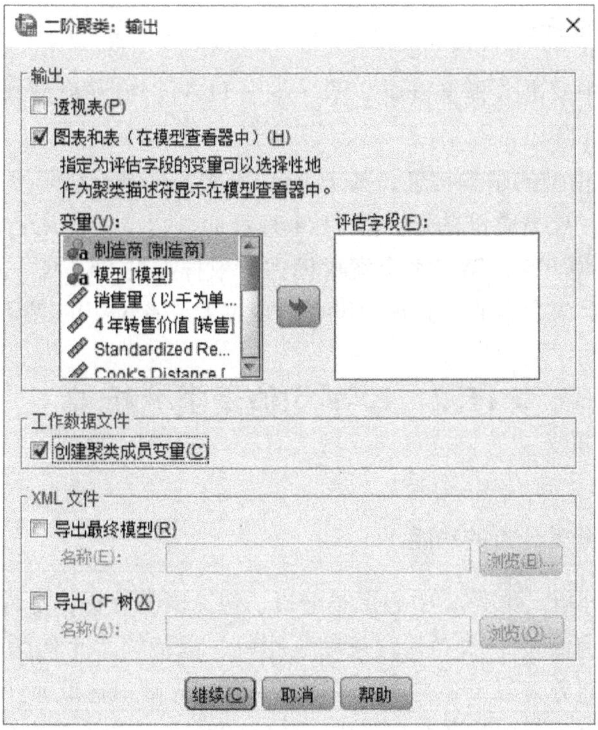

图 11-2　【二阶聚类：输出】对话框

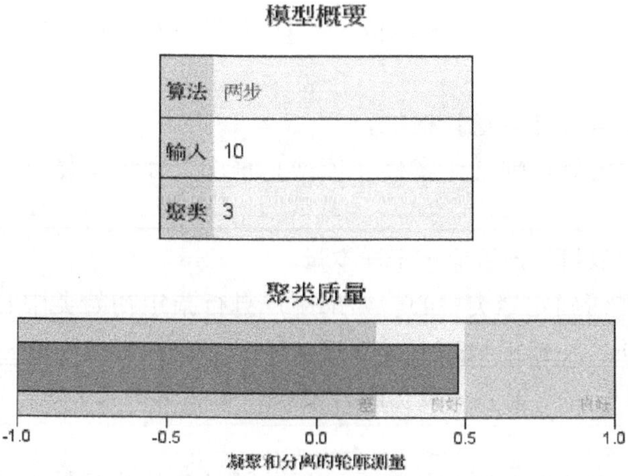

图 11-3　主视图——模型概要

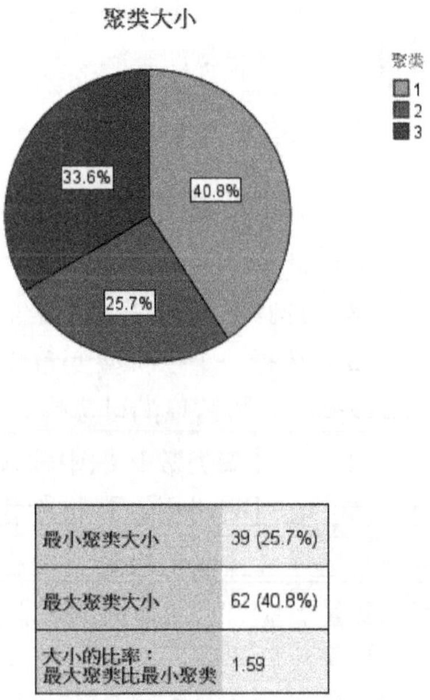

图 11-4　辅助视图——聚类大小

11.1.4 输出结果解析

在结果查看器中双击“模型概要”图（见图 11-3），打开模型浏览器，可将结果高度可视化（见图 11-4）。

图 11-3 展示了模型的基本信息，基于 10 个聚类变量进行二阶段聚类，聚类数为 3，所有个体分为三类，聚类质量良好。图 11-4 直观地显示了三类所占比例，第一类个案规模占有效样本的 40.8%，第二类个案规模占有效样本的 25.7%，第三类个案规模占有效样本的 33.6%。3 个类的个案规模没有出现过大或者过小的情况，区分度良好。

11.2 K 平均值聚类分析

11.2.1 K 平均值聚类分析的功能

K 平均值聚类分析又称为 K 中心聚类分析、快速聚类分析，是将数据看成 p 维空间上的点，以距离作为测量个体“亲疏程度”指标，以牺牲多个解为代价换得高的执行效率，从而将样本划分为若干个类。其基本思想是：先随机选取 K 个对象作为初始的聚类中心；然后计算每个对象与各个聚类中心之间的距离，把每个对象分配给距离它最近的聚类中心；聚类中心及分配给它们的对象就代表一个聚类。一旦全部对象都被分配了，每个聚类的聚类中心会根据聚类中现有的对象被重新计算。这个过程将不断重复直到满足某个终止条件。

11.2.2 K 平均值聚类的基本操作及说明

（1）打开数据文件，选择菜单【分析→分类→K 均值聚类】，打开【K 均值聚类分析】对话框。

（2）选择参与 K 平均值聚类的变量到【变量】框中。

（3）选择一个字符型变量作为标记变量到【个案标注依据】框中，标记变量将大大增强聚类分析结果的可读性。

（4）在【聚类数】框中输入聚类数目，该数应小于样本量。

（5）在【聚类中心】框中指定如何确定聚类中心。如果用户自行指定初始类中心点，则选择【读取初始聚类中心】项，并指定数据集或数据文件名。初始聚类中心数据的变量名应与当前数据编辑器窗口中的变量名一致，而且要设一个名为“Cluster_ ”的变量存放类编号；否则，本步可略去。

（6）在【方法】框中指定聚类过程是否调整类中心点。其中，【迭代与分类】表示在聚类过程中的每一步都重新确定类中心（SPSS 默认）；【仅分类】表示在聚类过程中类中心点始终为初始类中心点，此时仅进行一次迭代。

（7）点击【迭代】按钮打开【K－均值聚类分析：迭代】，可设置迭代终止的条件。在【最大迭代次数】框后输入最大迭代次数；在【收敛标准】框后输入类中心的偏移量。另外，对于【使用运行平均值】选项，勾选该项表示每一个观测被分到一类时便立即重新计算新的类中心点，此时类中心点与样本分配的前后顺序有关；不勾选该项表示只有当完成了所有观测的类分派后才计算类中心点，该方式可以节省运算时间。通常不选该选项。

（8）单击【保存】按钮，打开【K－均值聚类：保存新变量】，将聚类分析的部分结果以 SPSS 变量的形式保存到数据编辑器窗口中。其中，【聚类成员】表示保存观测所属类的类号；还可以保存观测距各自类中心点的距离。可通过该距离评价聚类的效果。

（9）单击【选项】按钮，打开【K－均值聚类分析：选项】，指定输出哪些相关分析结果和缺失值处理方式。【统计】框中，可指定输出初始聚类中心点；【ANOVA 表】表示以聚类分析产生的类为控制变量，以聚类变量为观测变量进行单因素方差分析，并输出各变量的方差分析表；还可指定输出观测分类信息及距所属类中心点的距离。

（10）设置完毕后，点击【确定】按钮，等待输出结果。

11.2.3　案例分析

例 11-2　仍然考虑例 8-2 中的汽车数据文件（汽车数据 . sav），请用 K 平均值聚类分析方法对制造商进行聚类，要求分成三个类别。

初始类中心由 SPSS 自行确定，具体操作过程如下：

01 打开数据文件“汽车数据 . sav”，选择菜单【分析→分类→K 均值聚类】，打开【K 均值聚类分析】对话框。

02 选择变量“制造商”进入【个案标注依据】列表框，选择 10 个变量“交通工具类型”“价格”“引擎大小”“马力”“轴距”“宽度”“长度”“空车重量”“燃料箱容量”和“燃油效率”进入【变量】列表框，在【聚类数】对应的框中输入 3，其他选项选取默认设置，如图 11-5 所示。

03 单击【选项】按钮，打开【K－均值聚类分析：选项】对话框，在【统计】选项中选中全部 3 个复选框，缺失值处理采用默认方式，如图 11-6 所示。单击【继续】按钮。

04 其他设置使用系统默认设置。

05 设置完毕后，点击【确定】按钮，SPSS 按照指定要求自动进行 K 均值聚类并输出结果，如表 11-1 ~ 表 11-5 所示。

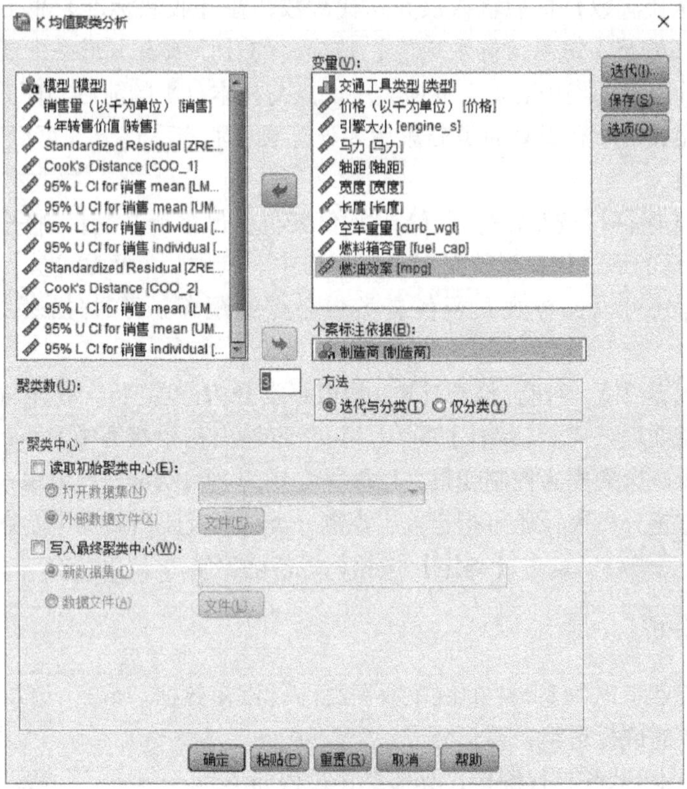

图 11-5 【K 均值聚类分析】对话框

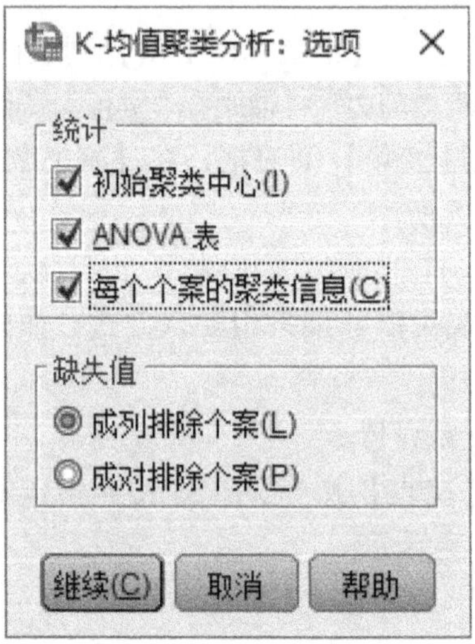

图 11-6 【K－均值聚类分析：选项】对话框

表 11-1　初始聚类中心

	聚类		
	1	2	3
交通工具类型	0	0	0
价格（以千为单位）	9.235	69.725	36.229
引擎大小	1.0	8.0	4.0
马力	55	450	250
轴距	93.1	96.2	113.8
宽度	62.6	75.7	74.4
长度	149.4	176.7	205.4
空车重量	1.895	3.375	3.967
燃料箱容量	10.3	19.0	18.5
燃油效率	45	16	22

表 11-2　迭代历史记录[a]

迭代	聚类中心中的变动		
	1	2	3
1	77.164	.000	47.642
2	9.918	54.142	8.043
3	7.871	57.623	5.278
4	1.959	22.671	3.722
5	.000	14.796	4.157
6	.540	.000	.647
7	.515	.000	.610
8	.498	.000	.561
9	.000	.000	.000

a. 由于聚类中心中不存在变动或者仅有小幅变动，因此实现了收敛。任何中心的最大绝对坐标变动为 .000。当前迭代为 9。初始中心之间的最小距离为 205.693。

表 11-3　最终聚类中心

	聚类		
	1	2	3
交通工具类型	0	0	0
价格（以千为单位）	18.261	58.774	30.942
引擎大小	2.3	4.7	3.5
马力	141	307	209
轴距	104.6	107.6	110.7
宽度	69.2	73.3	72.8
长度	181.3	192.0	192.7
空车重量	2.970	3.831	3.746
燃料箱容量	15.9	20.9	19.7
燃油效率	26	21	22

表 11-4　每个聚类的样本数统计

聚类	1	74.000
	2	14.000
	3	64.000
有效		152.000
缺失		5.000

表 11-5　单因素方差分析[a]

	聚类		误差		F	显著性
	均方	自由度	均方	自由度		
交通工具类型	.507	2	.191	149	2.652	.074
价格（以千为单位）	10381.753	2	71.336	149	145.533	.000
引擎大小	47.374	2	.481	149	98.486	.000
马力	194620.445	2	659.856	149	294.944	.000
轴距	642.003	2	51.747	149	12.407	.000
宽度	252.321	2	8.778	149	28.744	.000
长度	2402.217	2	151.666	149	15.839	.000
空车重量	11.927	2	.251	149	47.593	.000
燃料箱容量	312.775	2	11.514	149	27.164	.000
燃油效率	353.045	2	14.041	149	25.143	.000

a. 由于已选择聚类以使不同聚类中个案之间的差异最大化，因此 F 检验只应该用于描述目的。实测显著性水平并未因此进行修正，所以无法解释为针对“聚类平均值相等”这一假设的检验。

11.2.4　输出结果解析

01 初始聚类中心。

表 11-1 给出了 3 个类的初始中心类的情况。3 个初始类中心点的数据分别是

（0，9.235，1.0，55，93.1，62.6，149.4，1.895，10.3，45）

（0，69.725，8.0，450，96.2，75.7，176.7，3.375，19.0，16）

（0，36.229，4.0，250，113.8，74.4，205.4，3.967，18.5，22）

02 历史迭代情况。

表 11-2 描述了三个类中心点每次迭代时的偏移情况。由此可知，第 1 次迭代后，3 个类的中心点分别偏移了 77.164、0.000、47.642，第 1 类中心点偏移最大，第 3 类次之，第 2 类没有偏移；第 2 次迭代后，3 个类的中心点分别偏移了 9.918、54.142、8.043，第 2 类中心点偏移最大，第 1 类次之，第 3 类最小；依次下去，直到第 9 次迭代，3 个类的中心点偏移均为 0，迭代终止，聚类分析结束。

03 最终聚类中心。

表 11-3 给出了 3 个类的最终类中心点的情况。从中可以看出，3 个最终类中心点的数据分别是

（0，18.261，2.3，141，104.6，69.2，181.3，2.970，15.9，26）

（0，58.774，4.7，307，107.6，73.3，192.0，3.831，20.9，21）

（0，30.942，3.5，209，110.7，72.8，192.7，3.746，19.7，22）

3 类的中心位置同初始位置相比，均发生了变化。

04 每个聚类的样本数统计。

表 11-4 描述了每个类的类成员情况。第 1 类样本最多，第 2 类样本最少，有 5 个个案有缺失值。SPSS 还在数据集中对每个个案做了类别标记，有缺失值的个案没有参与聚类分析。

05 单因素方差分析。

表 11-5 描述了各指数（聚类变量）在不同类的均值比较情况，各数据项的含义依次是：组间方差、组间自由度、组内方差、组内自由度、*F* 统计量及概率 *P* 值。由概率 *P* 值可知，除了第 1 个指数（交通工具类型），其余各指数的总体均值在 3 类中无显著差异。

11.3　层次聚类分析

11.3.1　层次聚类分析的功能

层次聚类分析又叫系统聚类分析，是通过把目标数据放入少数相对同源的组或类里来分析表达数据。其基本思路是：首先令所有观测个体都属于一类，然后通过某种相似性测度计算节点之间的相似性，并按相似度逐步合并，直至合并为一类的一种聚类

方法。

11.3.2 层次聚类分析的基本操作及说明

（1）打开数据文件，选择菜单【分析→分类→系统聚类】，打开【系统聚类分析】对话框。

（2）把参与层次聚类分析的变量选到【变量】框中。

（3）把一个字符型变量作为标记变量选到【个案标注依据】框中，它将大大增强聚类分析结果的可读性。

（4）在【聚类】框中选择聚类类型，指明是按照“个案”聚类还是按照“变量”聚类。

（5）在【显示】框中选择输出的内容。其中，【统计】表示输出聚类分析的相关统计量；【图】表示输出聚类分析的相关图形。

（6）单击【统计】按钮，打开【系统聚类分析：统计】窗口，指定输出哪些统计量。【集中计划】表示输出聚类分析的凝聚状态表；【近似值矩阵】表示输出个体间的距离矩阵。【聚类成员】框中，【无】表示不输出各观测的所属类；【单个解】表示指定输出分成 k 类时各观测所属类，是单一解；【解的范围】表示指定输出分成 m 至 n 类（$m \leqslant n$）时各观测所属类，是多个解。

（7）单击【方法】按钮，打开【系统聚类分析：方法】对话框，指定距离的计算方法。【测量】框中给出的是不同变量类型下个体距离的计算方式。【聚类方法】下拉列表中给出计算个体与小类、小类与小类间距离的方法。如果参与聚类分析的变量存在数量级上的差异，应在【转换值】框中的【标准化】选项中选择消除数量级差的方法，并指定处理是针对变量的还是针对个案的。【按变量】表示针对变量，适于 Q 型（个案）聚类分析；【按个案】表示针对观测，适于 R 型（变量）聚类分析。消除数量的方法有以下几种。

①【无】表示不进行任何处理。

②【Z 得分】表示计算 Z 分数。它将各变量值减去均值后除以标准差。标准化后的变量值平均值为 0，标准差为 1。

③【范围 -1 到 1】表示将各变量值除以全距，处理以后变量值的范围在 -1 到 1 之间。该方法适于变量值中有负值的变量。

④【范围 0 到 1】表示将各变量值减去最小值后除以全距。处理以后变量值的范围在 0 到 1 之间。

⑤【最大量级为 1】表示将各变量值除以最大值。处理以后变量值的最大值为 1。

⑥【平均值为 1】表示将各变量值除以均值。

⑦【标准差为 1】表示将各变量值除以标准差。

（8）设置完毕后，在【系统聚类分析】窗口中单击【确定】按钮，SPSS 将按照指定标准自动进行分层聚类并将结果输出至查看器窗口。

11.3.3　案例分析

例 11-3　仍然考虑例 8-2 中的汽车数据文件（汽车数据 . sav），请用层次聚类方法对表中的汽车数据进行聚类分析。

具体操作过程如下：

01 打开数据文件“汽车数据 . sav”，选择菜单【分析→分类→系统聚类】，打开【系统聚类分析】窗口。

02 选择“制造商”变量进入【个案标注依据】列表框，选择“价格”“引擎大小”“马力”“轴距”“宽度”“长度”“空车重量”“燃料箱容量”和“燃油效率”等 9 个变量进入【变量】列表框，在【聚类】框中选择【个案】，在【显示】框中选择【统计】与【图】，如图 11-7 所示。

03 单击【统计】按钮，打开【系统聚类分析：统计】对话框，选中【集中计划】，在【聚类成员】选项组中选中【解的范围】，并在最大聚类数和最小聚类数中分别输入 5 和 3，如图 11-8 所示。单击【继续】按钮。

04 单击【图】按钮，打开【系统聚类分析：图】对话框，选中【谱系图】，其他使用系统默认设置，如图 11-9 所示。单击【继续】按钮。

05 其他设置使用系统默认设置。

06 设置完毕后，单击【确定】按钮，SPSS 将按照指定标准自动进行层次聚类分析并将结果输出至查看器窗口，如表 11-6、表 11-7 和图 11-10、图 11-11 所示。

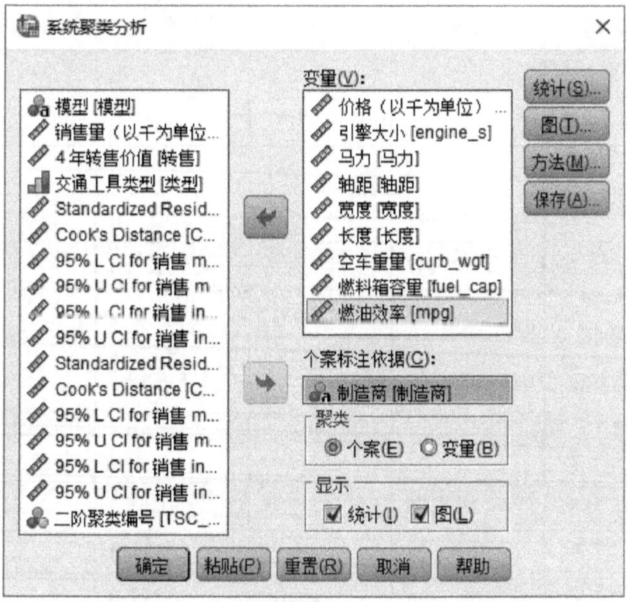

图 11-7　【系统聚类分析】对话框

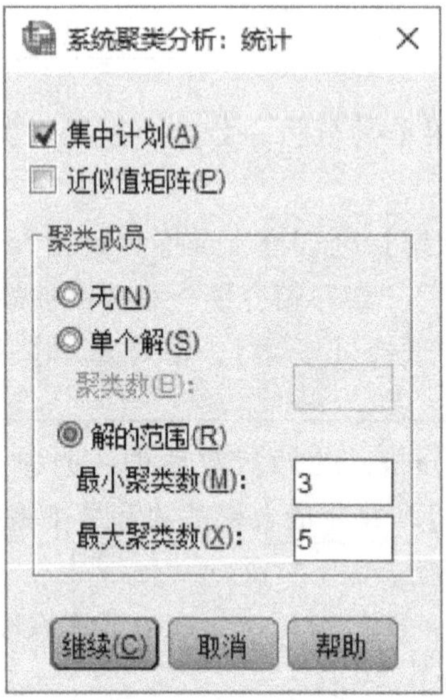

图 11-8 【系统聚类分析：统计】对话框

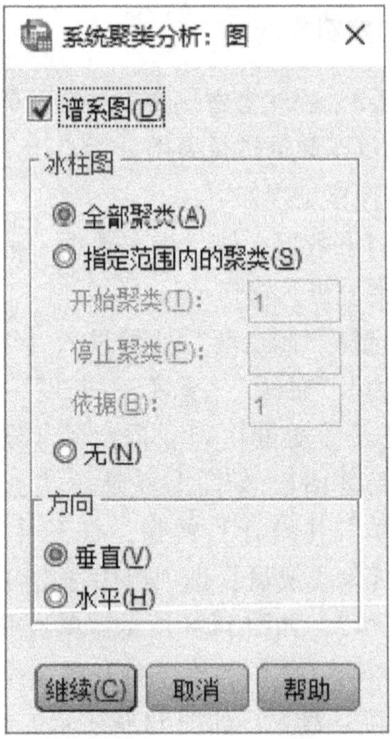

图 11-9 【系统聚类分析：图】对话框

表 11-6 层次聚类分析过程中的凝聚状态表[a]

阶段	组合聚类		系数	首次出现聚类的阶段		下一个阶段
	聚类 1	聚类 2		聚类 1	聚类 2	
1	36	115	.000	0	0	95
2	52	90	.171	0	0	56
3	32	116	.251	0	0	27
4	46	117	.511	0	0	100
5	26	137	.826	0	0	57
6	152	153	1.002	0	0	46
7	24	121	1.141	0	0	97
8	114	124	1.344	0	0	115
9	29	37	1.490	0	0	44
10	154	155	1.783	0	0	48
11	23	28	4.752	0	0	45
12	87	88	5.405	0	0	81
13	146	151	6.000	0	0	14
14	146	150	7.170	13	0	31

续表

阶段	组合聚类		系数	首次出现聚类的阶段		下一个阶段
	聚类 1	聚类 2		聚类 1	聚类 2	
15	51	58	7.396	0	0	59
16	2	66	7.585	0	0	34
17	50	89	9.733	0	0	111
18	119	148	12.647	0	0	33
19	130	131	13.034	0	0	59
20	59	138	13.695	0	0	27
21	47	80	14.472	0	0	53

a. 集中计划。

表 11-7　层次聚类分析中的聚类成员

个案	5 个聚类	4 个聚类	3 个聚类
1：Acura	1	1	1
2：Acura	2	1	1
4：Acura	2	1	1
5：Audi	1	1	1
6：Audi	2	1	1
7：Audi	3	2	2
8：BMW	1	1	1
9：BMW	1	1	1
10：BMW	2	1	1
11：Buick	1	1	1
12：Buick	2	1	1
13：Buick	2	1	1
14：Buick	2	1	1
15：Cadillac	2	1	1
17：Cadillac	2	1	1
18：Cadillac	2	1	1
19：Cadillac	2	1	1
20：Chevrolet	1	1	1
21：Chevrolet	1	1	1

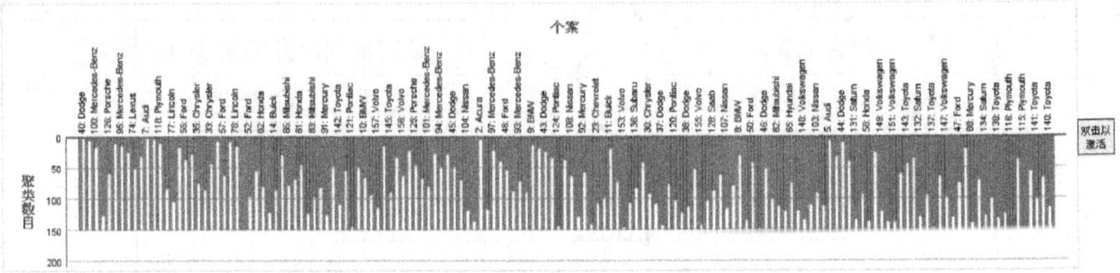

图 11-10　层次聚类分析的垂直冰柱图

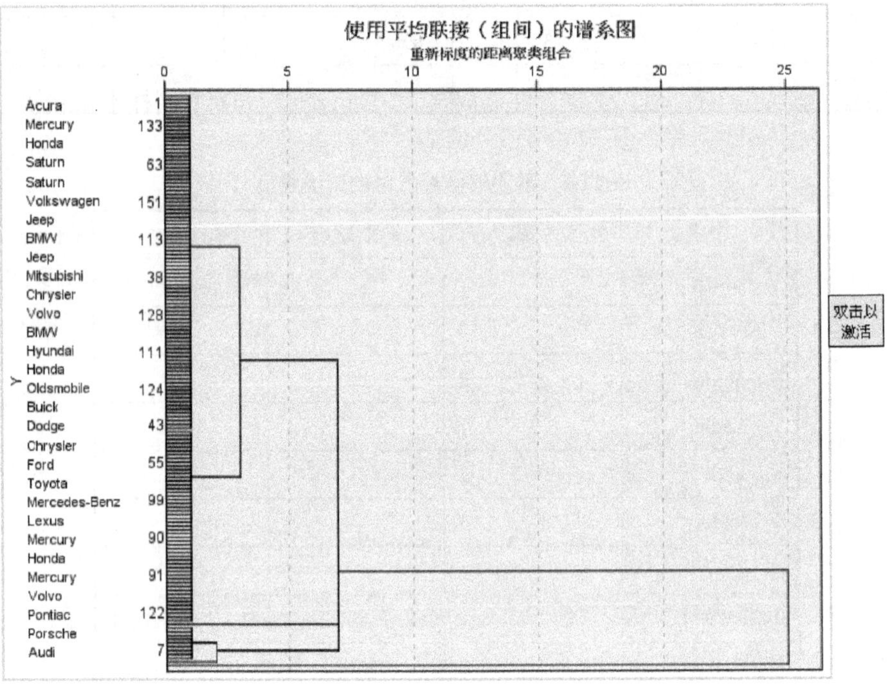

图 11-11　层次聚类分析的树状图

11.3.4　输出结果解析

01 层次聚类分析过程中的凝聚状态表。

表 11-6 是层次聚类分析过程中的凝聚状态表，由于篇幅有限，本例只显示出部分内容。

由此表可以看出层次聚类的具体过程。表中第 1 列表示聚类分析的第几步；第 2 列、第 3 列表示本步聚类中哪两个观测个体或小类聚成一类；第 4 列表示个体距离或小类距离；第 5 列和第 6 列表示本步聚类中参与聚类的是个体还是小类，0 表示个体，非 0 表示由第几步生成的小类参与本步聚类；第 7 列表示本步聚类的结果将在下面第几步中用到。

表 11-6 显示了制造商的聚类情况。第 1 步中，36 号制造商和 115 号制造商聚成一

小类，它们的个体距离是0.000，这个小类将在下面第95步用到；同理，聚类分析的第95步中，1号制造商与第1步聚成的小类又聚成一小类，它们的距离为185.072，形成的小类将在第114步用到。依次下去，经过151步聚类过程，152个观测值就聚成一大类，第 k 步完成时可形成（$n-k$）个类。

02 层次聚类分析中的类成员。

表11-7描述了层次聚类分析中的类成员。由于篇幅有限，本例只显示出部分内容。由此表可知对于每一个聚类数，哪些个案聚成一类，每个个案属于哪一类。

03 层次聚类分析的垂直冰柱图。

图11-10是层次聚类分析的垂直冰柱图。由此图也可以看出聚类结果，每一类中有哪些成员，以图形方式直观地验证了表11-7中的结果。该图适合于样本数较少的情况，易于观察；当样本量较大时，就要借助类成员表进行分析。由于本例样本量较多，就不再对该图进行详细的分析。

04 层次聚类分析的树状图。

图11-11是层次聚类分析的树状图，描述了聚类分析的凝聚过程，展现了每一次类合并的情况，以图形方式直观地验证了表11-6中的结果。该图适于样本数较少的情况，易于观察；当样本量较大时，要借助凝聚状态表进行分析。由于本例样本量较多，也不再对该图进行详细的分析。

11.4　判别分析

11.4.1　判别分析的功能

判别分析又称“分辨法”，是在分类确定的条件下，根据某一研究对象的各种特征值判别其类型归属问题的一种多变量统计分析方法。其基本原理是按照一定的判别准则，建立一个或多个判别函数，用研究对象的大量资料确定判别函数中的待定系数，并计算判别指标。据此即可确定某一样本属于何类。当得到一个新的样品数据时，要确定该样品属于已知类型中哪一类，这类问题属于判别分析问题。

判别分析与Logistic回归分析等方法有类似的分析目标，但是判别分析更注重类别的预测，不用于对影响因素的分析。

11.4.2　判别分析的基本操作及说明

（1）打开数据文件，选择菜单【分析→分类→判别式】，打开【判别分析】对话框。

（2）选择类别变量到【分组变量】列表框中，单击【定义范围】按钮，给出类别变量的类别值范围。

（3）选择判别变量到【自变量】框中。

（4）指定判别变量进入策略。【一起输入自变量】表示所有判别变量同时进入，为默认策略；【使用步进法】是逐步筛选策略。

如果采用默认策略，虽然所有判别变量都出现在判别函数中，但它们的判别能力往往是不同的，有些作用大，有些作用小。如果判别能力很低的输入变量仍保留在判别函数中，不仅会增加计算量，而且会影响整体的判别效果。因此可采用逐步筛选策略，只挑选具有高判别能力的输入变量进入判别函数。

逐步筛选法与回归分析中的逐步回归思想类似，采用的是“有进有出”的策略，即逐步引入“最重要”的判别变量进入判别函数。每引入一个判别变量的同时，都考察已经进入判别函数的判别变量，判别它们是否因为后续判别变量的引入而变得不再重要，也许它们的作用会被后续引进的判别变量的组合所替代。如果作用不再显著，则应从判别函数中剔除最不重要的，直到没有判别变量进入判别函数，也没有判别变量可以被剔除出判别函数为止。最终判别函数中仅保留那些判别能力显著的判别变量。

显然，进入判别函数和剔除出判别函数都需要进行统计检验，当选择了【使用步进法】选项时，可单击【方法】按钮选择统计检验方法。通常选择 Wilk's 检验，依次选择当前使 Wilk's λ 统计量减少最多且显著的判别变量进入判别函数。

（5）如果只对符合一定条件的观测进行分析，则可选择一个条件判断变量到【选择变量】框中，并单击【值】按钮，给出判断值。

（6）设置判别分析的统计输出。单击【统计】按钮，打开【判别分析：统计】对话框。【描述】框中提供了一些选项，其中【平均值】表示输出各类别判别变量的基本描述统计量；【单变量 ANOVA】表示进行均值检验；【博克斯】表示采用 Box's M 法进行方差齐性检验。【矩阵】框中也提供了一些选项，其中【分组协方差】与【总协方差】表示输出各类别下各判别变量的协差阵和总的协差阵，【组内协方差】和【组内相关性】表示输出各判别变量合并的类内协差阵和相关系数矩阵。【函数系数】框中，【费希尔】表示输出标准化的 Fisher 判别函数；【未标准化】表示输出非标准化的 Fisher 判别函数。

（7）进行参数设置。单击【分类】按钮，打开【判别分析：分类】对话框。在【先验概率】框中指定在贝叶斯判别中的先验概率，【所有组相等】表示采用最大熵原则，各类别的先验概率设为相等；【根据组大小计算】表示将样本中各类别的比例作为先验概率。这里默认第 1 个选项。在【使用协方差矩阵】框中指定距离计算时采用哪种协差阵，【组内】表示采用合并的类内协差阵；【分组】表示采用各类的协差阵。【显示】框中，【个案结果】表示显示前若干个观测的判别详细结果；【将个案限制为前】可指定想查看的观测个数。

（8）单击【保存】按钮确定是否将输出以变量形式保存在数据编辑器窗口。其中，【预测组成员】表示将各观测的预测类别值保存到数据编辑器窗口；【判别得分】表示将各观测的 Fisher 判别函数值保存到数据编辑器窗口；【组成员概率】表示将各观测的贝叶斯概率保存到数据编辑器窗口。

（9）设置完毕后，点击【确定】按钮，等待输出结果。

11.4.3　案例分析

例 11-4　现有某高校自主招收学生的模拟数据（录取情况 . sav），变量中包括“中学平均绩点”“综合能力评分”和“录取结果”三个变量。针对该数据，试建立该校学生录取的判别模型，预测新生的录取情况。

具体操作过程如下：

01 打开数据文件“录取情况 . sav”，选择菜单【分析→分类→判别式】，打开【判别分析】对话框。

02 选择“录取结果”变量进入【分组变量】列表框；点击【定义范围】按钮，弹出【判别分析：定义范围】对话框，在最小值和最大值处分别输入 1 和 3，如图 11-12 所示。点击【继续】。选择“中学平均绩点”“综合能力评分”2 个变量进入【自变量】列表框，选中【使用步进法】，如图 11-13 所示。

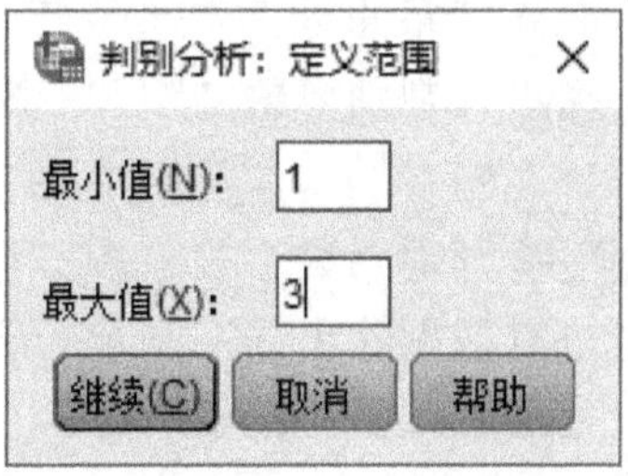

图 11-12　【判别分析：定义范围】对话框

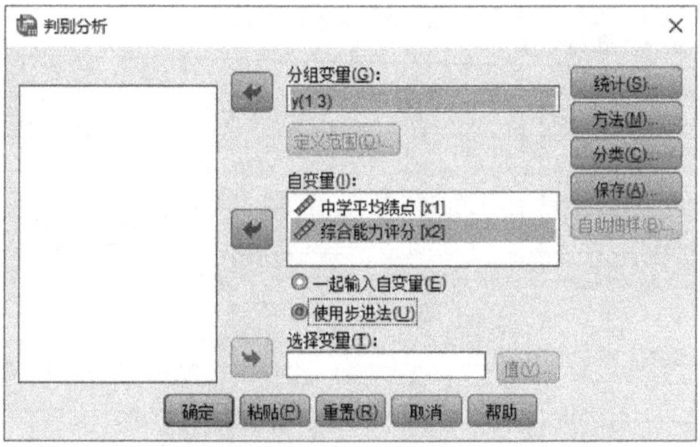

图 11-13　【判别分析】对话框

03 单击【统计】按钮，弹出【判别分析：统计】对话框，在【函数系数】选项组中选中【费希尔】和【未标准化】，在【矩阵】选项组中选中所有选项，在【描述】选项组中选中所有选项，如图 11-14 所示。设置完毕，单击【继续】按钮。

04 单击【分类】按钮，打开【判别分析：分类】对话框。在【先验概率】框中选择【所有组相等】；在【使用协方差矩阵】框中，根据协差齐性检验，选择【分组】；在【显示】框中选择【个案结果】和【摘要表】；在【图】框中选择【合并组】、【分组】、【领域图】，如图 11-15 所示。单击【继续】按钮。

05 单击【保存】按钮，弹出【判别分析：保存】对话框，选择【预测组成员】、【判别得分】、【组成员概率】，如图 11-16 所示。单击【继续】按钮。

06 其他设置使用系统默认。

07 设置完毕后，点击【确定】按钮，SPSS 自动对所选数据进行判别分析并将结果输出到查看器窗口中，如表 11-8～表 11-19 和图 11-17、图 11-18 所示。

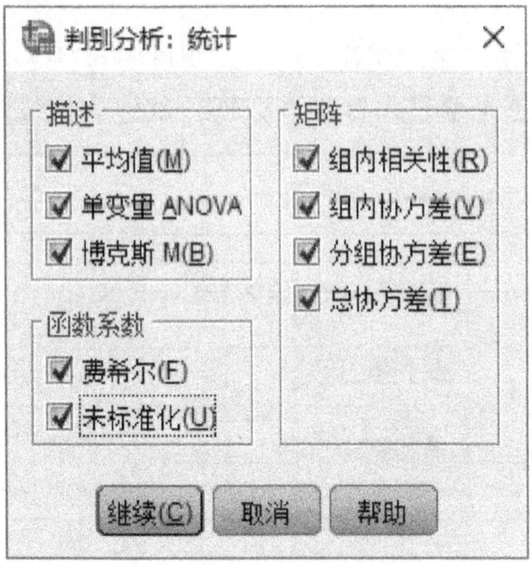

图 11-14　【判别分析：统计】对话框

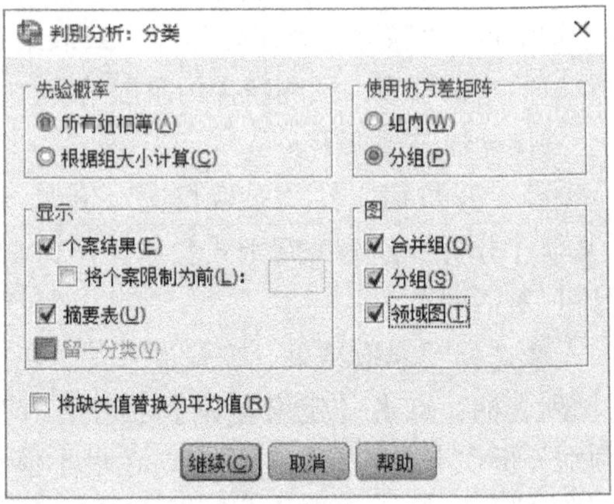

图 11-15　【判别分析：分类】对话框

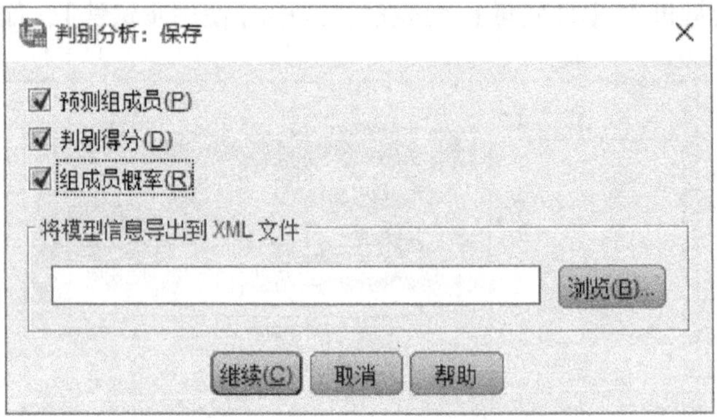

图 11-16　【判别分析：保存】对话框

表 11-8　组统计量

录取结果		平均值	标准偏差	有效个案数（成列）	
				未加权	加权
录取	中学平均绩点	3.4203	.28846	31	31.000
	综合能力评分	560.0000	67.92888	31	31.000
不录取	中学平均绩点	2.4571	.16620	28	28.000
	综合能力评分	442.1071	67.14734	28	28.000
待定	中学平均绩点	2.9862	.18467	26	26.000
	综合能力评分	443.2308	50.89936	26	26.000
总计	中学平均绩点	2.9702	.45972	85	85.000
	综合能力评分	485.4471	84.24518	85	85.000

表 11-9 组均值的均等性检验

	威尔克 Lambda	F	自由度 1	自由度 2	显著性
中学平均绩点	.231	136.756	2	82	.000
综合能力评分	.545	34.224	2	82	.000

表 11-10 协方差矩阵[a]

录取结果		中学平均绩点	综合能力评分
录取	中学平均绩点	.083	3.100
	综合能力评分	3.100	4614.333
不录取	中学平均绩点	.028	-.035
	综合能力评分	-.035	4508.766
待定	中学平均绩点	.034	-6.027
	综合能力评分	-6.027	2590.745
总计	中学平均绩点	.211	18.890
	综合能力评分	18.890	7097.250

a. 总协方差矩阵的自由度为 84。

表 11-11 汇聚组内矩阵[a]

		中学平均绩点	综合能力评分
协方差	中学平均绩点	.050	-.715
	综合能力评分	-.715	3962.626
相关性	中学平均绩点	1.000	-.051
	综合能力评分	-.051	1.000

a. 协方差矩阵的自由度为 82。

表 11-12 博克斯 M 检验结果[a]

博克斯 M		26.558
F	近似	4.269
	自由度 1	6
	自由度 2	146732.896
	显著性	.000

a. 对等同群体协方差矩阵的原假设进行检验。

表 11-13　非标准化典则判别函数系数[a]

	函数	
	1	2
中学平均绩点	4.095	-1.819
综合能力评分	.007	.014
(常量)	-15.652	-1.484

a. 未标准化系数。

表 11-14　三组的类中心[a]

组质心处的函数

录取结果	函数	
	1	2
录取	2.379	.239
不录取	-2.413	.319
待定	-.238	-.628

a. 按组平均值进行求值的未标准化典则判别函数。

表 11-15　标准化典则判别函数系数

	函数	
	1	2
中学平均绩点	.915	-.407
综合能力评分	.453	.893

表 11-16　特征值

函数	特征值	方差百分比	累积百分比	典型相关性
1	4.145[a]	95.8	95.8	.898
2	.181[a]	4.2	100.0	.392

a. 在分析中使用了前 2 个典则判别函数。

表 11-17　典型方程的有效性检验

函数检验	威尔克 Lambda	卡方	自由度	显著性
1 直至 2	.165	147.079	4	.000
2	.847	13.578	1	.000

表 11-18　分类函数系数[a]

	录取结果		
	录取	不录取	待定
中学平均绩点	70.701	50.935	61.561
综合能力评分	.154	.121	.123
（常量）	-165.150	-90.370	-120.263

a. 费希尔线性判别函数。

表 11-19　分类结果[a]

		录取结果	预测组成员信息			总计
			录取	不录取	待定	
原始	计数	录取	31	0	0	31
		不录取	0	27	1	28
		待定	1	1	24	26
	%	录取	100.0	.0	.0	100.0
		不录取	.0	96.4	3.6	100.0
		待定	3.8	3.8	92.3	100.0

a. 正确地对 96.5% 个原始已分组个案进行分类。

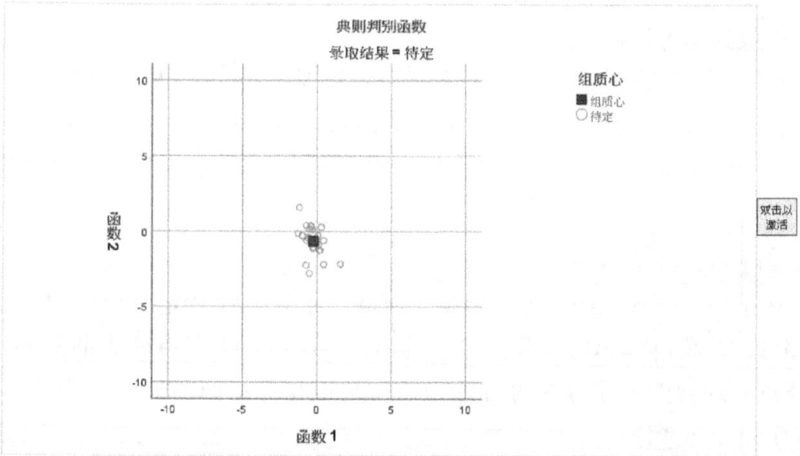

图 11-17　案例分析的图形结果（一）

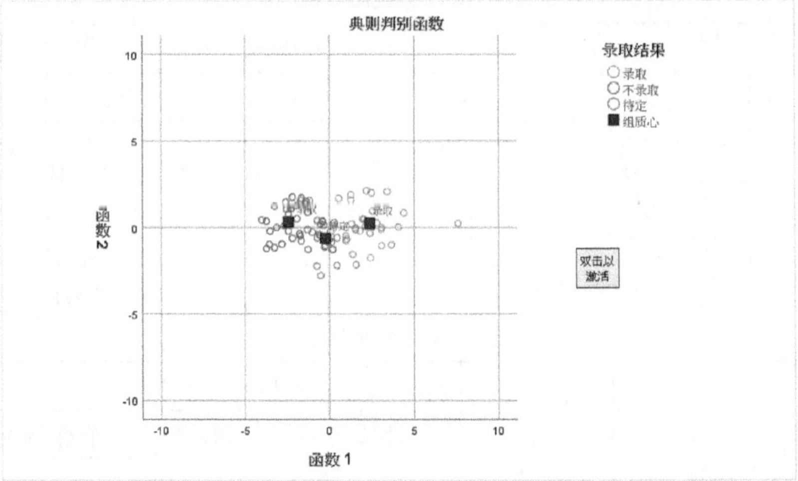

图 11-18　案例分析的图形结果（二）

11.4.4　输出结果解析

01 组统计量。

表 11-8 是组统计量表，给出了录取、不录取及待定三组的中学平均绩点和综合能力评分的均值和标准差。从中可以看出，录取组的中学平均绩点和综合能力评分的均值最高，待定组次之，不录取组最低。

02 组均值的均等性检验。

表 11-9 是组均值的均等性检验，给出了两判别变量的 Wilk's λ 统计量，方差分析的 F 统计量、自由度及概率 P 值。如果显著性水平 $\alpha=0.05$，由于概率 P 值小于显著性水平 α，应拒绝原假设，认为三组学生的中学平均绩点和综合能力评分均存在显著差异。

03 协差阵和总协差阵。

表 11-10 是协差阵和总协差阵，给出了录取、不录取及待定三组的中学平均绩点和综合能力评分的协差阵和总协差阵。可以看出，各组的协差阵有较大的差异。如录取组中学平均绩点和综合能力评分的协方差为正，是正相关；而另外两组为负，是负相关。总协方差为正，是正相关。

04 组内协差阵。

表 11-11 第 1 行为合并的组内协差阵，是根据表 11-10 中的前三个矩阵计算 SSCP 后求和并除以自由度得到的结果。第 2 行为相关系数矩阵。

05 博克斯 M 检验结果。

表 11-12 是博克斯 M 检验结果，给出了博克斯 M 检验统计量和概率 P 值，分别为 26.558、0.000。由此表可知，如果显著性水平 $\alpha=0.05$，概率 P 值小于显著性水平 α，应拒绝原假设，认为各类别总体下的判别变量的协差阵存在显著差异。

06 非标准化判别式的函数系数。

表 11-13 给出了非标准化判别式的函数系数，据此可以给出两个未标准化的判别函数：

$$Y_1 = 0.007 * \text{综合能力评分} + 4.095 * \text{中学平均绩点} - 15.652$$

$$Y_2 = 0.014 * \text{综合能力评分} - 1.819 * \text{中学平均绩点} - 1.484$$

将所有观测原始变量“综合能力评分”和“中学平均绩点”代入上式，可计算出各观测点投影到 Fisher 判别空间（Y）中的坐标。需要注意的是，SPSS 将 Fisher 判别空间原点移到观测全体的总中心（-15.562，-1.484）。该空间中，三类样本的类中心位置如表 11-14 所示。

07 标准化判别式的判别函数。

表 11-15 给出了标准化判别式的函数系数，据此可以给出两个标准化后的判别函数：

$$Y_1 = 0.453 * \text{综合能力评分} + 0.915 * \text{中学平均绩点}$$

$$Y_2 = 0.893 * \text{综合能力评分} - 0.407 * \text{中学平均绩点}$$

表 11-16 给出了两个特征值、所解释方差的百分比、所解释方差的累积百分及典型相关系数。可以看出，第一判别函数的特征值为 4.145，可解释判别变量各类之间方差总和的 95.8%，第一判别函数很重要；第二判别函数解释方差的能力较低，仅有 4.2%，可以略去，说明 Fisher 判别空间为一维空间。如果略去第二判别函数，则判别的主要依据是中学平均绩点。由第 5 列典型相关系数可知，第一判别函数明显优于第二判别函数。

表 11-17 是威尔克检验结果。该统计量以特征值倒数积的形式反映判别函数的整体判别能力，其值越小说明整体判别能力越强。表 11-17 表明，对于第一和第二判别函数，检验统计量的观测值为 147.079，概率 P 值近似为 0。如果显著性水平 α 为 0.05，由于概率 p 值小于显著性水平 α，应拒绝原假设，认为第一和第二判别函数的整体判别能力具有统计显著性。第二行的 0.847 是对第二个判别函数判别能力的反映，也呈统计显著性。结合第一行结果可知，第一判别函数和第二判别函数各自的判别能力均显著，但由于第二判别函数的方程贡献仅为 4.2%，仍可考虑略去第二判别函数。

08 分类函数系数。

表 11-18 给出了贝叶斯判别函数的系数，可得录取、不录取和待定三个类别的贝叶斯判别函数：

$$\text{录取} = 0.154 * \text{综合能力评分} + 70.701 * \text{中学平均绩点} - 165.15$$

$$\text{不录取} = 0.121 * \text{综合能力评分} + 50.935 * \text{中学平均绩点} - 90.370$$

$$\text{待定} = 0.123 * \text{综合能力评分} + 61.561 * \text{中学平均绩点} - 120.263$$

将各观测的变量值带入判别式，哪个取值大便属于哪个类别。

09 分类结果。

表 11-19 列出了混淆矩阵的频数和百分比。由此可知，实际录取且判别结果也是录取的有 31 人，对录取类别的判别正确率为 100%；同理，对于不录取和待定的判别正确

率分别为 96.4% 和 92.3%，比较理想。

10 判别结果的图形表示。

图 11-17 显示了各观测点在 Fisher 判别空间中的分布和位置情况。图 11-18 显示了各类的观测点在 Fisher 判别空间中的分布和位置情况。可以看出，各类别的观测点分布相对比较集中，说明 Fisher 判别的效果比较理想。